W0074491

Aus dem Programm Huber:
Psychologie Sachbuch

Wissenschaftlicher Beirat:
Prof. Dr. Dieter Frey, München
Prof. Dr. Kurt Pawlik, Hamburg
Prof. Dr. Meinrad Perrez, Freiburg (Schweiz)
Prof. Dr. Hans Spada, Freiburg i. Br.

Weitere Selbsthilfe-Bücher beim Verlag Hans Huber

Guy Bodenmann
Beziehungskrisen
Erkennen, verstehen und bewältigen
177 Seiten (ISBN 3-456-83634-1)

Gillian Butler
Schüchtern – na und?
Selbstsicherheit gewinnen
Aus dem Englischen übersetzt von Tonia Rihs
270 Seiten (ISBN 3-456-83628-7)

William Davies
Nur nicht aufregen!
Über Ärger, Wut und Reizbarkeit
Aus dem Englischen übersetzt von Irmela Köstlin
322 Seiten (ISBN 3-456-83894-8)

Raimon Gaja Jaumandreu
Freundschaft, Liebe, Sympathie
Soziale Kompetenz im Alltag
Aus dem Spanischen übersetzt von Matthias Wengenroth
180 Seiten (ISBN 3-456-83081-5)

Reneau Z. Peurifoy
Angst, Panik und Phobien
Ein Selbsthilfe-Programm
Aus dem Englischen übersetzt von Irmela Erckenbrecht
2. Auflage. 315 Seiten (ISBN 3-456-83827-1)

Helga E. Schachinger
Das Selbst, die Selbsterkenntnis und das Gefühl für den eigenen Wert
Einführung und Überblick
271 Seiten (ISBN 3-456-83641-4

Weitere Informationen über unsere Neuerscheinungen finden Sie im Internet unter:
http://verlag.hanshuber.com oder per E-Mail an: **verlag@hanshuber.com**

Andreas Dick

Psychotherapie und Glück

Quellen und Prozesse seelischer Gesundheit

Verlag Hans Huber
Bern · Göttingen · Toronto · Seattle

Adresse des Autors:
Dr. Andreas Dick
Psychologe FSP
Bubenbergstrasse 20 A
CH 3700 Spiez
E-Mail: andreas.dick@psychologie.ch

Lektorat: Dr. Peter Stehlin, Gaby Burgermeister
Herstellung: Daniel Berger
Druckvorstufe: Sbicca & Raach sagl, Lugano
Umschlagbild: Svenja Gurtner (9 Jahre), Thun
Umschlag: Atelier Mühlberg, Basel
Druck und buchbinderische Verarbeitung: AZ Druck und Datentechnik GmbH, Kempten
Printed in Germany

Bibliografische Information der Deutschen Bibliothek
Die Deutsche Bibliothek verzeichnet diese Publikation in der Deutschen
Nationalbibliografie; detaillierte bibliografische Daten sind im Internet über
http://dnd.ddb.de abrufbar.

Dieses Werk, einschließlich aller seiner Teile, ist urheberrechtlich geschützt. Jede
Verwertung außerhalb der engen Grenzen des Urheberrechtes ist ohne Zustimmung
des Verlages unzulässig und strafbar. Das gilt insbesondere für Vervielfältigungen,
Übersetzungen, Mikroverfilmungen sowie die Einspeicherung und Verarbeitung
in elektronischen Systemen.

Anregungen und Zuschriften bitte an:
Verlag Hans Huber
Länggass-Strasse 76
CH-3000 Bern 9
Tel: 0041 (0)31 300 45 00
Fax: 0041 (0)31 300 45 93
E-Mail: verlag@hanshuber.com
Internet: http://verlag.hanshuber.com

1. Auflage 2003
© 2003 by Verlag Hans Huber, Bern
ISBN 3-456-83801-8

Für meinen Großvater

HANS NIEDERHAUSER (1911–1999)

in Liebe und Dankbarkeit

Wenn uns etwas aus dem gewohnten Geleise wirft, bilden wir uns ein, alles sei verloren; dabei fängt nur etwas Neues, Gutes an. Solange Leben da ist, gibt es auch Glück.

Leo Tolstoi

Inhalt

Vorwort

Was hat denn die Psychotherapie mit dem Glück zu tun? – Auf den ersten Blick scheint es vielleicht zu befremden, ein Buch vorzufinden, das den Zusammenhängen zwischen der Behandlung psychischer Störungen und dem Glück gewidmet ist. Bei der Psychotherapie geht es doch nicht ums Glück, mögen manche denken, höchstens um eine Linderung seelischen Leidens. Möglicherweise hält man es gar für schädlich angesichts eines in der Öffentlichkeit ohnehin oft verzerrten Bildes des psychotherapeutischen Berufs, die wissenschaftliche Behandlungstechnik Psychotherapie in einem Atemzug zu nennen mit so etwas ‹unseriösem› wie dem Glück.

Trotz dieser möglichen Vorbehalte möchte ich mit dem vorliegenden Buch aufzeigen, dass Psychotherapie und Glück nicht nur äußerst wichtige Berührungspunkte aufweisen, sondern dass das Verständnis dessen, was Glück ist und wie wir unsere Fähigkeit dazu entwickeln oder wiedererlangen können, unerlässlich ist für eine wirkungsvolle Psychotherapie. Erst durch die Beschäftigung mit dem Glück und dem Wohlbefinden ist es möglich zu verstehen, wie psychische Heilung zustande kommt, worin die heilenden Bestandteile der Psychotherapie bestehen und welches die Quellen seelischer Gesundheit sind. Die Frage nach den wirksamen Faktoren von Psychotherapie findet ihre Beantwortung in der Erkenntnis der Erfahrungen, die Glücklichsein ermöglichen. Das Ergebnis ist eine Sichtweise psychischer Heilung, die sich durch die Entwicklung von Stärken (Ressourcen) in der Psyche der Patientinnen und Patienten ereignet.

Im ersten Teil des Buches werde ich mich mit der Frage auseinander setzen, was Psychotherapie und das menschliche Streben nach dem Glück miteinander zu tun haben. Ausgehend von einer Definition von Psychotherapie, die alle verschiedenen Formen einschließt – von der archaischen Austreibung böser Geister bis zu den modernen Therapieverfahren –, werde ich ausführen, weshalb meiner Ansicht nach psychische Heilung das hauptsächliche Ziel von Psychotherapie ist und wieso sie in einer Wiederherstellung der verlorenen Glücksfähigkeit des leidenden Individuums besteht. Somit ist alles, was die Glücksfähigkeit eines Menschen fördert, grundsätzlich von höchster Relevanz für die Psychotherapie.

Aus diesem Grund beschäftige ich mich im zweiten Teil des Buches mit der Frage, was denn das Glück eigentlich ist und wie wir es erreichen können. Nach einer *Tour d'Horizon* der wichtigsten Glücksrezepte im Verlauf der abendländischen Geistesgeschichte werde ich begründen, weshalb das Glück untrennbar verbunden ist mit dem Guten und mit den grundlegenden, auf das Gute ausgerichteten Bedürfnissen des Menschen. Erst auf dieser Basis ist es möglich, die Befunde aus der psychologischen Wohlbefindensforschung in ein sinnvolles Bezugssystem einzubauen. Die Darstellung der Befunde der Glückspsychologie bildet die Voraussetzung für deren Anwendung auf die Psychotherapie, die im dritten Teil des Buches entwickelt wird.

Zunächst werde ich dabei unterscheiden zwischen ‹Ressourcen› und ‹Glück auslösenden Prozessen›. Während die Glück auslösenden Prozesse zum Erleben von Glück und Freude im Sinne eines kurzfristigen Hochgefühls führen, sind die innerpsychischen, sozialen und umweltbezogenen Stärken (Ressourcen) eines Individuums verantwortlich für das längerfristige Erleben von Glück im Sinne der Lebenszufriedenheit und stellen die Quellen des Wohlbefindens und der seelischen Gesundheit dar. Die Aufgabe von Psychotherapie besteht in der Entwicklung von Stärken des Patienten durch die Ermöglichung von Glück auslösenden Erfahrungen, bei denen es sich um die eigentlichen psychischen Heilungsprozesse handelt. Diese ressourcenorientierte Sichtweise psychischer Heilung wird schließlich im letzten Kapitel des Buches zu einem integrativen Modell der Wirkungsweise von Psychotherapie zusammengeführt.

Mit diesem Buch beabsichtige ich Dreierlei:

Erstens soll es dazu beitragen, das überholte Bild der Psychotherapie als eines auf die Suche nach den Ursachen psychischer Konflikte in der Kindheit ausgerichteten, quasi-detektivischen Verfahrens zu überwinden und aufzeigen, dass Psychotherapie sehr viel mehr zu tun hat mit einer Befreiung der eigenen Persönlichkeit aus dem langen Schatten der Vergangenheit durch die Entwicklung der in jedem Menschen vorhandenen, oftmals aber verschütteten Stärken in der Gegenwart. Dabei muss ich jedoch gleich einschränken, dass eine Analyse der Probleme und die Förderung von Einsicht in die wichtigsten Problemzusammenhänge meines Erachtens eine notwendige, jedoch keine hinreichende Bedingung von Psychotherapie bleibt, weshalb ich keinesfalls «analytische» und «verhaltenstherapeutische» oder «aufdeckende» und «zudeckende» Verfahren gegeneinander ausspielen will. Von entscheidender Wichtigkeit erachte ich die Tatsache, dass die Psychotherapie *keine* eigenen Gesetze oder Mechanismen zur Heilung psychischer Krankheiten besitzt, sondern dass sie sich der gleichen Heilungsprozesse bedient, die überall und jederzeit

Menschen psychisch gesünder und glücklicher machen, egal ob diese Heilungsprozesse im Rahmen einer Psychotherapie auftreten oder nicht. Aus diesem Grund spielen schulenorientierte Therapiekonzepte in diesem Buch denn auch keine besondere Rolle.

Zweitens soll das vorliegende Buch dazu beitragen, die Psychotherapieforschung zu erweitern. Die berechtigte Suche nach den für eine Genesung ausschlaggebenden Wirkfaktoren von Psychotherapie bewegt sich in Fachkreisen oftmals weit weg von der Ebene der menschlichen Psyche hin zu vielfältigen Zusammenhängen zwischen der Art der psychischen Störung, Merkmalen der Patienten und der Therapeuten, des Therapieprozesses, der verwendeten Therapieverfahren, der therapeutischen Interaktion, der Emotionsregulation, usw. Gelegentlich wird auf Fachkongressen sogar die Vision entworfen, für die Psychotherapie analog der Medizin therapeutische Handlungsregeln zu formulieren, die auf statistisch ermittelten Zusammenhängen zwischen solchen Variablen beruhen, deren Nichtbefolgung einem Kunstfehler gleichkäme. Eine derartige Sichtweise läuft jedoch Gefahr, den Blick für das Wesentliche an der Psychotherapie aus den Augen zu verlieren, nämlich die psychischen Entwicklungsprozesse des Patienten, welche ihn weg vom Leiden und hin zu seelischer Gesundheit führen. Diesen Heilungsprozessen, die für alle Arten von Psychotherapien und weit darüber hinaus Gültigkeit besitzen, versuche ich mich mit diesem Buch anzunähern.

Und drittens möchte ich die Sichtweise der psychischen Gesundheit, die erfreulicherweise seit einigen Jahren dabei ist, ein ausschließlich auf das Krankhafte ausgerichtetes Denken in der Psychologie und Psychiatrie abzulösen, weiter vertiefen und um das Glück ergänzen. Ich will mit diesem Buch nicht nur den Blick von Therapeutinnen und Therapeuten dafür schärfen, wie sie ihren Patientinnen und Patienten zu mehr Glücksfähigkeit verhelfen können, sondern möchte alle Leserinnen und Leser, seien sie psychologisch geschulte Fachpersonen oder nicht, zu einer Weiterentwicklung der eigenen Quellen und Prozesse seelischer Gesundheit anregen. Wer alles weiss über Probleme, Krankheiten und Störungen kann immer noch weit entfernt sein von deren Heilung, um die es letztlich geht. Da wir aber noch viel zu wenig wissen über die Heilfaktoren in der Psyche eines jeden Menschen, die es möglich machen, dass man aus Depression, Angst, Schuldgefühlen oder Abhängigkeiten heraus zu einem Leben in der Verwirklichung der eigenen Stärken findet, bewegt sich die gegenwärtige Psychotherapie leider zu oft noch unterhalb ihrer Möglichkeiten. Eine weitere qualitative Verbesserung von Psychotherapie ist meines Erachtens nur möglich durch ein Verständnis der Quellen seelischer Gesundheit und der Prozesse psychischer Heilung.

Wir stehen gegenwärtig am Beginn der Entwicklung einer «positiven Psychologie» und einer «positiven Psychotherapie». Das kürzlich erschienene «Handbook of Positive Psychology» von C. R. Snyder und S. J. Lopez legt davon eindrücklich Zeugnis ab. Diese neue psychologische Richtung will sich bewusst von einer lange Zeit dominierenden, hauptsächlich auf Störungen, Risiken und Krankheitsprozesse ausgerichteten Forschungstradition abgrenzen und die vernachlässigten gesunden und förderlichen Aspekte des menschlichen Erlebens und Verhaltens ins Bewusstsein von Psycholog(inn)en und Therapeut(inn)en zurückrufen. Das vorliegende Buch ist diesem Ansatz verpflichtet.

Bei der Entstehung des Buches waren verschiedene Personen hilfreich beteiligt, denen ich herzlich danken möchte:

meinen ehemaligen Kolleg(inn)en und Diplomand(inn)en am Institut für Psychologie der Universität Bern und besonders Klaus Grawe für den fachlichen Austausch und die gemeinsame Forschung zu psychotherapeutischen Wirkfaktoren und Ressourcen; Christoph Stämpfli, Peter Schellenbaum, Annette Kämmerer und Igor Toscano für wertvolle Einsichten zu psychischen Heilungsprozessen; John Kekes für die Beantwortung meiner Fragen zur Philosophie des Glücks; allen meinen Patientinnen und Patienten, die es mir ermöglichten, die Erkenntnisse des vorliegenden Buches in der klinischen Realität zu überprüfen und anzuwenden; den Institutsbibliothekar(inn)en Bettina Feller, Eva Curien und Georges Sangiovanni für ihre stets prompte Beschaffung der benötigten Literatur; Lukas Rosenkranz für die kritische Manuskriptlektüre und seine wertvollen Anregungen; Peter Stehlin und Gaby Burgermeister vom Verlag Hans Huber sowie einem anonymen Gutachter für ihre fachkundigen Änderungsvorschläge und ihr Interesse an diesem Buch. Schließlich geht mein größter Dank an die Menschen, die als meine «sozialen Ressourcen» mein Leben mit mir teilen und ganz entscheidend zu meinem Wohlbefinden beitragen. Ohne die vielen Glück auslösenden Erfahrungen mit meiner Familie und meinen Freunden wäre dieses Buch nie entstanden.

Miami Beach, im Februar 2003   *Andreas Dick*

Teil I
Psychotherapie und das Streben nach dem Glück

1. Was ist Psychotherapie?

Psychotherapie wird gemeinhin definiert als eine spezifische Art der zwischenmenschlichen Beziehung, in der Patienten professionelle Hilfe bei der Bewältigung ihrer Probleme oder psychischen Schwierigkeiten erhalten. Aus wissenschaftlicher Sicht grenzt sich die Psychotherapie von anderen Behandlungsformen in mindestens drei Punkten ab: «Sie setzt *psychologische Veränderungsmittel* ein, die in Beziehung zum psychologischen Grundlagenwissen stehen (im Unterschied z. B. von medizinischen, pharmakologischen, sozialen, juristischen Mitteln); der Einsatz dieser Mittel erfolgt *professionell*, d. h. durch wissenschaftlich ausgebildetes Personal, das absichtlich und zielgerichtet vorgeht und seine Tätigkeit wissenschaftlich begründet und evaluiert; es werden *psychisch beeinträchtigte Personen (Klienten oder Patienten)* behandelt.»[1]

Diese Definition von Psychotherapie erscheint auf den ersten Blick umfassend und zugleich eindeutig abgegrenzt gegenüber anderen Behandlungsweisen. Es lassen sich daraus verschiedene Aussagen ableiten:

1. Es kann nur dann von Psychotherapie gesprochen werden, wenn die eingesetzten Methoden auf dem psychologischen Grundlagenwissen beruhen.
2. Therapeutische Methoden, die nicht von wissenschaftlich ausgebildetem Personal eingesetzt werden, können nicht als Psychotherapie bezeichnet werden.
3. Psychisch heilende Tätigkeiten, welche nicht wissenschaftlich begründet werden, sollten nicht als Psychotherapie bezeichnet werden.
4. Psychisch heilende Tätigkeiten, welche nicht durch wissenschaftliche Methoden überprüft werden, sollten nicht als Psychotherapie bezeichnet werden.

Sind diese Aussagen sinnvoll? Es ist zwar durchaus möglich, Psychotherapie auf diese Weise zu definieren, es stellt sich jedoch die Frage, ob man damit der Realität therapeutischer Behandlung gerecht wird und ob eine solche Definition das Verständnis von Psychotherapie erleichtert. Beides muss verneint werden.

Die erste der aus der Definition abgeleiteten Aussagen führt zu der Schwierigkeit, dass das psychologische Grundlagenwissen keineswegs einheitlich definiert ist. Wie unterscheidet sich psychologisches Grundlagenwissen von psychologischem Anwendungswissen? Die wenigsten therapeutischen Techniken entstammen dem Grundlagenwissen der Psychologie, vielmehr entwickelten sie sich aufgrund der klinischen Tätigkeit und der Erfahrung von Therapeutinnen und Therapeuten. Auch die verhaltenstherapeutischen Techniken, deren Anwender sich gerne auf die wissenschaftliche Psychologie berufen, entstanden nicht aus einer Übertragung allgemeinpsychologischer Prinzipien auf die therapeutische Praxis, sondern stellen Anpassungen und Weiterentwicklungen der von Praktikern gefundenen Verfahren dar. Die Tiefenpsychologie wird von vielen akademischen Psychologen nicht als wissenschaftlich fundiert anerkannt und deren Theorien nicht zum psychologischen Grundlagenwissen gezählt. Ist somit die Psychoanalyse keine Psychotherapie?

Wie lässt sich das psychologische Grundlagenwissen vom medizinischen unterscheiden? Sowohl die klinische Psychologie als auch die Medizin beanspruchen die Psychotherapie als ihr Teilgebiet. Die oben zitierte Definition versucht die Psychotherapie einzig der Psychologie zuzurechnen, während sie implizit die Medizin auf nicht-psychologische Behandlungsverfahren beschränkt, was natürlich nicht zulässig ist, da auch die Medizin sich psychologischer Therapiemethoden bedient und sowohl seelische als auch teilweise körperliche Krankheiten psychotherapeutisch behandelt. Ebenso falsch ist es natürlich, wenn Psychotherapie einzig als medizinische oder ärztliche Behandlung definiert wird, wie dies in älteren psychiatrischen Lehrbüchern gelegentlich noch zu lesen ist.

Der zweite, dritte und vierte Punkt führen alle zur gleichen Problematik hin. Wer entscheidet darüber, welche Theorien als «wissenschaftlich» betrachtet werden können und welche nicht? Es gibt heute in der Wissenschaftstheorie kein einziges allgemein anerkanntes Kriterium zur Abgrenzung zwischen Wissenschaft und Pseudowissenschaft.[2] Ist die gleiche therapeutische Handlung, einmal ausgeführt durch eine wissenschaftliche Psychologin, ein andermal durch einen selbst ernannten Lebensberater, im ersten Fall Psychotherapie und im zweiten Fall etwa nicht?

Ob eine zwischenmenschliche Hilfestellung als Psychotherapie bezeichnet werden kann oder nicht, hängt nicht davon ab, ob sie wissenschaftlich überprüft wird. Psychotherapieforscher unterscheiden zwar zwischen «empirisch geprüften» Therapiemethoden und jenen, welche dieses Gütesiegel nicht verdienen, bei beiden Gruppen handelt es sich jedoch um Psychotherapie. Sie unterscheiden sich einzig im Ausmaß, wie sehr sie in kontrollierten wissenschaftlichen Studien untersucht wurden und somit möglicherweise in ihrer Wirksamkeit. Trotzdem handelt es sich in beiden Fällen um Psychotherapie. Die wissenschaftliche Beurteilung der Qualität einer therapeutischen Behandlung sollte nicht mit der Definition von Psychotherapie verwechselt werden.

Die vielleicht gewichtigste Kritik an der oben aufgeführten, weit verbreiteten Definition von Psychotherapie ergibt sich aber angesichts der Tatsache, dass Psychotherapie gar kein Kind der Wissenschaft ist. Psychotherapie ist weder eine Entwicklung der klinischen Psychologie noch eine Erfindung Sigmund Freuds noch eine kulturelle Erscheinung des Westens oder der Neuzeit. Die kulturvergleichende Psychotherapieforschung zeigt, dass die Psychotherapie eine sehr lange Geschichte besitzt, die bis in die prähistorische Zeit zurückreicht.[3] Es ist kurzsichtig und einem vertieften Verständnis von Psychotherapie abträglich, Psychotherapie ausschließlich auf moderne wissenschaftlich untersuchte Ansätze zu beschränken. Die Psychotherapie ist viel älter als die klinische Psychologie, die lediglich seit rund einem Jahrhundert existiert, viel älter als die abendländische empirisch-orientierte Wissenschaft, die vor vier- bis fünfhundert Jahren entstand, und sogar noch wesentlich älter als die auf natürlichen Erklärungsursachen basierende Medizin, welche bei Hippokrates (um 400 v. Chr.) ihren Ursprung hat.

Durch eine Eingrenzung des Begriffs der Psychotherapie auf moderne Verfahren werden die Zusammenhänge unserer heutigen Psychotherapie mit den vorwissenschaftlichen Formen verwischt, und man wird dadurch unnötigerweise blind für ein umfassenderes Verständnis der tatsächlichen Wirkungsweise von Psychotherapie. Wenn eine schamanische Behandlung einer psychischen Krankheit in archaischen Kulturen zum Erfolg, d. h. zur Heilung der Störung und zur Behebung des Symptoms führt, dann muss nach Antworten darauf gesucht werden, welche psychischen Prozesse hier am Werke sind und wie diese mit unseren modernen psychotherapeutischen Verfahren zusammenhängen. Würde man schamanische Rituale nicht als Psychotherapie betrachten, sondern als etwas grundsätzlich anderes, dann könnten dadurch auch keine weiteren Einsichten in die tatsächliche Wirkungsweise von Psychotherapie gewonnen werden.

Bevor ich weiter ausführe, weshalb die Psychotherapie wesentlich älter ist als die Freud'sche Psychoanalyse und wieso es ungünstig ist, im Sinne der oben angegebenen Definition Psychotherapie lediglich auf einen modernen, sogenannt «wissenschaftlichen» Kontext zu beschränken, ist es notwendig festzuhalten, weshalb diese Fragen hier überhaupt von Relevanz sind. Die Leitfrage dieses Kapitels lautet: Was ist Psychotherapie? Es geht somit um die Definitionsfrage von Psychotherapie. Bisher habe ich festgestellt, dass die in der klinischen Psychologie übliche Definition von Psychotherapie nicht sinnvoll ist. Es stellt sich somit die Frage, wie Psychotherapie denn zutreffender definiert werden soll. Zu diesem Zweck ist es hilfreich, die Perspektive zu erweitern und sich alle Arten von Psychotherapiemethoden vor Augen zu halten, also auch die archaischen oder vorwissenschaftlichen, wobei hier mit «wissenschaftlich» ein auf rationalen Ursachen basierendes Erklärungssystem gemeint ist. Aus diesem Grund wenden wir uns nun zunächst noch etwas vertiefter diesen vorwissenschaftlichen Psychotherapieverfahren zu.

Es gibt zahlreiche Belege für die Auffassung, dass Psychotherapie wesentlich älter ist als die Freud'sche Psychoanalyse. In seinem Buch «Die Entdeckung des Unbewussten» gibt Ellenberger einen Abriss der verschiedenen psychotherapeutischen Verfahren, welche bereits lange vor Freud und lange vor dem ersten System der psychodynamischen Psychiatrie im 19. Jahrhundert verbreitet waren.[4]

Charakteristisch für diese Methoden ist die Tatsache, dass die allermeisten Behandlungsverfahren nicht auf einer rationalen, natürlichen Erklärung von Krankheit, sondern auf übernatürlichen Ursachen beruhen. Mindestens fünf verschiedene Krankheitstheorien können in primitiven Kulturen unterschieden werden mit ihren jeweils dazugehörenden Therapieformen:

1. Eindringen eines Krankheitsobjektes (Extraktion des Krankheitsobjektes)
2. Verlust der Seele (Finden, Zurückbringen und Zurückgeben der verlorenen Seele)
3. Eindringen eines Geistes (Geisterbeschwörung, mechanische Extraktion des fremden Geistes, Übertragung des fremden Geistes auf ein anderes Lebewesen)
4. Verletzung eines Tabus (Geständnis, Buße)
5. Hexerei (Gegenzauber).

Nach der eingangs zitierten Definition von Psychotherapie könnten solche vorwissenschaftliche Verfahren nicht als Psychotherapie bezeichnet werden, und sie besäßen dementsprechend keine oder nur sehr geringe Relevanz für das Verständnis moderner Psychotherapie. Allerdings sind diese Verfahren bei den Angehörigen der jeweiligen Kultur nicht selten erfolgreich. Meines Wissens gibt es keine systematische Forschung über die Wirksamkeit traditioneller Formen der Psychotherapie, schätzungsweise sind sie etwa gleich erfolgreich wie moderne Verfahren in unserer Kultur, soweit dies aufgrund von Einzelfallberichten und anekdotenhaften Studien überhaupt beurteilt werden kann. Erstaunlich ist die Tatsache, dass diese verschiedenen psychischen Methoden selbst bei organischen Krankheiten wirksam sind, die in der modernen Medizin überhaupt nicht mit Psychotherapie behandelt werden.

Wenn traditionelle Psychotherapiemethoden wirksam sein können, dann stellt sich somit die Frage, was für ihre Wirksamkeit verantwortlich ist, d. h. welche psychischen Prozesse stattfinden müssen, damit es zu einer Heilung kommt. Genau diese Frage stellt sich die moderne Psychotherapieforschung. Aus diesem Grund sollten auch die archaischen Formen von Psychotherapie in die moderne Forschung einbezogen werden, denn durch eine transkulturelle Sichtweise eröffnen sich möglicherweise Perspektiven, die bisher noch unbeachtet geblieben sind.

Nach Ellenberger stammt die moderne dynamische Psychotherapie von der primitiven Heilkunst ab, und «es lässt sich beweisen, dass zwischen Exorzismus und Magnetismus, Magnetismus und Hypnotismus, Hypnotismus und den modernen dynamischen Schulen eine ununterbrochene Kontinuität besteht». Während des gesamten 19. Jahrhunderts bestand ein elaboriertes psychodynamisches System, das Ellenberger als «die erste dynamische Psychiatrie (1775–1900)» bezeichnet und das auf den Werken von Franz Anton Mesmer, Armand-Marie-Jacques de Chastenet Marquis de Puységur, James Braid, Auguste Ambroise Liébeault, Hippolyte Bernheim, Jean-Martin Charcot und anderen beruht. Während Mesmer noch stark in der Tradition des Exorzismus steht, obschon er die Wirkung des Exorzismus auf den Magnetismus zurückführte, bildet Charcot und seine Verwendung der Hypnose die Verbindung zu Janet und Freud. Zu den Psychotherapiemethoden, die bereits vor Freud bekannt waren, gehören auch heute noch gebräuchliche Verfahren wie Aufklärung, Beschäftigung der Kranken, richtiges Denken, Einsicht, Empathie, therapeutisches Loben, das Stärken von positiven Faktoren, Ruhe, Selbstbehauptungstraining und soziale Eingliederung.[5]

Die in der Psychologie und in der Medizin weit verbreitete Auffassung, Psychotherapie existiere erst seit der Wende vom 19. zum 20. Jahrhundert, ist somit kurzsichtig. Es handelt sich dabei um einen Mythos, der durch den Umstand gefördert wird, dass Freud viele Auffassungen der zeitgenössischen Psychiatrie und Psychotherapie übernahm, ohne sich um die Quellen zu kümmern, so dass späteren Generationen die übernommenen Ideen und Konzepte als Freuds eigene erscheinen mussten. Doch die Psychotherapie hat eine lange Vergangenheit und eine lange Geschichte. Sie ist da gewesen und älter geworden, jahrtausendelang. «Wenn Prostitution das älteste Gewerbe ist», scherzt Torrey, «dann ist Psychotherapie sicherlich das zweitälteste.»[6]

Wenn ich betone, dass sowohl die traditionellen als auch die modernen Ansätze zur Behandlung psychischer Krankheiten Psychotherapie sind, so bedeutet dies nicht, beide Systeme seien im Grunde identisch oder sie unterschieden sich nur geringfügig voneinander. Vielmehr bestehen zwischen moderner und traditioneller Psychotherapie sowohl Gemeinsamkeiten als auch Unterschiede. Mit den Gemeinsamkeiten zwischen außerwissenschaftlichen Arten der psychischen Beeinflussung und der modernen wissenschaftlichen Psychotherapie beschäftigten sich insbesondere Jerome D. Frank, A. Kiev, E. F. Torrey und W. Sargant.[7] Diese Autoren vertreten die Auffassung, dass sich die Wirkungsweise von Psychotherapie hinreichend durch gewisse allgemeine, gemeinsame oder unspezifische Merkmale erklären lässt (engl. *common factors*).

Diese Elemente lassen sich folgendermaßen zusammenfassen:

1. Aufnahme einer emotional bedeutsamen Beziehung zwischen Heiler/ Helfer und Hilfesuchendem
2. Mobilisierung der Zuversicht und der Veränderungsbereitschaft des Hilfesuchenden
3. Interpretation des Leidens und der Behandlung nach einem plausiblen, der kulturellen Situation entsprechenden Konzept
4. «Auftauen» verfestigter Erlebens- und Verhaltensmuster
5. korrigierende emotionale Erfahrungen und Umstrukturierung zentraler gedanklicher Konzepte.

Die Wirkprinzipien dieser *common-factors*-Forschung in der Tradition von Frank sind Annahmen in Bezug auf die tatsächlich relevanten Aspekte einer Psychotherapie, welche letzten Endes für die psychische Heilung verantwortlich sind. Alle anderen Attribute von Psychotherapie sind demnach lediglich als sekundäre Faktoren zu betrachten, welche mit der eigentlichen Heilung wenig zu tun haben. Frank ging gelegentlich sogar so weit, die hauptsächliche Wirkung der allen Psychotherapien gemeinsamen Faktoren auf eine einzige Ursache zurückzuführen, auf eine seelische Wiederaufrichtung oder «Remoralisierung» des Patienten.

Dieser Auffassung widerspricht der kulturvergleichende Psychiater Wolfgang Pfeiffer, der die Wirkung moderner einsichtsorientierter Psychotherapie zum Teil auf andere Faktoren als diejenigen der traditionellen Heilbehandlungen zurückführt. Er nennt vier spezifische Merkmale einsichtsorientierter Psychotherapie, welche in ursprünglichen Therapieformen wenig oder gar nicht ausgebildet sind. Es handelt sich dabei um

1. die Gewinnung von Einsicht in die Krankheitsursache
2. die Umstrukturierung der Lebensgeschichte
3. das Aneignen abgespaltener und unerkannter Persönlichkeitsbereiche und

4. das Entwickeln von Autonomie und Ablösung gegenüber dem Therapeuten.[8]

Die Erarbeitung eines Bewusstseins des Patienten für die Ursachen seiner Störung spielt in den primitiven Verfahren eine höchst untergeordnete Rolle, da die Krankheitsursache vom Heiler diagnostiziert und dementsprechend vom Patienten unhinterfragt übernommen wird. Moderne klärungsorientierte Verfahren gehen meist von der Annahme aus, dass die Behebung der psychischen Störung, insbesondere im Falle der sogenannten «neurotischen» Störungen, auf einem innerpsychischen Konflikt oder einer fehlangepassten Überzeugung beruhe, die durchgearbeitet, überwunden und geändert werden müssten. Mit dieser Annahme verbunden ist die Auffassung, dass die Verantwortung für die Heilung letztlich auch beim Patienten selbst liegt, eine Vorstellung, die der primitiven Medizin fremd ist, außer im speziellen Fall, wenn die Krankheit mit der Vergangenheit und der falschen Lebensweise des Patienten gleichgesetzt wird und eine vollständige (symbolische) Abtötung sowohl der Krankheit als auch der Vergangenheit des Patienten stattfindet, indem der Patient als neue Person unter einem neuen Namen wiedergeboren und in die Gruppe reintegriert wird.

Dies verweist auf den zweiten von Pfeiffer postulierten Unterschied zwischen modernen einsichtsorientierten Verfahren und traditionellen psychotherapeutischen Methoden: die Umstrukturierung der Lebensgeschichte in modernen Therapien. Während in primitiven Kulturen die Heilung oft mit der Annahme einer neuen Identität einhergeht, stellt das «Ganzwerden über die Wechselfälle der Lebensgeschichte hinweg, die Identität als Person» (Pfeiffer) ein wesentliches Merkmal der bürgerlich-westlichen Psychotherapie dar. Diese Ganzwerdung ist nach Pfeiffer ein kulturtypisches Ideal unserer Zivilisation, weshalb die Aneignung bisher abgespaltener und unerkannter Persönlichkeitsbereiche und deren Integration in die Gesamtpersönlichkeit in primitiven Therapien nicht anzutreffen seien. In vielen traditionellen Kulturen weise der Mensch dagegen gemäss seinen unterschiedlichen Rollen auch verschiedene Persönlichkeiten auf, die durchaus nebeneinander existieren könnten.

Schließlich steht mit dem Leitbild der Ganzheit und der Identität das Ideal der Autonomie in engem Zusammenhang. Die moderne westliche Form der Psychotherapie verlangt vom Patienten, dass er sich nach Abschluss der Therapie vom Therapeuten lösen kann, um sein Leben in voller Unabhängigkeit zu führen. Außerdem nimmt die Abgrenzung und Autonomie des Patienten gegenüber wichtigen Bezugspersonen, aber auch gegenüber dem Therapeuten, in der Therapie selbst einen großen

Raum ein. In primitiven Kulturen wird dagegen die Autorität des Therapeuten nicht in Frage gestellt. Ihm wird Macht über das Leben des Patienten eingeräumt, und er wird als Vaterfigur von der ganzen Gemeinschaft akzeptiert. Oft ist der Heiler gleichzeitig das spirituelle Oberhaupt der Gemeinschaft. Außerdem spielt die Einbindung des Patienten in seine Bezugsgruppe und die Unterordnung unter die kulturellen Gebote eine viel wichtigere Rolle als in unserer individualistischen abendländischen Kultur.

Für die spezifische Art und Weise der modernen einsichtsorientierten oder «aufdeckenden» Psychotherapien sind nach Pfeiffer bestimmte Besonderheiten unserer abendländisch-westlichen Kultur verantwortlich: die Emanzipation des Individuums aus überlieferten Ordnungen und Bindungen, die Betonung individueller Eigenständigkeit und Selbstverwirklichung mit dem Streben nach Ganzheit, das Schwinden unmittelbaren Erlebens und Handelns zugunsten vermittelter Erfahrung durch die Medien sowie die Abnahme der Mythen und des bildhaften Denkens zugunsten linearer, kausaler und technischer Denkmodelle.

Nach J. D. Frank spiegelt sich der hohe gesellschaftliche Wert der Demokratie mit ihren Idealen der persönlichen Verbesserung und der Freiheit von der Tyrannei traditioneller Wertvorstellungen in der westlichen Psychotherapie wider. Diese kulturellen Ideale erklären teilweise die Akzeptanz gewisser Werte der modernen Psychotherapie wie Selbstverbesserung, Freisein von Hemmungen sowie unabhängiges Denken und Handeln. Eine solche Sichtweise führt jedoch möglicherweise auch zu Einseitigkeiten und zu der Vermeidung von nützlichen und heilsamen therapeutischen Techniken wie zum Beispiel affektauslösenden Gruppenritualen.

Wenn wir nun versuchen, die wesentlichen Merkmale einer Definition von Psychotherapie zu identifizieren, welche sowohl die traditionellen, archaischen wie auch die modernen, aufgeklärten Formen einschließt, stoßen wir dabei auf zwei grundlegende Aspekte:

1. Trotz großer Unterschiede zwischen modernen und traditionellen Formen von Psychotherapie verfolgen alle Arten von Psychotherapie das gleiche Behandlungsziel, nämlich eine *psychische Heilung* des Patienten, die Befreiung von seiner psychischen Krankheit oder zumindest die Linderung seines psychischen Leidens.
2. Als zweites gemeinsames Merkmal aller Formen von Psychotherapie finden wir die Existenz einer *Krankheitstheorie*, welche als Richtschnur für die Behandlung dient. Psychische Heilung kann sowohl in allen modernen wie auch in allen traditionellen Arten von Psychotherapie

nur erreicht werden, wenn sich die Behandlung an den Krankheits-ursachen orientiert. Nur jene therapeutischen Methoden gelten als erfolgreich, welche – korrekt ausgeführt – genau auf die Ursache der psychischen Krankheit abzielen und diese beheben. Die Krankheits-theorie ist jeweils abhängig von den gesellschaftlichen Werten und Normen einer bestimmten Kultur. Jede psychotherapeutische Rich-tung verfügt über jeweils spezifische Theorien, worin sie die Ursache psychischer Störungen sieht. Heilung stellt sich im Verständnis der verschiedenen therapeutischen Schulen dann ein, wenn die Ursache gemäss der jeweiligen Krankheitstheorie erfolgreich behoben worden ist.

Somit lässt sich Psychotherapie folgendermaßen definieren: *Psychothe-rapie ist die Kunst der Heilung psychischer Krankheiten und Störungen auf der Grundlage einer bestimmten Krankheits- oder Störungstheorie, die als Richtschnur für die Behandlung dient.*
Diese Definition macht es möglich, dass trotz unterschiedlichster Auf-fassungen darüber, was die Ursachen psychischer Krankheiten und Stö-rungen sind, und entsprechend unterschiedlichster Behandlungstech-niken immer von Psychotherapie die Rede ist. Die Definition ist präzise, weil sie notwendigerweise verlangt, dass die Krankheitsursachen beho-ben werden müssen, genauso wie dies für körperlich-medizinische Ein-griffe und sich in der Folge einstellende körperliche Heilung notwendig ist. Wenn die Krankheitsursachen nicht behoben werden, entsteht eine Chronifizierung. Da die Definition von der «Kunst» der Heilung spricht, ist eine Spontanheilung ohne therapeutischen Eingriff von der Definition ausgeschlossen.
Man könnte hier nun einwenden, nicht die Krankheitstheorie sei aus-schlaggebend dafür, ob eine bestimmte therapeutische Handlungsweise Psychotherapie sei oder nicht, sondern die dabei zur Anwendung ge-langenden Mittel, wie dies in der anfangs des Kapitels angeführten her-kömmlichen Definition von Psychotherapie zum Ausdruck kommt. Denn auch die Theorie, dass psychische Störungen durch abnorme neu-rophysiologische Prozesse im Gehirn verursacht werden, sei eine Krank-heitstheorie im Sinne meiner Definition, jedoch stelle die Behandlung mit Psychopharmaka eben gerade keine Psychotherapie dar, weil hier keine psychologischen Mittel zur Anwendung kämen, sondern pharma-kologische.
Dieser Einwand ist aus zwei Gründen nicht haltbar. Erstens ist es un-möglich anzugeben, was denn «psychologische Mittel» der Behandlung eigentlich sind. Alle sogenannt psychologischen Mittel, wie z. B. Gespräch,

Suggestion, Entspannung oder Modelllernen, sind nicht ausschließlich psychologisch, sondern kommen in einem ganz anderen Kontext ebenfalls vor, z. B. wird Suggestion auch in der Magie verwendet, Modelllernen und Gespräche auch im Alltag, Entspannung auch in der Biomedizin. Die einzig haltbare Konzeption von «psychologischen Mitteln» lautet: Sie sind das, was Psycholog(inn)en machen – womit nicht sehr viel Gescheites ausgesagt wäre.

Die psychotherapeutischen Mittel sind nämlich keineswegs entscheidend dafür, wie eine Behandlung konkret vor sich geht, vielmehr leiten sich die Mittel ab aus der dahinter stehenden Krankheitstheorie. Wenn man beispielsweise die Theorie vertritt, dass Depressionen durch einen Mangel an positiver Verstärkung entstehen, dann wählt man diejenigen Mittel zur Therapie aus, die eine positive Verstärkung des Patienten ermöglichen (Aktivitätsaufbau, soziale Kontakte, Training sozialer Kompetenzen, etc.). Die Mittel sind immer sekundär und abhängig von der Krankheitstheorie.

Zweitens ist es nicht richtig, dass bei Anwendung meiner Definition von Psychotherapie auch eine Pharmako-Therapie irrtümlicherweise als Psychotherapie angesehen wird, da ein notwendiger Bestandteil der Definition ja die «Kunst der psychischen Heilung» ist. Nun führen Psychopharmaka gerade nicht zu einer psychischen Heilung, da die Ursachen der Störung nicht behoben, sondern höchstens die Symptome überdeckt werden. Das Symptom ist zwar ein Indikator für eine psychische Krankheit, nicht jedoch deren Ursache. Zu psychischer Heilung können nur diejenigen Verfahren führen, welche die psychischen Heilfaktoren aktivieren.

Es ist somit von größter Wichtigkeit für das Verständnis von Psychotherapie, sich Klarheit darüber zu verschaffen, was psychische Heilung eigentlich ist. Dies wollen wir nun im nächsten Kapitel versuchen.

2. Psychische Heilung, seelische Gesundheit und Glück

Zunächst stellt sich die Frage, ob psychische Heilung wirklich das einzige Ziel von Psychotherapie ist. So besteht das Ziel einer Freud'schen Psychoanalyse zum Beispiel in einer Stärkung des Ichs; das Ich soll vom Über-Ich unabhängiger gemacht werden und sich neue Stücke des Es aneignen («Wo Es war, soll Ich werden»). Eine Jung'sche Analyse strebt in erster Linie die sogenannte «Individuation» des Analysanden an, die Hinführung zum Heil und zur Erkenntnis und Vollendung der eigenen Person. Als bescheideneres Ziel ist diesem die Behebung psychischer Störungen und damit verbundener psychisch verursachter Leiden untergeordnet. Die personenzentrierte Psychotherapie nach Carl Rogers versucht eine größere Unabhängigkeit und Integration des Individuums zu erreichen, eine Verminderung der Diskrepanz zwischen dem Bild, das Personen von sich selber haben (Selbstkonzept) und dem Bild, wie sie gerne sein möchten (Idealkonzept). Oftmals geht es dabei um eine realistischere Selbstwahrnehmung, ein größeres Vertrauen in die eigene Person sowie eine größere Akzeptanz von sich selbst und von anderen. In der kognitiven Verhaltenstherapie werden meistens die Symptomreduktion sowie eine Verbesserung der eigenen Problemlöse- und Selbstkontrollfähigkeiten als hauptsächliche Therapieziele genannt.

Es fällt auf, dass die genannten Psychotherapieziele im Prinzip in zwei Kategorien eingeteilt werden können:

1. Abbau und Behebung von Symptomen, negativen Verhaltensweisen, neurotischen Leiden, psychischen Störungen, Diskrepanzen zwischen idealem und realem Zustand etc.
2. Aufbau und Förderung positiver Verhaltensweisen, eines integrierten Selbst, einer gesunden Persönlichkeit, größerer Autonomie, eines stärkeren Ichs etc.

Während die erste Kategorie als die *defizit-* oder *problemorientierte* Zielbestimmung von Psychotherapie bezeichnet werden kann, ist die zweite Kategorie auf die Förderung des Positiven ausgerichtet oder *ressourcenorientiert*. Mit den Ressourcen werden in der Psychotherapieforschung all jene Eigenschaften, Bereitschaften, Bedürfnisse, Wünsche, Motive, Fähigkeiten und Lebensumstände eines Menschen bezeichnet, die als seine Stärken und somit als diejenigen Faktoren in seinem Leben betrachtet werden können, welche für seine Gesundheit und sein Wohlbefinden verantwortlich sind. Dazu im Gegensatz stehen die Probleme eines Menschen, welche für sein Leiden verantwortlich sind. Beide Kategorien von Zielen bewegen sich auf der Dimension psychische Krankheit – psychische Gesundheit oder psychisches Leiden – psychisches Wohlbefinden. Somit können sie unter der Oberkategorie der psychischen Heilung zusammengefasst werden, welche diese beiden Aspekte – Behebung der Defizite und Entwicklung der Stärken – in sich vereint.

Im Gegensatz zu den oben aufgeführten Zielen von Psychotherapie, welche auf einer schulenspezifischen Sichtweise beruhen, hat der Psychotherapieforscher Klaus Grawe die verschiedenen Funktionen von Psychotherapie von der gesellschaftlichen Aufgabenstellung her zu definieren versucht.[9] Neben der heilenden Funktion von Psychotherapie identifiziert er außerdem eine «bewusstseinsbildende» sowie eine «lebensqualitätserhöhende» Funktion.

Die bewusstseinsbildende Funktion von Psychotherapie leitet Grawe ab aus seiner Sichtweise von Psychotherapie als kulturelles Phänomen, das erst seit der Fähigkeit des Menschen zur «selbstreflexiven Distanzierung» und dem Aufkommen der Freud'schen Psychoanalyse existiert. Entsprechend dieser Auffassung besitzt Psychotherapie die gesellschaftlich vorgegebene Aufgabe, dem Individuum bei der Erarbeitung eines neuen Bewusstseins zu helfen, das ihm eine in tieferem Verständnis für sich selbst begründete Lebensgestaltung ermöglicht.

Die lebensqualitätserhöhende Funktion von Psychotherapie leitet Grawe aus dem in den Verfassungen der bürgerlichen Demokratien zum Ausdruck gelangenden gesellschaftlichen Bewusstsein ab, dass dem Individuum innerhalb der für das Gemeinschaftsleben für erforderlich erachteten Grenzen ein Maximum an Freiraum und Schutz für die Entfaltung seiner individuellen Möglichkeiten zu gewährleisten sei. Die Psychotherapie hat deshalb zum Ziel, die Konflikte zwischen unseren Bedürfnissen und den Anforderungen der gesellschaftlichen Lebensform überbrücken zu helfen. Psychotherapie stellt somit eines unter verschiedenen möglichen Mitteln dar, die individuelle Suche nach dem Glück angesichts der gesellschaftlichen Bedingungen zu erleichtern auf der Grundlage eines Verständnisses des kollektiven *pursuit of happiness* (Glücksstreben), wie es in der amerikanischen Unabhängigkeitserklärung von 1776 exemplarisch zum Ausdruck gelangte.

Die drei gesellschaftlich vorgegebenen Funktionen von Psychotherapie werden von Grawe als gleichwertig und jede einzelne als legitimes Ziel von Psychotherapie betrachtet. Es ist aber fraglich, ob Bewusstseinsbildung ohne Heilung als eigenständiges Ziel von Psychotherapie gelten kann. Ein umfassenderes Bewusstsein in Bezug auf die eigene Lebenssituation kann unter Umständen mit einer Verminderung des subjektiven Wohlbefindens einhergehen, etwa wenn man sich seiner Defizite bewusst wird, ohne daran etwas ändern zu können. Die bewusstseinsbildende Funktion allein wird deshalb der Aufgabe von Psychotherapie nicht gerecht, wenn sie nicht der heilenden Funktion untergeordnet ist. Wenn Bewusstseinsbildung zu Heilung führt oder wenn Heilung ein erweitertes Bewusstsein mit sich bringt, dann erfüllt Psychotherapie ihren Zweck, wenn aber eine Bewussteinsbildung ohne Heilung verfolgt wird, dann handelt es sich nicht um Psychotherapie, sondern um Aufklärung oder Beratung.

Die Postulierung einer lebensqualitätserhöhenden Funktion von Psychotherapie scheint mir nur deshalb notwendig, weil Grawe hier Heilung mit Symptombeseitigung gleichsetzt. Die lebensqualitätserhöhende Funktion entspricht dem oben als ‹ressourcenorientiert› bezeichneten Aspekt der psychischen Heilung, während Grawes Verständnis der heilenden Funktion dem ‹problemorientierten› Aspekt gleichgesetzt werden kann. Wenn der Begriff der psychischen Heilung auf Symptombeseitigung beschränkt wird, dann ist es folgerichtig, außerdem eine lebensqualitätserhöhende Funktion von Psychotherapie zu konzipieren. Ein erweitertes Verständnis von psychischer Heilung schließt aber beide Aspekte – Beseitigung des Leidens und Erhöhung der Lebensqualität und des Wohlbefindens – mit ein. So scheint es, dass das höchste Ziel und zugleich der gemeinsame Nenner aller Formen von Psychotherapien in der Herbeiführung einer psychischen Heilung der Patienten besteht, während alle anderen Ziele diesem untergeordnet werden können.

Wenn psychische Heilung somit das hauptsächliche Ziel von Psychotherapie ist, erfordern die Konzepte der psychischen Krankheit und der psychischen Gesundheit nun eine eingehendere Klärung.

Sämtliche der gängigen Kriterien zur Abgrenzung zwischen psychischer Gesundheit und psychischer Krankheit – soziale Auffälligkeit (z. B. Verwahrlosung), subjektiver Leidensdruck, Beeinträchtigung der Lebensbewältigung (z. B. Probleme am Arbeitsplatz) und Selbstgefährdung – sind jedoch mit Problemen verbunden. Zwar können diese vier Merkmale psychische Störungen kennzeichnen, doch keines von ihnen und auch nicht alle zusammen reichen aus, um psychische Störungen eindeutig vom normalen Gesundheitszustand der Psyche zu unterscheiden. Die zur Zeit einflussreichsten psychiatrischen Klassifikationssysteme können keine befriedigende Definition psychischer Störungen geben, sondern betonen die Uneindeutigkeit dieses Begriffs.[10]

Diese Problematik führte einige Wissenschaftler zu der Ansicht, dass psychische Krankheiten gar nicht existieren, sondern dass die Gesellschaft lediglich Verhaltensweisen als «psychisch krank» bezeichnet, welche gegen die jeweiligen sozialen Normen verstoßen.[11] Auch wenn die Kritik dieses sogenannten *Labeling*-Ansatzes am medizinischen Modell und am Begriff der psychischen Krankheit nicht dazu geführt hat, dass der Krankheitsbegriff aus der Psychiatrie verschwunden wäre, hat sich das sozialwissenschaftliche Modell weitgehend durchgesetzt, welches psychische Störungen zumindest teilweise als Abweichungen von soziokulturellen Normen versteht. Wenn aber psychische Krankheiten oder Störungen keine universell gültigen Realitäten sind, dann stellt sich die Frage, was die Psychotherapie denn «heilen» soll. Besteht psychische Heilung etwa darin, die Patienten den jeweiligen soziokulturellen Normen anzupassen?

Diese mit dem Störungsbegriff verbundene Problematik führte dazu, dass sich die Psychologen vermehrt der Frage zugewandt haben, was denn *psychische Gesundheit* ausmacht.[12] Die meisten Autoren nennen dabei das subjektive Wohlbefinden des Individuums zwar als eine wichtige Komponente der seelischen Gesundheit, jedoch nicht als die einzige. Weshalb das subjektive Wohlbefinden nicht mit psychischer Gesundheit gleichgesetzt werden kann, macht ein Vergleich mit der körperlichen Gesundheit deutlich: Patienten mit einer schweren körperlichen Erkrankung können sich unter Umständen subjektiv gut fühlen. Um als körperlich gesund zu gelten, kann deshalb nicht das körperliche Wohlbefinden des Patienten das alleinige Beurteilungskriterium darstellen, sondern es müssen objektive Kriterien des strukturellen und funktionalen Zustandes des Körpers unabhängig vom physischen Wohlbefinden des Patienten betrachtet werden. Ebenso stellt sich die Frage, was denn die objektiven Kriterien für seelische Gesundheit sind. Wann funktioniert die menschliche Psyche derart, dass diese Funktionsweise als gesund bezeichnet werden kann? *Worin besteht die gesunde, die «richtige» Funktionsweise der menschlichen Psyche?*

Die in der Fachliteratur vorgeschlagenen Komponenten seelischer oder psychischer Gesundheit lassen sich dabei grob in vier verschiedene Kategorien einordnen:

1. Gefühle des subjektiven seelisch-körperlichen Wohlbefindens
2. Selbstverwirklichung, Selbstaktualisierung, Verwirklichung der eigenen Potenziale und Fähigkeiten, Wachstum und Integration der Persönlichkeit

3. positives Selbst- und Fremdbild, selbst- und fremdbezogene Wertschätzung
4. gute soziale Anpassung, gute Rollenbewältigung, gute zwischenmenschliche Kompetenzen, realistische Wahrnehmung und Umweltkontrolle.

Nach Ansicht der Wissenschaftler, die sich mit seelischer Gesundheit beschäftigen, zeichnet sich eine gesunde Psyche neben dem Gefühl des Wohlbefindens somit außerdem durch Selbstverwirklichung, ein positives Bild von sich selbst und von anderen sowie eine gelungene Anpassung an die Umwelt aus. Diese Eigenschaften einer gesunden Psyche werden nun aber auch immer wieder als Merkmale *glücklicher Menschen* genannt. Nach Mayring zeichnet sich das Glück dadurch aus, dass es all jene Eigenschaften aufweist, die den Merkmalen depressiver Menschen entgegengesetzt sind: «positive Stimmung; Ziele und Interessen; Produktivität, Aktivität; Bewusstheit/Wachheit; Tendenz zur positiven Verstärkung; hohes Selbstwertgefühl; hohe Sozialität, Aufgeschlossenheit».[13] Ist die gesunde und richtige Funktionsweise der menschlichen Psyche gleichbedeutend mit dem Erleben von Glück? Sind seelische Gesundheit und Glück gar das Gleiche?

Zunächst sieht vieles danach aus: Der Psychoanalytiker Hanns Sachs[14] vertrat die Auffassung, jeder Mensch strebe letztlich nach Glück; Glück sei das grundlegendste, wenn nicht gar das einzige Ziel der Psyche. Ein Patient in der Psychotherapie verlange das Gleiche wie jeder andere Patient, dass nämlich das Organ, welches durch Krankheit oder Verletzung gestört wurde, wieder in seine normale Funktionsweise zurückversetzt werde: «Die normale Funktionsweise der Psyche ist das Streben nach Glück.» Dabei sei zu beachten, dass Patienten sich nicht damit zufrieden geben würden, jenen Zustand wieder zu erlangen, in dem sie sich vor der Krankheit befunden hätten, vielmehr strebten sie jenen bisher nicht erreichten Glückszustand an, den sie als ihr natürliches Geburtsrecht betrachteten.

Die Auffassung, dass die gesunde und richtige Funktionsweise der menschlichen Psyche dem Streben nach Glück entspricht, bedeutet nun aber nicht eine Gleichsetzung von Glück mit psychischer Gesundheit. Sachs spricht denn auch nicht vom «Erleben von Glück», sondern vom «Streben nach Glück». Entscheidend für seelische Gesundheit ist die Fähigkeit, sich sein Glück (in gewissen Grenzen) selbst gestalten zu können. Seelische Gesundheit ist somit nicht gleichbedeutend mit Glückseligkeit, sondern mit *Glücksfähigkeit*.

Glücksfähigkeit garantiert aber noch kein Glück. Seelisch gesunde Menschen können sehr wohl unglücklich sein, nämlich wenn die äußeren Lebensbedingungen nicht mit ihren Wünschen und Hoffnungen übereinstimmen. Dies ist insbesondere dann der Fall, wenn die Bedingungen derart ungünstiger Natur sind, dass sich ein Mensch nicht weiter entwickeln kann, wie zum Beispiel bei Gefangenschaft oder wenn der eigene Tod droht. Der zu einem glücklichen Leben befähigte, seelisch gesunde Mensch geht zugrunde, wenn man ihm die Freiheit nimmt, sich zu entfalten und sein Leben selbst zu gestalten.

Nicht selten sind wir jedoch auch dann unglücklich, wenn wir uns nicht unter solch extrem widerwärtigen Lebensbedingungen befinden. Es genügt nämlich, dass unsere Wünsche und Hoffnungen nicht erfüllt werden. Hier stellt sich nun aber die Frage, ob nicht möglicherweise wir selbst die Ursache dafür sind, dass unsere Wünsche und Hoffnungen nicht in Erfüllung gehen, so dass letztlich doch unsere mangelnde seelische Gesundheit dem Glück im Wege steht. Wenn wir von keinerlei innerpsychischen Hindernissen und Blockaden gehemmt würden (z. B. durch Ängste oder Selbstwertprobleme), so wäre es wohl auch viel wahrscheinlicher, dass wir erhielten, was wir uns wünschen (z. B. eine gute berufliche Anstellung oder eine befriedigende Liebesbeziehung).

Wenn wir uns einen (hypothetischen) Menschen vorstellen, der durch keinerlei innerseelische Blockaden in seinem Lebensausdruck behindert wird, dann finden wir einen Menschen vor uns, der über eine ausgesprochen hohe Glücksfähigkeit und somit über ein großes Potenzial verfügt, tatsächlich mit sich und seinem Leben im Reinen zu sein – vorausgesetzt das Schicksal meint es gut mit ihm. Diese letztgenannte Einschränkung macht das entscheidende Kriterium deutlich, das seelische Gesundheit und Glück voneinander unterscheidet: Für seelische Gesundheit reicht die Perspektive auf das Individuum selbst aus; für Glückseligkeit ist jedoch gleichzeitig die Sicht auf das Schicksal, auf die nicht direkt beeinflussbaren äußeren Gegebenheiten notwendig, wobei es eine schwierige philosophische Frage darstellt, inwiefern die innerpsychische Verfassung eines Menschen und die schicksalhaften Entwicklungen, die ihm widerfahren, miteinander verbunden sind.

Halten wir fest: Ein psychisch rundum gesunder Mensch ist unter günstigen Lebensbedingungen gleichzeitig auch glücklich, weil es keine innerpsychischen Hindernisse und Blockaden für sein Glückserleben gibt. Was genau mit dem Begriff «Glück» gemeint ist, der durchaus unterschiedliche Bedeutungen besitzt, werde ich in Kapitel 4 eingehender ausführen. Hier nur vorerst soviel: Mit «Glück» kann sowohl ein kurzfristiges, erhebendes oder erlösendes Hochgefühl (englisch *bliss*) wie auch eine tiefe Zufriedenheit mit dem eigenen Leben (englisch *happiness*) gemeint sein. Die bei seelisch gesunden Individuen gegebene Glücksfähigkeit bezieht sich auf beide Aspekte des Glücks: Sie sind sowohl offener für einen kurzfristigen Zustand der grenzenlosen Freude, weil keine negativen Gemütszustände die Wahrnehmung trüben, wie sie auch eher ihr Leben als gelungen einschätzen, weil sie sich selbst bei der Erfüllung ihrer Wünsche nicht im Wege stehen.

Wie sieht es nun aus bei psychisch kranken Menschen? Können psychisch Kranke glücklich sein? Beim Glück im Sinne der Zufriedenheit mit sich und seinem Leben *(happiness)* ist es meiner Ansicht nach unmöglich, dass psychisch kranke Menschen glücklich sein können. Obgleich gelegentlich die Ansicht geäußert wird, Patienten mit einer Manie oder einer schizophrenen Psychose könnten sehr wohl glücklich sein, stimmt dies bei genauerer Betrachtung nicht, weil sowohl manische Patienten als auch solche mit einer Psychose nicht die Merkmale wirklichen Glücks aufweisen wie Produktivität, Bewusstheit, Wachheit und hohe soziale Aufgeschlossenheit, sondern sich in einer subjektiv angenehmen Isolation befinden, die nicht das Gleiche ist wie die Offenheit gegenüber der Umwelt, welche wirkliches Glück kennzeichnet. Das gleiche gilt für gewisse Persönlichkeitsstörungen, bei denen ebenfalls nicht von Glück gesprochen werden kann, allenfalls von subjektiver Belastungsfreiheit. Seelisch kranke Menschen können somit nicht wirklich glücklich sein, solange sie nicht geheilt sind.

Etwas vorsichtiger bin ich bei der Frage, ob psychisch Kranke Glück im Sinne eines kurzfristigen Hochgefühls der Freude und Seligkeit *(bliss)* erleben können. Ich glaube zwar, dass dies möglich ist, wenn zum Beispiel für einen Moment die Belastungen vergessen werden und man sich an einem herrlichen Film erfreut und ganz von ihm hingerissen wird, jedoch sind diese Momente wohl von kürzerer Dauer und weniger intensiv als bei psychisch Gesunden, so dass es sich eher um freudvolle Augenblicke handelt und nicht um einen Zustand der Glückseligkeit. Hingegen kann der Zustand der inneren Erhebung und Erlösung im Glückserleben gerade ein Kennzeichen dafür sein, dass eine psychische Heilung stattfindet, wie wir im dritten Teil dieses Buches noch genauer feststellen werden. Somit könnte man sich fragen, ob denn psychisch Kranke, wenn sie für eine gewisse Zeit ganz glücklich sind, in diesem Moment immer noch krank sind, oder ob sie dann nicht auf einmal eine Ebene der seelischen Gesundheit berühren, so dass sich psychisches Kranksein und Glück letztlich doch gegenseitig ausschließen.

Wenn wir also verstehen wollen, was seelische Gesundheit ist und wie sie im Prozess der psychischen Heilung erreicht werden kann, dann müssen wir glückliche Menschen untersuchen und herausfinden, warum sie glücklich sind. Denn wer glücklich ist, ist auch glücksfähig, und wer glücksfähig ist, ist auch seelisch gesund. Die Glückspsychologie ist somit von höchster Relevanz für die Psychotherapie und für das Verständnis der Prozesse psychischer Heilung.

3. Psychotherapie als Weg zum Glück?

Das Glück stand bei klinischen Psychologen, Psychiatern und Psychotherapeuten von einigen Ausnahmen abgesehen bisher nur wenig im Zentrum des Interesses, während seelische Gesundheit momentan hoch im Kurs steht, was besonders deutlich wird an dem sich rasch entwickelnden Gebiet der Gesundheitspsychologie.[15]

Gegen die Auffassung, das Glück sei von großer Bedeutung für die Psychotherapie, lassen sich denn auch einige gewichtige Einwände vorbringen:

Erstens könnte man es als unseriös und unprofessionell betrachten, Patienten und Patientinnen Glück als Therapieziel vorzugaukeln, da sich die Psychotherapie mit viel bescheideneren Effekten begnügen muss. Glück als Therapieziel könnte sogar gefährlich sein, weil Patienten möglicherweise diesem nie erreichbaren Ziel nacheifern und von Therapeut zu Therapeut eilen auf der Suche nach dem imaginären Glück, ohne dass sie bereit sind, an ihren Problemen wirklich etwas zu verändern.

Ein weiterer Einwand wäre denkbar: Wenn es in der Psychotherapie um die Erlangung des Glücks geht, dann bedeutet psychische Krankheit Unglück. Jeder ist aber seines Glückes Schmied – somit ist der Kranke auch selbst Schuld an seinem Zustand. Dadurch drückt man Patienten noch weiter hinunter statt sie zu entlasten.

Drittens ließe sich einwenden, es sei äußerst ungünstig für die Rechtfertigung des Anspruchs der Psychotherapie auf finanzielle Mittel von den Krankenkassen, wenn plötzlich nicht mehr von Krankheit und Gesundheit, sondern von Unglücklichsein und Glücklichsein die Rede ist. Zur Erreichung des Glücks kann man kein Geld von den Kassen und keinen Leistungsauftrag der Gesellschaft erwarten, der es in erster Linie um die psychische Gesundheit ihrer Arbeitskräfte und nicht um deren Glückseligkeit geht.

Der erste Einwand gegen die Verwendung des Glückskonzeptes in der Psychotherapie wurde vom ehemaligen Harvard-Psychologieprofessor John Shlien 1989 auf einem Kongress der Gesellschaft für wissenschaftliche Gesprächspsychotherapie in Köln zum Thema «Macht Therapie glücklich?» vertreten.[16] Für Shlien sind Glücksversprechen oder Glück als Therapieziel schädlich und unseriös, weil die Psychotherapie damit in die Falle der Unterhaltungs- und Drogenindustrie gerät, indem sie ein Scheinglück vorgaukelt, das niemals wirklich glücklich machen kann. Eine Psychotherapie, welche Glück als Therapieziel anpreist, könnte in eine Art «Hyper-Reality» führen als Flucht vor den tatsächlichen Verhältnissen und als ausweglose Suche nach dem Glück, das sich niemals erreichen lässt.

Shliens Einwand muss ernst genommen werden und macht einerseits auf ein wichtiges Problem aufmerksam, ist andererseits aber fragwürdig, weil er Glück von vorneherein mit einem Schein-Glück gleichsetzt und die Suche nach dem Glück mit der auswegslosen Suche nach einer nur scheinbaren Befriedigung (durch Unterhaltung, Drogen, Sex, usw.) identifiziert. Die Unterscheidung zwischen wirklichem Glück und flüchtigen Lusterfahrungen, die letztlich nicht glücklich machen können, ist ein altes Problem der Philosophie (vgl. Kapitel 5).

Meines Erachtens sollte unterschieden werden zwischen wirklichem Glück und Schein-Glück. Es erscheint mir falsch, davon auszugehen, wie Shlien dies im Grunde tut, dass alles Glück letztlich nur Schein-Glück sei und dass das Ziel von Psychotherapie deshalb in der Fähigkeit zum verantwortlichen Wählen und zur Selbstbestimmung liege, ob dies nun glücklich mache oder nicht. Allerdings deutet Shlien auf einen wichtigen Punkt hin: Es wäre tatsächlich unseriös und schädlich, Glück als Therapieziel anzupreisen, denn Glück lässt sich nicht erzwingen, man kann es nicht mit Garantie auf einem für alle Menschen sicheren Weg erreichen. Aber möglicherweise kann Psychotherapie eben die *Fähigkeit* zum Glücklichsein oder die *Voraussetzungen* dafür erhöhen oder verbessern. Auch die Anpreisung seelischer Gesundheit als Therapieziel ist gleichermaßen unseriös, da es auch hier keine sicheren Wege zu deren Erreichung gibt. Möglicherweise bewirkt Psychotherapie eine Erhöhung der Fähigkeit zu seelischer Gesundheit, ohne dass sie direkten Einfluss nehmen kann auf die seelische Gesundheit an sich. Diese Problematik gilt also für den Glücks- wie für den Gesundheitsbegriff gleichermaßen.

Einem «Kranken» wird Schonung und Erholung zugestanden, er darf zu Recht zeitweilig aus dem Arbeitsprozess aussteigen, und Verstöße gegen gesellschaftliche Regeln werden geduldet, solange er sich in medizinischer Behandlung befindet. Einem «Unglücklichen» dagegen werden diese Privilegien nicht zuteil. Auch beim Individuum selbst führt die Zuschreibung seines Leidens als Krankheit möglicherweise zu einer Entlastung, da die Probleme auf diese Weise externalisiert werden. Beim Unglücklichsein liegt jedoch die Annahme nahe, dass dies wohl durch eigenes Tun oder Lassen bedingt ist, was schnell einmal einer Schuldzuweisung gleichkommt.

Zu diesem zweiten Einwand möchte ich zunächst festhalten, dass ich nicht den Standpunkt vertrete, die Vorstellung von psychischen Krankheiten oder von psychischer Gesundheit müssten in der Psychotherapie zu Gunsten des Glücks- und Unglücksbegriffes aufgegeben werden. Im Gegenteil, ich habe Psychotherapie explizit als Kunst der Heilung *psychischer Krankheiten* definiert, wobei unter Krankheiten hier zunächst einfach verschiedene symptomatische Formen des einen seelischen Krankseins verstanden werden, das als Gegenteil der psychischen Gesundheit zu betrachten ist, deren Merkmale weiter oben beschrieben wurden. Nun hat sich aber gezeigt, dass diese Merkmale einer gesunden Psyche die gleichen sind wie diejenigen, welche glückliche Menschen charakterisieren. Glück ist möglicherweise, abgesehen von der schicksalhaften Komponente, die Folge von Prozessen, die gleichzeitig auch zu psychischer Gesundheit führen, Prozesse, über die bisher noch nichts ausgesagt wurde.

Ich behaupte aber nicht, psychische Gesundheit sei das gleiche wie Glück. Deshalb ist es auch gar nicht notwendig, sich vom Konzept der psychischen Gesundheit und der psychischen Krankheit zu verabschieden. Es scheint, dass die Veränderung des Zustandes vom Kranksein zum Gesundsein psychisch mit einer Veränderung in der Dimension Unglücklichsein-Glücklichsein einhergeht. Glücklichsein kann somit als Indikator für seelische Gesundheit dienen.

Was ist vom dritten Einwand zu halten, dass angesichts der knappen öffentlichen Mittel zur Finanzierung des Gesundheitswesens klare Unterscheidungskriterien zwischen psychischer Gesundheit und psychischer Krankheit benötigt werden, z. B. anhand der diagnostischen Kriterien der bekannten psychiatrischen Klassifikationssysteme, um eine Vergütung psychotherapeutischer Leistungen durch die Krankenkassen zu rechtfertigen?

Man mag vielleicht befürchten, die Inanspruchnahme psychotherapeutischer Leistungen könnte ausufern, wenn Unglücklichsein eine Indikation zur Psychotherapie darstellte. Leider werden hier jedoch ökonomische Argumente mit wissenschaftlichen vermischt: Aus volkswirtschaftlichen Gründen mag es durchaus notwendig sein, die Pflichtleistungen von Krankenkassen in Bezug auf Psychotherapie auf das Vorliegen von psychischen Störungen anhand der diagnostischen Klassifikationssysteme zu beschränken. Dies ändert aber nichts an der Tatsache, dass psychische Heilung eng verbunden ist mit dem Erleben von Glück und dass das Ziel von Psychotherapie in der Wiederherstellung der verlorenen Glücksfähigkeit besteht, auf die ein jeder Mensch ein Anrecht besitzt, ob er nun an einer psychischen Störung leidet, die in den diagnostischen Klassifikationssystemen aufgeführt ist oder nicht.

Den meisten Therapeutinnen und Therapeuten ist die Willkür der Unterscheidung zwischen psychischer Gesundheit und psychischer Krankheit gemäß den diagnostischen Klassifikationssystemen wohl bewusst. Glücklichsein ist kein Luxus, sondern die Eigenschaft einer gesunden Psyche, die sich unter günstigen Bedingungen entfalten kann. Wie der Auftrag der somatischen Medizin darin besteht, körperliche Krankheiten zu heilen und die Wiederherstellung des gesunden Zustandes zu erreichen, ist es die Aufgabe von Psychotherapie, psychische Störungen zu beheben und die Psyche unter Zuhilfenahme aller notwendiger therapeutischer Maßnahmen jenem Zustand näher zu bringen, in dem sie heil, gesund und glücklich ist.

Wenn es der Psychotherapie nun aufgegeben ist, durch die Behebung der Behinderungen und durch die Förderung der Stärken des Patienten das Bestmögliche zu unternehmen, um eine psychische Heilung zu ermöglichen, und wenn diese psychische Heilung in der (Wieder-)Herstellung der Glücksfähigkeit besteht, dann kann Psychotherapie als eine Möglichkeit betrachtet werden, den Menschen zu größerem Glück zu verhelfen. *Psychotherapie ist somit ein möglicher Weg zum Glück, allerdings nicht der einzige.*

Seit der Antike hat es eine Vielzahl von Entwürfen gegeben, wie Glück am besten zu erreichen sei (vgl. Kapitel 5). Diese verschiedenen Entwürfe sind von größtem Interesse für Psychotherapeuten, da sie vielleicht Hinweise darauf enthalten, wie Patienten in einer Therapie erfolgreich geholfen werden kann. In einer Psychotherapie genauso wie in der geistlichen Seelsorge sollte erwartet werden können, dass der Helfende mehr darüber weiß als der Hilfesuchende, auf welche Weise das fehlende Glück gesucht und wo es vielleicht gefunden werden kann. Für Patienten, die sich von einer Psychotherapie Hilfe bei der Bewältigung ihrer Probleme und Störungen erhoffen, ist es unwichtig, ob der Weg, der aus ihrem Leiden hinaus zu größerer Glücksfähigkeit führt, einer modernen wissenschaftlichen Theorie oder einer jahrhundertealten Tradition der Glückssuche entspringt. Entscheidend ist die Frage, ob das, was in einer Therapie gemacht wird, tatsächlich zu größerer Glücksfähigkeit und somit zu potenziell mehr Glück im Leben des Hilfesuchenden führt.

Verschiedene Richtungen der Psychotherapie beruhen auf unterschiedlichen Vorstellungen über dieses Glück und den Weg dahin. Es ist deshalb von größter Bedeutung für die Psychologie und die Psychotherapie, sich zu fragen, was Glück ist und wie wir die Fähigkeit zum Glücklichsein verbessern können. Wenn das Ziel einer Psychotherapie in der Verwirklichung größerer Glücksfähigkeit des Patienten besteht, dann ist von der Auseinandersetzung mit dem Glück eine Fülle praktisch-therapeutischer Erkenntnisse zu erwarten.

Teil II
Glück und Wohlbefinden

4. Was ist Glück?

Seit Tausenden von Jahren fragen sich die Menschen: Wie kann ich glücklich werden? Wo finde ich das Glück? Auch die moderne sozialwissenschaftliche Glücksforschung stellt immer noch die gleiche Frage wie die alten Philosophen, nämlich: «Welche [...] Faktoren im Individuum und in der Umwelt gehen mit Glücksgefühlen einher?»[17] Weitaus weniger Aufmerksamkeit als den verschiedenen Möglichkeiten, das Glück zu erlangen, hat man seit jeher der Frage geschenkt, was das Glück eigentlich ist. Doch Voraussetzung einer Betrachtung der Wege zum Glück bildet eine Auseinandersetzung mit der Definition von Glück. Was meinen wir eigentlich, wenn wir vom «Glück» sprechen?

In der Fachliteratur über das Glück herrscht erstaunliche Einigkeit darüber, dass der deutsche Begriff ‹Glück› drei grundlegende Bedeutungen besitzt:

1. Glück als eine *intensive Erfahrung großer Freude und Erfüllung.* Diese Art der Bedeutung des Glücks wird oft auch durch den deutschen Begriff der ‹Glückseligkeit› bezeichnet. Das englische ‹bliss› und die lateinische ‹felicitas› meinen das Gleiche. Glück in diesem Sinne weist einen engen Bezug zur Liebe auf und wird nicht selten als Idealzustand ins Jenseits verlegt.

   Glücklich allein ist die Seele, die liebt. (Klärchen in Goethes *Egmont*)
   Denn das Glück, geliebt zu werden, ist das höchste Glück auf Erden. (Herder)
   O Menschenherz, was ist dein Glück? Ein rätselhaft geborner, und, kaum gegrüßt, verlorner, unwiederholter Augenblick! (Lenau)
   Aus des Lebens Mühen und ewiger Qual / Möcht' ich fliehen in dieses glückselige Tal. (Schiller, *Berglied*)

2. Glück als *umfassende Lebenszufriedenheit,* als eine *positive Beurteilung des eigenen Lebens* aus der gegenwärtigen Perspektive. Meyers Lexikon definiert Glück als das «Einssein mit seinen Hoffnungen, Wünschen, Erwartungen» und meint damit diesen Bedeutungsgehalt. Im Englischen spricht man von ‹happiness›, im Lateinischen von ‹beatitudo›.

   Jeder ist seines Glückes Schmied. (lat. Sprichwort, nach Sallust)
   Nie soll man jemand vor seinem Tode und seinem Leichenbegräbnis glücklich heißen. (Ovid)

Glück und Regenbogen sieht man nicht über dem eigenen Haus, sondern nur über fremdem. (dt. Sprichwort)
Glücklich leben und naturgemäß leben ist eins. (Seneca)
Glücklich ist, wer vergisst, was doch nicht zu ändern ist. (aus der «Fledermaus» von Johann Strauß)

3. Glück als *positives Schicksal,* als *glücklicher Zufall.* Im Englischen spricht man in diesem Zusammenhang von ‹luck›, im Lateinischen von ‹fortuna›, während im Deutschen stets der gleiche Begriff ‹Glück› verwendet wird, egal ob es sich um Glück im Sinne eines günstigen Schicksals oder im Sinne von Lebenszufriedenheit – die man sich durchaus selbst erarbeiten kann, auch bei Abwesenheit eines guten Schicksals – handelt.

Glück und Glas, wie leicht bricht das! (dt. Sprichwort)
Glück und Unglück tragen einander auf dem Rücken. (dt. Sprichwort)
Vom Unglück frei zu sein, ist großes Glück. (Schefer)
Die Welt wird nie das Glück erlauben, / Als Beute wird es nur gehascht, / Entwenden musst du's oder rauben, / Eh' dich die Missgunst überrascht. (Schiller, «Das Geheimnis»)
Dem Glück bezahlt' ich meine Schuld. (Schiller, «Der Ring des Polykrates»)
Das Glück ist blind. (lat. Sprichwort)

Der polnische Philosoph Tatarkiewicz[18], der eine umfangreiche Abhandlung über das Glück geschrieben hat, erwähnt eine vierte Definition: Glück als den *Besitz der höchsten Güter.* Diese zunächst etwas merkwürdig anmutende Definition von Glück war während Jahrhunderten selbstverständlich. Glück in diesem Sinne bezeichnet den Besitz der höchsten Güter und Werte, die ein Mensch erlangen kann: zum Beispiel Gott, das Gute, Weisheit, Liebe, Macht, Schönheit. Was im konkreten Fall als höchstes Gut gilt, hängt vom jeweiligen kulturellen Bezugsrahmen ab.

Ich halte es jedoch für problematisch, diese Bedeutung des Glücks als grundlegende Definition zu betrachten. Bezeichnenderweise ließen sich dafür keine eindeutigen Beispiele von Zitaten finden, weil Glück im Sinne des Besitzes der höchsten Güter immer auch mit einer anderen Definition von Glück verknüpft ist. Glück als Besitz der höchsten Güter hebt die normative Komponente des Glücks hervor, ohne dem Begriff des Glücks eine grundlegend andere Bedeutung zu geben als die drei angegebenen Definitionen. Jede Kultur hat ihre Werte und ihre hochgeschätzten Güter, und jede Kultur denkt, dass diese immateriellen oder materiellen Güter glücklich machen. Aus diesem Grund ist es logischer, lediglich von drei grundsätzlichen Bedeutungsinhalten des Glücksbegriffes auszugehen, welche gut wiedergegeben werden durch die englischen Begriffe *bliss, happiness* und *luck.*

«Er hat im Leben viel Glück gehabt und ist doch niemals glücklich gewesen», ließ der Dichter Franz Dingelstedt (gestorben 1881) auf seinen Grabstein schreiben, und zeigte damit, dass das Glück im Sinne der Lebenszufriedenheit oder der großen Freude und Erfüllung nicht von einem guten Schicksal abhängt, sondern davon, was man daraus macht. Diese Tatsache ist für die Psychotherapie höchst bedeutungsvoll, da möglicherweise auch Menschen mit einem ungünstigen Schicksal das Potenzial zum Glücklichsein besitzen.

Etymologisch ist das deutsche Wort ‹Glück› mit dem althochdeutschen ‹luhhan› verwandt, das die Wurzel für den deutschen Begriff ‹Luke› bildet. Davon ausgehend wurde versucht, Glück etymologisch zu definieren als die «Art, wie etwas schließt, endigt, ausläuft»[19]. Im Laufe der Entwicklung wendete sich der Begriff ins Positive und nahm die Bedeutung eines positiven Schicksals an.

Eine interessante linguistische Analyse der Begriffe ‹Glück› und ‹Freude› stammt von Kövecses.[20] Er untersuchte die im Glücksbegriff enthaltenen metaphorischen Konzepte und gelangte zu folgenden zentralen symbolischen Bedeutungen: Die Begriffe ‹Glück› und ‹Freude› unterscheiden sich von anderen Emotionen vor allem durch die Symbolik der Helligkeit, der Aufwärtsbewegung, der Vitalität sowie der Vorstellung des Glücks als eine Flüssigkeit in einem Behälter, die am überlaufen ist, wie dies in den Redewendungen «voller Glück sein» und «seine Freude nicht mehr zurückhalten können» zum Ausdruck kommt. Kövecses geht hier primär von einem Glücksbegriff aus, welcher der ersten der oben aufgeführten Definitionen des Glücks im Sinne eines Zustandes innerer Erhebung entspricht, und betont die emotionale Komponente des Glücks. Es sollte dabei jedoch nicht vergessen werden, dass Glück auch eine gedankliche Komponente aufweist. Während die emotionale Komponente des Glücks am besten mit dem Begriff *Freude* oder *Lebensfreude* bezeichnet wird und der Definition von Glück im Sinne des englischen ‹bliss› entspricht, können wir für die gedankliche Komponente den Begriff *(Lebens-)Zufriedenheit* verwenden, der dem Glück im Sinne des englischen *happiness* entspricht.

Ein weiterer wichtiger Begriff ist derjenige des *Wohlbefindens*. In der psychologischen Glücksforschung ist meist vom *subjektiven Wohlbefinden* die Rede. Dieser Begriff kann nur teilweise mit dem Glück gleichgesetzt werden, da er einerseits einen weniger intensiven Zustand kennzeichnet und sich andererseits an einer subjektiven Sichtweise des Glücks orientiert, obschon das Glück auch eine objektive Komponente aufweist, wie noch ausführlicher erläutert wird (vgl. Kapitel 5). Subjektives Wohlbefinden wird meist noch weiter unterschieden in *habituelles* und in *aktuelles Wohlbefinden.* Während ersteres einen längerfristigen Zustand der Lebenszufriedenheit bezeichnet, ist mit letzterem ein kurzfristig angenehmer Zustand gemeint. Die Unterscheidung zwischen habituellem und aktuellem Wohlbefinden ist analog zu derjenigen zwischen Glücklichsein als überdauernde Persönlichkeitseigenschaft (sogenanntes *trait*-Glück) und dem Glück als kurzfristigem Gefühlszustand (sogenanntes *state*-Glück).[21]

Schließlich sollte noch ein weiterer wichtiger Begriff eingegrenzt werden, derjenige der Lust. Lust bezeichnet einfach einen subjektiv angenehmen Zustand, egal ob dieser Zustand gleichzeitig auch glücklich macht oder ob möglicherweise auf die Lust eine extrem unlustvolle Erfahrung folgt wie z. B. nach der Einnahme von Drogen. Lust ist somit praktisch gleichbedeutend mit aktuellem Wohlbefinden, obschon der Lustbegriff wohl bei den meisten stärkere Assoziationen weckt als derjenige des Wohlbefindens.

Tatarkiewicz' Analyse des Zusammenhanges zwischen Glück und Lust führt außerdem zu einer weiteren Klärung einiger mit dem Glück verwandter Begriffe:[22] Wenn Freude, die emotionale Komponente des Glücks, zur längerfristigen Eigenschaft wird, dann spricht Tatarkiewicz von *Fröhlichkeit,* während Zufriedenheit, die mentale Komponente des Glücks, längerfristig zu *innerem Frieden* führt.

Für Tatarkiewicz ist Glück als umfassende Lebenszufriedenheit das Substrat aus vielen einzelnen lustvollen Erfahrungen der Freude oder der Zufriedenheit. Es sollte dabei jedoch nicht vergessen werden, dass Lust nicht unbedingt zu Glück führen muss, sondern oft auch Leid mit sich bringt, da ein Leben, das ausschließlich auf die Befriedigung der Lust ausgerichtet ist, in Gefahr gerät, sinnentleert zu werden und im Kreislauf der Sucht stecken zu bleiben. Die Reduktion des menschlichen Glücks auf die Lustbefriedigung, wie sie in der Psychologie insbesondere seit Freud oft vorgenommen wurde, führt unausweichlich zu einem pessimistischen Weltbild und zu einer Negation der Dauerhaftigkeit oder gar der Realität des Glücks (vgl. Kapitel 5).

5. Wie werden wir glücklich?

Wenn wir uns nun der Frage nach dem Weg zum Glücklichsein zuwenden, werde ich zunächst einen kurzen Abriss der wichtigen Stationen in der Entwicklung des philosophischen Denkens über das Glück geben, um aufzuzeigen, welche hauptsächlichen Wandlungen in den Glücksrezepten im Laufe der Zeit stattgefunden haben, damit wir die heutigen Vorstellungen über das Glück vor diesem historischen Hintergrund besser verstehen können. Ich beschränke mich dabei auf den abendländisch-westlichen Kulturkreis.[23]

Auf der Suche nach den Ursprüngen des Konzepts vom Glück im antiken Griechenland stoßen wir auf zwei Vorstellungen, die bereits in mythischen Zeiten verbreitet waren: Glück als gutes Schicksal und Glück als das Erleben von Lust, Freude und Vergnügen. Im Sinne der ersten Vorstellung sprachen die Griechen entweder von *eutychía* (von *eu* = gut und *tyche* = Schicksal) oder – mit einer religiösen, mythologischen Färbung – von *eudaimonía* (von *eu* = gut und *daímon* = Gottheit), was wörtlich den Zustand bedeutet, in dem sich ein Mensch befindet, der den Schutz wohlwollender Gottheiten genießt. Im Sinne der zweiten Vorstellung, welche sich von der ersten darin unterscheidet, dass sie nicht auf günstige äußere Bedingungen, sondern auf angenehme innere Gemütszustände abzielt, verwendeten die Griechen Bezeichnungen wie *chará* (ein angenehmer andauernder Zustand), *euphrosýte* (eine heitere, selige Veranlagung), *ólbos* (Wohlstand und ein erfülltes Leben) und vor allem *makariótes*, ein höchst intensiver Zustand der Freude, welcher den Menschen in diesem Leben verwehrt ist und den nur die Götter und Seelen im Elysium genießen.

Der Begriff der *eutychía* erfuhr allmählich eine Bedeutungsveränderung, indem immer mehr ein gutes, erfolgreiches und gelungenes Leben damit gemeint war. Man sprach auch dann von *eutychía*, wenn der Erfolg eines Menschen nicht dank, sondern trotz seines Schicksals erreicht wurde. Diese Idee, dass ein erfolgreiches, beneidenswertes Leben das beste ist, was jemandem passieren kann, und somit dem Glück am nächsten kommt, wurde philosophisch zuerst von Demokrit (ca. 470–360 v. Chr.) ausgearbeitet. Er war auch der erste, der die Meinung vertrat, dass ein glückliches Leben nicht allein auf einem günstigen Schicksal oder äußeren Bedingungen beruht, sondern zu einem größeren Teil auf der inneren Geisteshaltung des Menschen. Wichtig ist nicht, was jemandem widerfährt, sondern wie er darauf reagiert.

Diese Idee, dass innere Zufriedenheit und die eigene Geisteshaltung am meisten zum Glücklichsein beitragen, erfuhr durch Sokrates (ca. 470–400 v. Chr.) und Platon (427–347 v. Chr.) eine Wendung. Auch sie waren der Meinung, dass das Glück nicht von äußeren Bedingungen abhängt, aber sie machten auch nicht das subjektive Konzept der Zufriedenheit dafür verantwortlich, sondern sahen im Besitz der höchsten objektiven Güter die Quelle des Glücks. Für Platon sind die Glücklichen jene, welche das Gute, das Schöne und das Wahre besitzen. Nach Platon muss man sich von dem, was die Menge glaubt, haben zu müssen, radikal befreien, um zu erkennen, worin wirkliches Glück besteht, und um selbst glücklich zu werden. Letztlich ist das glückliche Leben identisch mit der Philosophie.

Aristoteles (384–322 v. Chr.) übernahm dieses objektive Konzept des Glücks. In der *Nikomachischen Ethik* führt er aus, dass das Glück *(eudaimonía)* das Endziel allen Handelns darstellt: «Die Glückseligkeit stellt sich dar als ein Vollendetes und sich selbst Genügendes, da sie das Endziel allen Handelns ist.» Aristoteles versucht noch genauer zu bestimmen, was dieses Endziel allen Handelns, dieses Glück eigentlich ist, nämlich «der Tugend gemäße Tätigkeit der Seele, und gibt es mehrere Tugenden: der besten und vollkommensten Tugend gemäße Tätigkeit. Dazu muss aber noch kommen, dass dies ein volles Leben hindurch dauert; denn wie eine Schwalbe und ein Tag noch keinen Sommer macht, so macht auch ein Tag oder eine kurze Zeit noch niemanden glücklich und selig.» [24]

Auch für die Stoiker lag das Glück in der Tugend. *Eudaimonia* entspringt gemäß der Stoa einer inneren Haltung, die ihre Freude aus der seelischen Harmonie und aus dem Bewusstsein schöpft, eine Bestimmung zu erfüllen, einem Sinn zu folgen, der das Lebensziel bestimmt und zum Guten führt. Hauptaufgabe des glücksuchenden Menschen ist es, das Lebensziel richtig zu bestimmen, an dem sich alle anderen Dinge ausrichten. Voraussetzung dafür ist die Fähigkeit zur Unterscheidung zwischen dem, was der Mensch selbst verändern kann und dem, was sich seinem Zugriff entzieht.

Mit Hilfe der Vernunft sollen gemäß der stoischen Lehre nur solche Einstellungen und Überzeugungen gewählt werden, welche alle äußere Unbill vergleichgültigen. Gleichzeitig sollen nur Wünsche gehegt werden, die sich mit Sicherheit erfüllen lassen. Allein durch *Apathie* – Freiheit von Affekten wie Lust, Trauer, Begierde, Furcht – ist nach Auffassung der Stoa ein glückliches Leben möglich. Wer diesen Zustand erreicht hat, ist weise.

Auch die Epikureer waren der Auffassung, dass das Glück nur von denjenigen Bedingungen abhängig gemacht werden darf, die der Kontrolle des Individuums unterliegen, während gleichzeitig das Unabänderliche entwertet werden muss. Epikur (342–271 v. Chr.) stellte die Lust-Unlust-Empfindungen in den Mittelpunkt seiner Lehre. Jedes lebende Wesen strebe, sobald es geboren sei, nach Lust, während es den Schmerz vermeide. Ziel des glückseligen Lebens ist nach Epikur die Gesundheit des Körpers und die Unerschütterlichkeit *(Ataraxie)* der Seele. Dies wird erreicht durch die Beseitigung der Unlust und ein maßvolles Genießen in der Gegenwart, indem den edelsten Freuden im menschlichen Handeln der Vorzug gegeben wird. Das populäre Bild vom Epikureer als einem den Sinnenfreuden verfallenen Menschen wird somit Epikurs Lehre nicht gerecht.

Sowohl Stoiker als auch Epikureer erhoben den Anspruch, mit ihren Theorien einen sicheren Weg hin zum unerschütterlichen Glück aufzuzeigen. Alle großen antiken philosophischen Schulen waren sich darin einig, dass nur ethisches und rationales Handeln zum Glück führt.

In der Spätantike löste sich der Glaube an die Selbstbestimmbarkeit des menschlichen Glücks wieder etwas auf. Die teilweise Rückkehr zu religiösen Vorstellungen über das Glück hängt zusammen mit der Entstehung des Christentums. In den Seligpreisungen Jesu im Neuen Testament wird ein Glücksbegriff im Sinne höchster Glückseligkeit verwendet; entsprechend lautet das griechische Wort im Originaltext *makárioi* (z. B. Mt. 5, 3: «Selig, die arm sind vor Gott; denn ihnen gehört das Himmelreich.»). Die Botschaft des Christentums lautet: Wahre Glückseligkeit gibt es nur im Einklang mit Gott im Himmelreich, doch das Himmelreich kann von jedem einzelnen Menschen in seinem Leben hier auf Erden verwirklicht werden.

Die berühmte Schrift «de consolatione philosophiae» von Boethius (480–524) enthält stoisches und neuplatonisches Gedankengut, stellt allerdings auch schon ein wichtiges Werk der christlich orientierten Philosophie des Mittelalters dar. Boethius zufolge können die dem Wandel unterworfenen irdischen Güter dem Menschen kein dauerhaftes Glück geben. Dieses liegt vielmehr in der Anschauung Gottes und der Entwicklung der eigenen Göttlichkeit, was nur durch die Tugend erreicht werden kann, da das Gute, die Glückseligkeit und die Gottheit letztlich das Gleiche sind.

Auch Augustinus (354–430) thematisierte in seinen früheren Arbeiten die Suche nach dem in Gott liegenden Glück. Er ging von seiner eigenen Erfahrung aus, dass jener Mensch nicht glücklich ist, der alles, was er will, auch hat. Nach einer bewegten Zeit voller Leidenschaften, sinnlicher Genüsse und seelischen Aufruhrs gelangte er in die Mitte seines Lebens zu der Einsicht, dass wirkliches Glück nur im Erwerb dessen bestehen kann, was immer bleibt und durch keinen Schicksalsschlag entrissen werden kann. Ewig und immerwährend ist für Augustinus nur Gott. «Und dies ist das glückselige Leben, sich zu freuen an Dir, auf Dich hin, um Deinetwillen: dies ist es und nichts anderes.»[25]

Später, nach seiner Wende zum Theoretiker kirchlicher Macht, machte Augustinus die Glückseligkeit von der willkürlichen Entscheidung seines Gottes abhängig. Diese als ‹Gnadenlehre› bekannte Auffassung beeinflusste Martin Luther (1483–1546). Er verdammte die Erfüllung der göttlichen Gesetze im Hinblick auf irdisches Glück. Wenn es Gottes Wille sei, müsse der Mensch völlig auf das Glück verzichten können. Auch bei Thomas von Aquin (1224–1274) ist Glück ein Gnadengeschenk Gottes, das in der Gottesschau nach dem irdischen Leben besteht. Allerdings ist das Glück für ihn im Diesseits vorwegnehmbar, wenn auch in unvollkommener Gestalt. Dieses Glück kann jedoch nicht direkt angestrebt und auch bei einem gläubigen Lebenswandel nicht eingeklagt werden. Das diesseitige Glück verliert also immer mehr seine Bedeutung und wird nur noch unter dem Aspekt des wirklichen und dauerhaften jenseitigen Glücks betrachtet. So verurteilte im Jahre 1277 der Bischof von Paris eine Reihe ketzerischer Thesen, unter welchen sich auch diese befand: «Die Glückseligkeit wird in diesem Leben besessen, nicht in einem anderen.»

Im Gegensatz zur Auffassung der Scholastiker, wonach wirkliches Glück erst nach dem Tode im Jenseits erreichbar ist, beschreiben die christlichen Mystiker, wie sie in diesem Leben die höchste Glückseligkeit in der Gottesschau, der *unio mystica,* erleben (Hildegard von Bingen, Meister Eckhart, Heinrich Seuse, Teresa von Avila, Juliana von Norwich u. a.).

In einem im Jahre 1993 veröffentlichten bemerkenswerten Aufsatz untersucht die Psychologin Helen H. McConnell die Bedeutung der spirituellen Erfahrungen der Lady Juliana von Norwich (1342–1423) für die Psychotherapie gemäß deren Schrift «Revelations or Showings of Divine Love».[26] Ein bedeutungsreiches Element für das Verständnis psychischen Leidens ist nach McConnell Julianas Einsicht in die menschliche Tendenz zu Selbstvorwürfen, Schuldgefühlen und Scham. Verschiedene Manifestationen der Selbstzerstörung und der emotionalen Verkümmerung, wie zum Beispiel Selbstentfremdung, Isolation, übermäßiges Leistungsstreben oder Leistungsversagen, Abhängigkeit, Suchtverhalten, Narzissmus oder physischer und sexueller Missbrauch, könnten zurückverfolgt werden zum fundamentalen Problem der *Scham,* wenn diese an der Wurzel des Selbstbildes einer Person liege. Scham definiert McConnell als das Gefühl, zutiefst fehlerhaft und nicht liebenswert zu sein.

Im Zentrum einer schamerfüllten Existenz steht die Sünde. Gemäß Juliana von Norwich verhindert nur die Sünde die Sehnsucht nach Gott und die Reinheit des Seins. Sie erfährt in ihren Visionen, dass Sünde notwendig ist. Diese kann nur erlebt werden durch den Schmerz, den sie verursacht. Der Sinn der Sünde besteht darin, dass diese uns reinigt, uns zur Selbsterkenntnis und zur Erbittung von Gnade führt. Unter Sünde versteht Juliana nicht eine moralische Zuwiderhandlung, sondern eine innere Trennung von Gott, ein Leben in Schwäche und Blindheit, in der Leere, im «Tod» und im «Nichts». Um auf dem Weg der Heilung wieder ein positives Verhältnis sich selbst gegenüber zu erlangen, ist es nach Juliana wichtig, dass der Leidende die unaufhörliche Liebe Gottes erkennt. Für Gott ist es unmöglich, über jemanden böse zu sein. Da es in Gott keinen Zorn gibt, gibt es auch keine Vergebung von Gott her, denn seine Liebe bleibt unaufhörlich immer die gleiche. Die Veränderung muss deshalb im Individuum selbst stattfinden, der an Scham leidende Mensch muss lernen, sich selbst zu vergeben und zu erkennen, dass Gott ihn zutiefst liebt.

Einer der bedeutendsten Philosophen zur Zeit der Reformation, der sich intensiv Gedanken zum Glück machte, war Spinoza (1632–1677). Spinoza verabschiedete sich schweren Herzens von der Vorstellung, dass Reichtum, Ehre und Sinnenlust die höchsten Güter seien, löste sich aber nach eigenen Worten nicht ganz davon, um sich einen Weg offen zu halten, falls ihn sein philosophisches Denken doch nicht zum erhofften dauerhaften Glück führen würde. Er gelangte schließlich zu seiner berühmten Glücks-Formel: «Liebe zu Gott». Nicht in der allen Menschen gemeinsamen Vernunft, sondern im allen gemeinsamen Drang zur Aufhebung der Schranke zwischen den Individuen besteht für Spinoza das ewige Glück. Durch die Liebe zu Gott kann der Mensch sein Ich immer umfänglicher machen, er kann immer mehr von dem, was außerhalb seiner Person liegt, an sein kleines Herz nehmen und es so immer größer machen, er kann alle Fremdheiten und alle Distanzen zu überwinden versuchen. Das Glück liegt für Spinoza im Sich-Öffnen.

Im Zuge der Aufklärung erfuhr der Glücksbegriff eine radikale Wende. Glück wurde nicht länger als Besitz objektiver Güter wie Weisheit, Tugend, Glaube, Liebe oder Gott verstanden, sondern als subjektiver Zustand der Befriedigung und Erfüllung der Bedürfnisse. Ob ein Mensch irgendwelche objektiven Güter besitzt, ist nun völlig unbedeutend im Hinblick auf die Frage, ob er mit seinem Leben zufrieden und somit glücklich ist. Diese aufgeklärte, subjektive Glücksdefinition ist heute immer noch vorherrschend.

Zunächst erhielt die Glücksvorstellung in der Aufklärung eine ausschließlich hedonistische Färbung: Glück und Lustbefriedigung waren praktisch identisch. Für den Empiristen John Locke (1632–1704) ist das Glück «die äußerste Lust, zu der wir fähig sind».[27] Auch für Kant (1724–1804) waren Glück und Lusterfüllung das Gleiche. Kant versuchte zwar, die Moral vom Glück fernzuhalten, dennoch erkannte er an, dass Glückseligkeit und Sittlichkeit zwei spezifische, verschiedene Elemente des höchsten Gutes seien. Der Mensch hat nach Kant zwei Ziele, die weit auseinander liegen, Glück und Pflicht, und er kann nur mit Gottes Hilfe bei beiden ankommen. Gott – von Kant in den philosophischen Diskurs hereingebracht als *deus ex machina* – belohnt irgendwann einmal den Pflichtgetreuen, indem er ihn auch noch glücklich macht. Wie die scholastischen Philosophen des Mittelalters gibt somit Kant dem Menschen die Hoffnung auf ein Glück im Jenseits als Lohn für die glücklosen Forderungen der Pflicht im Diesseits.

In den sozialen Umwälzungen gegen Ende des 18. Jahrhunderts – verkörpert in der amerikanischen Unabhängigkeitsbewegung und der Französischen Revolution – gelangte die Glücksvorstellung der Aufklärung zu einem die ganze Gesellschaft transformierenden Ausdruck. Der *pursuit of happiness* wurde zur allgemeinen gesellschaftlichen Forderung. Das utilitaristische Prinzip des «größtmöglichen Glücks für die größtmögliche Zahl» wurde von Jeremy Bentham (1748–1832) als oberste Forderung in die Staats- und Volkswirtschaftslehre übernommen. Gemäß der Lehre des Utilitarismus wird die Rechtmäßigkeit von Handlungen danach beurteilt, inwiefern sie das allgemeine Glück fördern. Glück ist nicht mehr, was gut ist, sondern das Gute ist, was glücklich macht.

Für John Stuart Mill (1806–1873) ist Glück gleichbedeutend mit der Anwesenheit von Lust und der Abwesenheit von Schmerz. Die Frage, inwiefern eine Handlung das Glück fördert, ergibt sich durch die Addition des Ausmaßes an Lust und die Subtraktion des Ausmaßes an Schmerz. Mill ist sich allerdings bewusst, dass Glück nicht nur von der Quantität, sondern auch von der Qualität der Lust abhängt. Zu den niederen Vergnügen gesellt er die höheren Vergnügen wie das Vergnügen des Intellekts, der Gefühle, der Vorstellung.

Die Idee der «glücklichen Gesellschaft» breitete sich anfangs des 19. Jahrhunderts rasch aus. In ihr gelangte eine gesellschaftliche Utopie zum Ausdruck, wie sie im Laufe der Jahrhunderte, angefangen bei Platon, immer wieder in sporadischen Abständen auftauchte. Der Sozialismus bildet das bisher letzte Glied in der Reihe der Utopien, die eine glückliche Gesellschaft zu verwirklichen suchen. Er ist in erster Linie eine Glückslehre, die besagt, dass das Glück, das als diesseitiges Glück im Sinne des

Utilitarismus verstanden wird, nur durch Solidarität zwischen den Menschen zu erreichen ist, und dass diese Solidarität nicht erreichbar ist ohne eine fundamentale Änderung der gesellschaftlichen Bedingungen. Das größte Übel auf dem Weg zu einer solidarischen und somit glücklichen Gesellschaft ist die Konkurrenz.

Im Laufe der zunehmenden Industrialisierung der Gesellschaft wurde die Herstellung der Voraussetzungen des Glücks tendenziell immer mehr eine Aufgabe von Wissenschaft und Technik. Dabei spielte vor allem auch die Befreiung von mühseliger Arbeit eine wichtige Rolle. – Das Glück ist zwar von dieser Welt, aber es ist erst in der Zukunft zu haben.

Einer, der die heutigen psychologischen Vorstellungen über das Glück am nachhaltigsten beeinflusste, war Sigmund Freud (1856–1939). In seiner Abhandlung «Das Unbehagen in der Kultur» setzt sich Freud mit der Frage auseinander, was Menschen vom Leben erwarten und was sie erreichen wollen: «[...] sie streben nach dem Glück, sie wollen glücklich werden und so bleiben. Dies Streben hat zwei Seiten, ein positives und ein negatives Ziel, es will einerseits die Abwesenheit von Schmerz und Unlust, andererseits das Erleben starker Lustgefühle. [...] man möchte sagen, die Absicht, dass der Mensch ‹glücklich› sei, ist im Plan der ‹Schöpfung› nicht enthalten. Was man im strengsten Sinne Glück heißt, entspringt der eher plötzlichen Befriedigung hoch aufgestauter Bedürfnisse und ist seiner Natur nach nur als episodisches Phänomen möglich. Jede Fortdauer einer vom Lustprinzip ersehnten Situation ergibt nur ein Gefühl von lauem Behagen; wir sind so eingerichtet, dass wir nur den Kontrast intensiv genießen können, den Zustand nur sehr wenig.»[28] Nach Freud droht uns von drei Seiten her Leiden: vom eigenen Körper, von der Außenwelt und von den Beziehungen zu anderen Menschen.

Angesichts dieser geringen Aussicht auf dauerhaftes Glück und einer hohen Wahrscheinlichkeit von Schmerz und Leid wandelt sich für Freud der Glücksanspruch vieler Menschen zum «Realitätsprinzip», in dem sich Glücksstreben vor allem als Trachten nach Leidvermeidung, nach Beherrschung des Trieblebens oder nach Sublimierung der Triebbefriedigung darstellt. Freud verstand Glück im Sinne der Aufklärung als Befriedigung des Luststrebens. Mit Freud erhält die philosophische Auseinandersetzung um das Glück gleichzeitig eine psychologisch-therapeutische Komponente, obschon die Psychoanalyse es gerade nicht für möglich hält, dass der Mensch glücklich im Sinne einer vollkommenen Lustbefriedigung wird, sondern seinen Glücksanspruch notwendigerweise reduzieren muss.

In der Nachfolge von Freud setzte die Entwicklung zahlreicher therapeutischer Systeme ein, welche immer auch eine implizite oder explizite

Vorstellung vom Glück entwickelten. Diese Konzeptionen des Glücks in Psychologie und Psychotherapie werden im nächsten Kapitel ausführlicher dargestellt.

Die pessimistische Auffassung Freuds über die Glücksfähigkeit des Menschen passt gut zu einer Theorie, welche schon eine Generation früher einer heftige gesellschaftliche Debatte entfacht hatte und auch heute noch, fast hundertfünfzig Jahre später, die Wissenschaften, aber auch die gesamte Kultur tiefgreifend beeinflusst: der Darwinismus. Charles Darwin (1809–1882) veröffentlichte sein Buch «On the Origin of Species by Means of Natural Selection» im Jahre 1859. Lange blieb die Evolutionstheorie relativ unverändert bestehen wie Darwin sie entwickelt hatte, bis Hamilton im Jahre 1964 mit seiner Theorie der Blutsverwandtschafts-Selektion die Ansicht vertrat, dass die Evolution nicht die Arterhaltung, sondern die Weitergabe der Gene zum Ziel habe, was die gesamte eigene Nachkommenschaft und diejenige der nahen Blutsverwandten beinhalte. In der Folge entwickelten sich eine Vielzahl von untergeordneten Theorien, alle auf der Annahme beruhend, dass sich die Natur im Wechselspiel zwischen Mutation und Selektion entwickelt, ohne ein bestimmtes Ziel zu verfolgen. Da es der Natur einzig und allein um die Weitergabe der Gene geht, ist menschliches Glück keine relevante Größe für die Evolution.

Als einer der wenigen zeitgenössischen Philosophen interessiert sich John Kekes für das Glück.[29] Nach Kekes kann ein Mensch nicht glücklich sein, wenn er nicht einen mehr oder weniger klaren Lebensplan besitzt. Dieser Lebensplan besteht aus einer hierarchischen Aufstellung der wichtigsten Bedürfnisse sowie aus unterschiedlich starken Verpflichtungen sich selbst gegenüber, diese Bedürfnisse auch tatsächlich erfüllen zu wollen. Kekes vertritt eine sogenannt «objektivistische» Sichtweise des Glücks, die davon ausgeht, dass das subjektive Urteil von Menschen, inwiefern sie sich glücklich fühlen, nicht ausreicht um festzustellen, ob sie tatsächlich glücklich sind oder nicht. Er führt aus, inwiefern das subjektive Urteil eines Menschen, der sich selbst als glücklich einschätzt, falsch sein kann: Entweder weist der Lebensplan interne Defekte auf – wenn er verschiedene schwer miteinander zu vereinbarende Elemente enthält (z. B. einen großen Freundeskreis pflegen und gleichzeitig Karriere machen), wenn er menschenunmögliche Anforderungen enthält (z. B. perfekt sein zu wollen), wenn der betreffende Mensch nicht die charakterlichen oder physischen Voraussetzungen dazu erfüllt, wenn sich die angestrebten Bedürfnisse lediglich auf flüchtige Befriedigungen beziehen – oder aber die Verwirklichung des Lebensplanes gestaltet sich als schwierig, weil jemand den falschen Weg dazu gewählt hat – etwa wenn der Lebensplan nicht mehr zeitgemäß ist, wenn die moralischen oder rechtlichen Rahmenbedingungen der Gesellschaft nicht genügend beachtet werden oder wenn bestimmte Eigenschaften, die ein Lebensplan erfordert, nicht berücksichtigt werden (z. B. die Notwendigkeit ausdauernd zu üben, um ein erfolgreicher Musiker zu sein).

Im kürzlich erschienenen Buch «Glückssache. Die Kunst gut zu leben» unternimmt die Basler Philosophie-Professorin Annemarie Pieper eine längst fällige vergleichende Darstellung der verschiedenen Glücksrezepte, die im Laufe der Jahrhunderte seit den antiken griechischen Philosophen bis heute angepriesen wurden.[30] Sie unterscheidet darin:

1. die «ästhetische Lebensform», bei der das Glück in sinnlichen Erfahrungen gesucht wird
2. die «ökonomische Lebensform» mit dem Glück als berechenbarem Nutzen
3. die «politische Lebensform» der Utopien, die das Glück strategisch oder technisch herzustellen versuchen
4. die «sittliche Lebensform» mit dem Glück als Ergebnis eines tugendhaften Lebens
5. die «ethische Lebensform», die das Glück durch die Überwindung der Leidenschaften anstrebt, sowie
6. die «religiöse Lebensform», die das Glück in der Hinwendung zum Göttlichen und Ewigen sucht.
7. Jeder Mensch wählt sich nach Pieper seine individuelle Mischung aus diesen unterschiedlichen Lebensformen im Streben nach dem Glück.

Dieser knappe historische Abriss der Philosophie des Glücks zeigt, dass die Frage, was das Glück ist und wie wir es erreichen können, mit einer Vielzahl von weiteren grundlegenden Problemen verbunden ist, wie zum Beispiel den folgenden:

Wie hängt subjektives Glücklichsein mit dem schicksalhaften Glück (gute Umstände, glückliche Zufälle) zusammen? Lässt sich wirkliches, wahres und dauerhaftes Glück von scheinbarem, falschem und flüchtigem Glück unterscheiden? Reicht die subjektive Einschätzung glücklich zu sein aus, oder erfordert wirkliches Glück objektive Merkmale? Gibt es bestimmte Lebensregeln, welche mit Sicherheit zum Glück hinführen? Welche Beziehung besteht zwischen dem Glück und dem Guten? Welche Beziehung besteht zwischen dem Glück und Leid oder Schmerz? Ist Glücklichsein der naturgemäße Zustand des Menschen oder ist menschliches Glück im Plan der Schöpfung nicht enthalten? Gibt es eine bestimmte Organisation oder Funktionsweise der menschlichen Psyche, welche mit einem Zustand von Glück und Wohlbefinden einhergeht?

Relevant für die Psychotherapie ist jede dieser Fragen. Wie wir im nächsten Kapitel sehen werden, orientiert sich die moderne Psychologie an einem Glücksbegriff, der sich auf die subjektiven Bedürfnisse des Menschen bezieht. Aus diesem Grund vermeidet es die Psychologie denn auch weitgehend, den Begriff des Glücks überhaupt zu verwenden, und spricht vom subjektiven Wohlbefinden.

Im Gegensatz zu dieser Sichtweise des Glücks, wie sie in der Aufklärung entwickelt wurde, bin ich jedoch der Ansicht, dass sich das Glück nicht trennen lässt von den höchsten universellen Gütern. Die Ausklammerung der objektiven Komponente des Glücks, d. h. der höchsten Güter, führt dazu, dass die größeren Entwicklungszusammenhänge verloren gehen und das Individuum mit seinen momentanen Motiven und Zielen verabsolutiert wird. Glück ohne objektive Komponente ist letztlich nicht zu unterscheiden von flüchtigen Lustgefühlen. Ich werde dies im Folgenden zu erläutern versuchen.

Meiner Ansicht nach, und nach der Ansicht der meisten antiken und mittelalterlichen Philosophen, ist das Glück stets bezogen auf das Gute, und zwar nicht nur auf das inviduell und subjektiv Gute, sondern auf das *universell und objektiv Gute*. Was berechtigt zu einer solchen Auffassung des Glücks?

Wenn wir von der seit der Aufklärung bis heute vorherrschenden Glücksvorstellung ausgehen, wonach es zum Erleben von Glücksgefühlen oder zu einem glückseligen Leben ausreicht, dass das subjektive Wünschen und Wollen des Individuums befriedigt wird, dann kommt man zum Schluss: Auch ein Schwerverbrecher kann glücklich sein, denn es gibt Menschen, denen es ein Bedürfnis ist, zu töten und zu morden. Dagegen zeigt jedoch die Beobachtung der Realität, dass Schwerverbrecher nicht glücklich sein können, weshalb mit dieser Glücksauffassung meiner Ansicht nach etwas nicht stimmen kann.

Genauso wie psychisch Kranke nicht glücklich sein können, können dies auch Verbrecher nicht. Fragt man zwar einzelne Mörder, ob sie glücklich sind, gibt es möglicherweise einige, die dies bejahen. Wie jedoch John Kekes dargelegt hat, reicht die Aussage eines Menschen, dass er glücklich sei, nicht aus, um zu wissen, ob er es tatsächlich ist, nicht nur weil er lügen, sondern auch weil er sich irren kann.

Viele Schwerverbrecher leiden mehr oder weniger bewusst an ihren Taten und sehen erst wieder eine Zukunftsperspektive, wenn sie ihr Verbrechen bereuen, wie dies Dostojewski meisterhaft in seinem berühmten Roman «Schuld und Sühne» beschrieben hat. Bei diesen Fällen ist es naheliegend anzunehmen, dass sie als Verbrecher nicht glücklich waren, obschon sie es vor ihrer Reue vielleicht irrtümlicherweise angenommen hatten, weil sie wirkliches Glück gar nicht kannten. Doch was ist mit denjenigen Verbrechern, die entweder kein Gewissen besitzen und somit auch nichts bereuen können, oder denjenigen, die in einem System leben, das ihre Verbrechen schützt oder gar belohnt?

Die erste dieser beiden Möglichkeiten bezieht sich auf Menschen, denen von der Psychiatrie eine ‹antisoziale Persönlichkeitsstörung› zugeschrieben wird. Eines der Merkmale dieser Störung ist das Fehlen eines Gewissens, einer inneren Instanz für die Unterscheidung von Gut und Böse, was für die charakteristische Missachtung und Verletzung der Rechte anderer Menschen durch diese ‹Soziopathen›, ihr kriminelles Verhalten, ihre Lügen, Grausamkeiten, aggressiven, skrupellosen und egozentrischen Impulse verantwortlich ist. Können diese Menschen glücklich sein, glücklich im Sinne einer intensiven Erfahrung großer Freude und Erfüllung mit der dieses Gefühl begleitenden Wachheit und Aufgeschlossenheit, auch anderen Menschen gegenüber, oder im Sinne einer umfassenden Lebenszufriedenheit, einer tief verwurzelten Überzeugung, dass das eigene Leben gelingt? Die Berichte über antisoziale Persönlichkeiten deuten in eine ganz andere Richtung: Sie handeln, ohne die Folgen zu bedenken; vielen fällt es schwer, eine dauerhafte Bindung an eine andere Person einzugehen; sie weisen eine erhöhte Neigung zu Alkohol- und Drogenkonsum auf. Von Glück kann keine Rede sein.

Doch was ist mit einem Verbrecher, dessen Umfeld seine Taten duldet oder fördert? Ein typisches Beispiel dafür ist der Folterer in einer Militärdiktatur, der tagsüber die schlimmsten Grausamkeiten an politischen Häftlingen begeht und abends in die häusliche Idylle zu Frau und Kindern zurückkehrt, dort ganz liebender Ehemann, ganz fürsorglicher Vater ist. Kann jemand als Familienmensch abends glücklich sein, wenn er tagsüber als Folterer andere Menschen quält und erniedrigt?

Ein auffallendes Merkmal eines solchen Lebens besteht darin, dass die betreffenden Individuen keineswegs offen und freimütig über ihr Doppelleben berichten, sondern jeden Teilbereich ihres Lebens – die Rolle als Folterer und die Rolle als Familienmensch – fein säuberlich voneinander trennen und abgrenzen. Ein glückliches Leben jedoch ist ein Leben aus der Fülle und in der Einheit, ohne die Notwendigkeit, gewisse Bereiche ausblenden zu müssen. Folterer, Kriegsverbrecher, Inquisitoren, Terroristen – ihnen ist gemeinsam, dass sie in der Überzeugung leben, eine vielleicht brutale, jedoch im Dienste einer bestimmten Ideologie notwendige Aufgabe zu erfüllen. Macht sie diese Aufgabe auch glücklich? Ich bezweifle es, denn wenn sie zutiefst glücklich wären, gäbe es nichts, das sie davor zurückschrecken ließe, ihr Tun vor aller Augen, auch derer ihrer eigenen Kinder, zu zelebrieren, ohne dass sie danach, wie im Fall eines Selbstmordattentäters, aus dem Leben scheiden. Vielmehr deutet vieles darauf hin, dass diese Menschen ihr persönliches Unglück in Kauf nehmen zu Gunsten einer in ihren Augen höheren Mission. Lebensfreude und Lebenszufriedenheit sind Qualitäten, die solchen Menschen fremd sind, solange sie ihre verbrecherischen Taten nicht bereuen. Wohl erleben diese Menschen ein Pflichtgefühl, vielleicht ein Gefühl der Ehre und des Stolzes, wahrscheinlich auch Momente der Lustbefriedigung und des Wohlbefindens – aber nicht des Glücks.

Es gibt somit meines Erachtens keine hinreichenden Anzeichen im Leben von Verbrechern, die die Annahme berechtigt erscheinen ließen, sie könnten glücklich und zufrieden sein. Die Erklärungen für diese Unvereinbarkeit von Verbrechen und Glück können sich nun aber unterscheiden. Man könnte die Ansicht vertreten, es gäbe bestimmte angeborene Grundbedürfnisse, die auch ein Schwerverbrecher auf Dauer nicht verleugnen könne, zum Beispiel das Bedürfnis nach zwischenmenschlicher Bindung. Wenn sich ein Schwerverbrecher von der Gesellschaft isoliere, könne er sein Bindungsbedürfnis nicht mehr befriedigen, so dass zumindest *ein* wichtiges Grundbedürfnis unbefriedigt bleibe oder in Konflikt stehe zu der Befriedigung anderer Grundbedürfnisse, wie zum Beispiel jenem nach Lustgewinn. Glück, so müsste man dementsprechend argumentieren, setze aber die Befriedigung aller Grundbedürfnisse, die harmonische Integration aller verschiedenen Motive im Lebensvollzug voraus.

Es wird bei einer solchen Sichtweise allerdings übersehen, dass die entscheidende Frage lautet, ob die Grundbedürfnisse auf das Gute ausgerichtet sind oder nicht. Wären sie es nicht, dann könnte auch sadistische Bindung zutiefst glücklich machen, und Selbstwerterhöhung könnte durch Hochmut, Kontrolle durch Manipulation zu Lebenszufriedenheit führen. Das würde bedeuten, dass Psychotherapeuten auch solche Tendenzen in ihren Patienten unvoreingenommen unterstützen sollten, da den Patienten dies subjektiv möglicherweise entgegenkommt und sie zu größerem Wohlbefinden und Glück führt.

Eine solche Sichtweise halte ich jedoch für verfehlt. Wenn die Grundbedürfnisse des Menschen nicht gleichzeitig auf das Gute ausgerichtet wären, dann könnten sie auch nicht glücklich machen. Da sie aber auf das Gute ausgerichtet sind – d. h. da der Mensch im tiefsten Innern seiner Bedürfnisse gut ist – können sie therapeutisch auch uneingeschränkt unterstützt werden. Entscheidend für das Glück ist aber nicht in erster Linie die Tatsache, dass die subjektiven Grundbedürfnisse befriedigt werden oder dass keine Konflikte in ihrer Verwirklichung auftreten, sondern *dass die Grundbedürfnisse des Menschen im Guten verankert sind.*

Dabei ist zu beachten, dass hier von Grundbedürfnissen gesprochen wird (wie z. B. dem Bedürfnis nach zwischenmenschlicher Bindung); das Bedürfnis eines Verbrechers zu morden wäre demnach kein Grundbedürfnis, möglicherweise jedoch Ausdruck eines maskierten, pervertierten Grundbedürfnisses (z. B. Mord aus Rache wegen verschmähter Liebe). Es ist deshalb notwendig, zwischen (wahren) Grundbedürfnissen und (falschen) Scheinbedürfnissen zu unterscheiden. Dabei handelt es sich um eine Unterscheidung, die dem Individuum selbst zunächst meist nicht bewusst ist.

Die humanistischen Richtungen der Psychologie gehen von dieser Grundannahme des zugrundeliegenden Guten in jedem Menschen aus. Allerdings wird von humanistischer Seite meistens nicht beachtet, dass diese Sichtweise die Annahme eines objektiv Guten voraussetzt, da eine subjektivistische Sichtweise in die Probleme hineinführt, die soeben besprochen wurden.

Aber was ist denn eigentlich dieses objektiv Gute? Sicherlich bezieht es sich nicht auf die menschliche Moral, die je nach Gesellschaft beträchtlich davon abweichen kann, wie das Beispiel eines Vollstreckers in einer Militärdiktatur zeigt. Ob das objektiv Gute mit ‹Gott›, der ‹Natur›, der ‹Wahrheit› oder einer ‹inneren Stimme›, einem ‹Gewissen› gleich gesetzt wird, erscheint mir weniger wichtig als die Annahme der Möglichkeit einer Entwicklung des Individuums hin zum Guten in sich selbst – das zugleich auch für alle anderen das Gute ist – und somit näher zum Glück hin.

In diesem Sinne ist Psychotherapie gleichzeitig auch immer Selbstentwicklung. Da das Ziel von Psychotherapie definitionsgemäß psychische Heilung ist, bedeutet dies nichts anderes, als *dass psychische Heilung gleichbedeutend ist mit Selbstentwicklung zum Guten hin.*[31] Selbstentwicklung und psychische Heilung dienen aber nicht nur dem Individuum selbst, sondern auch den anderen Menschen, mit denen das Individuum in Kontakt tritt, weil das Gute, zu dem das Individuum findet, das gleiche Gute ist, das auch für die andern erstrebenswert ist, was deutlich macht, dass hier nicht die subjektive Lust eines Egoisten gemeint ist, sondern das Gute, das für die ganze Menschheit und das einzelne Individuum gleichermaßen förderlich ist.

Von größter Wichtigkeit und zentraler Bedeutung für die Psychotherapie ist die letzte der weiter oben aufgeführten philosophischen Fragen zum Glück, auf die im folgenden Kapitel anhand der Erkenntnisse der Glückspsychologie nun näher eingegangen werden soll: *Gibt es eine bestimmte Organisationsform der menschlichen Psyche oder bestimmte psychologische Prozesse, welche eine Verbesserung des subjektiven Wohl-*

befindens bewirken und näher zum Glück führen? Dies ist die Kernfrage jeder Art von Psychotherapie. In der psychologischen und psychotherapeutischen Literatur finden sich zahlreiche Antworten darauf.

6. Die Psychologie des Glücks

Während Jahrhunderten betrachteten die Philosophen das Glück als höchstes Gut und letztes Ziel der Menschen. Trotzdem beschäftigte sich die Psychologie lange Zeit kaum mit diesem Thema, sondern vorwiegend mit negativen emotionalen Zuständen wie Ängsten und Depressionen. Die Vernachlässigung des Glücks in der Psychologie wurde zwar in den letzten 25 Jahren durch die Entwicklung eines neuen Forschungsgebietes rund um subjektives Wohlbefinden und Lebenszufriedenheit etwas wettgemacht, trotzdem scheint sich am relativen Übergewicht krankhafter psychischer Prozesse im Gegensatz zu gesunden bisher wenig geändert zu haben.

Die zahlreichen psychologischen Theorien zum Glück und Wohlbefinden, die auf die Frage nach den Merkmalen glücklicher Menschen eine Antwort zu geben versuchen, können in zwei Hauptgruppen unterteilt werden:

1. Theorien zum *habituellen* Wohlbefinden, welches das für eine Person typische Wohlbefinden im Sinne eines Gesamturteils über sehr viele verschiedene emotionale Erfahrungen umfasst. Dies kommt der Glücksdefinition nahe, die Glück als Einssein mit sich und der Welt, als umfassende Lebenszufriedenheit auffasst.
2. Theorien zum *aktuellen* Wohlbefinden, das als momentanes, durch positive Gefühle, Stimmungen und körperliche Empfindungen sowie durch Beschwerdefreiheit charakterisiertes Erleben einer Person definiert wird. Dieses Konzept ist verwandt mit der Vorstellung vom Glück als Zustand der grenzenlosen Freude und Erfüllung, wenn es auch nicht eine derart starke Steigerung oder Tiefe umfasst.

Bei den Theorien zum habituellen Wohlbefinden kann nochmals grob unterschieden werden zwischen *personenzentrierten* Ansätzen, welche menschliches Wohlbefinden durch innerpsychische Faktoren zu erklären versuchen (z. B. Art des Denkens, Charaktereigenschaften), und *umweltzentrierten* Ansätzen, welche die Zusammenhänge zwischen dem Wohlbefinden und verschiedenen sozialen oder auf die persönliche Lebensumwelt bezogenen (z. B. Partnerschaft, Arbeit, Freizeit) sowie soziodemographischen Faktoren (Geschlecht, Alter, Bildungsniveau) untersuchen.

Im Folgenden werde ich auf die psychologischen Theorien und For-schungsbefunde zu diesen drei Aspekten des Glücks und Wohlbefindens eingehen: Glück als umfassende Lebenszufriedenheit (bzw. habituelles Wohlbefinden) aus personenzentrierter Perspektive; Glück als umfas-sende Lebenszufriedenheit (bzw. habituelles Wohlbefinden) aus umwelt-zentrierter und sozialer Perspektive; und Glück als Zustand der Freude und Erfüllung (bzw. aktuelles Wohlbefinden).[32]

Personenzentrierte Sichtweisen der Lebenszufriedenheit

Die personenzentrierten Theorien des Glücks gehen davon aus, dass die psychische Organisation, die seelischen Eigenschaften, der Charakter und der damit verbundene Entwicklungsweg eines Menschen dafür verantwortlich sind, ob er sich glücklich fühlt oder nicht. Zu diesen Theorien gehören auch diejenigen der Freud'schen Psychoanalytiker, die jedoch Glück eher im Sinne eines rauschhaften Hochgefühls definieren, so dass deren Ansichten weiter unten bei den Theorien zum aktuellen Wohlbefinden beschrieben werden. Einer der ersten Analytiker, der die Freud'sche Auffassung des Glücks in Frage stellte, war Wilhelm Reich. Der Begründer der körpertherapeutischen Richtungen der Psychothe-rapie war der Meinung, dass die Ursache psychischer Störungen in einer «Charakterpanzerung» des Menschen liegt, welche sich körperlich in einer muskulären Verspannung ausdrückt. Wenn die muskulären Panze-rungen aufbrechen, werden nach Reich zugleich auch die charakterlichen Panzerungen gelockert und der Mensch findet wieder Zugang zu seinem wirklichen Wesen, seinem wahren «Kern».[33]

Die Idee, dass hinter den verschiedenen Schichten der menschlichen Psyche ein wahrer Kern des Menschen steckt, findet sich auch in den humanistisch-existentialistischen Konzepten von Autoren wie Rogers, Maslow, Perls, Fromm und Frankl. Rogers *fully-functioning person* ent-hält Attribute, welche als Kennzeichen von Glücklichsein aufgefasst wer-den können. Nach Rogers weist eine Person, die eine Psychotherapie durchlaufen hat, idealerweise folgende Eigenschaften auf:[34]

1. Die Person ist aufgeschlossen gegenüber all ihren Erfahrungen und kann sie bewusst zulassen, ohne mit Abwehrmechanismen reagieren zu müssen.
2. Die Person lebt im Fluss und im Augenblick, kennt keine zwanghafte Durchstrukturierung von Erfahrungen, sondern befindet sich in fort-während Veränderung.

3. Die Person handelt gemäß den Reaktionen des Gesamtorganismus danach, wie ihr unmittelbar zumute ist.

Ein solcher Mensch betrachtet die Welt nach Rogers nicht nur realistisch, sondern er verwirklicht sich selbst, er handelt sozial und jeder Situation angemessen, er ist schöpferisch, nicht leicht voraussagbar, entwickelt und verändert sich fortlaufend und entdeckt sich somit in jedem Augenblick des Lebens neu.

Diese humanistische Sichtweise des Glücks erfuhr eine Weiterentwicklung durch Peter Groskurth.[35] Glück ist für Groskurth eine Empfindung, die einen bestimmten Aspekt der Entwicklung begleitet, den er die «Transformation des Selbst» nennt. Jede Transformation geschehe plötzlich und könne mit einem Erwachen verglichen werden, das grundsätzlich eine neue Perspektive mit sich bringe. Bei jeder Transformation sterbe ein alter Teil des Selbst, während das ganze Selbst neu wiedergeboren werde.

Humanistische Autoren wie Allport, Frankl und Klinger betonten eher den Sinnfindungsaspekt des Glücks.[36] Das primäre Ziel des Menschen ist demnach nicht Glück sondern Sinn. Glück stellt sich quasi als Nebenprodukt ein beim Erfüllen selbstgewählter Aufgaben. Sinn lässt sich nach Frankl auf mindestens drei Wegen finden: im Schöpferisch-Sein, in der Hinwendung zu Menschen sowie im Ertragen von Schicksalsschlägen, das anderen Betroffenen Mut macht.

Die bisher beschriebenen personenzentrierten Ansätze des Glücks beziehen sich auf die grundlegenden Motive oder Bedürfnisse eines Menschen. In seiner einflussreichen Motivationstheorie beschrieb Maslow die Grundbedürfnisse als Pyramide, an deren Basis die physiologischen Bedürfnisse angesiedelt sind, auf der nächst höheren Ebene die Sicherheitsbedürfnisse, dann das Bedürfnis nach sozialer Zugehörigkeit und Liebe, gefolgt von den Selbstwertbedürfnissen, während zuoberst das Bedürfnis nach Selbstverwirklichung steht.[37] Nach Maslow werden in der Regel zuerst die fundamentalen basisnahen Bedürfnisse befriedigt, die für das Überleben wichtig sind, bevor sich eine Person den höheren Bedürfnissen zuwendet. Die besten Chancen für dauerhaftes Wohlbefinden und tiefes Glück eröffnen die Wachstumsmotive.

Andere Motivationstheoretiker verzichten auf eine Hierarchisierung der Grundbedürfnisse und stellen diese gleichberechtigt nebeneinander. Es herrscht kein Konsens über die Anzahl und die Art der menschlichen Grundbedürfnisse. Grawe hat auf der Grundlage von vier Grundbedürfnissen (nach Orientierung und Kontrolle, nach Lustgewinn und Unlustvermeidung, nach Bindung, nach Selbstwerterhöhung)[38] eine psychotherapeutische Veränderungstheorie entworfen, in welcher Glück und Wohlbefinden als Ergebnisse eines harmonischen Ausgleichs zwischen den verschiedenen Grundbedürfnissen aufgefasst werden. Die psychischen Prozesse sind nach Grawe «darauf ausgerichtet, die Grundbedürfnisse eines Menschen gleichzeitig möglichst gut zu befriedigen. [...] Seelisch sehr gesunde, glückliche Menschen unterscheiden sich von anderen nicht nur dadurch, dass sie in ihren Grundbedürfnissen wenig verletzt wurden [...], sie zeichnen sich auch dadurch aus, dass sie ihre Bedürfnisse in Übereinstimmung miteinander [...] befriedigen können».[39]

Neben den motivationstheoretischen Ansätzen zur Erklärung von habituellem Wohlbefinden wurden auch verschiedene *kognitive* Theorien entwickelt: Soziale *Vergleichsniveautheorien* gehen davon aus, dass Wohlbefinden und Lebenszufriedenheit nicht primär von objektiven Lebensbedingungen abhängen, sondern von der Einschätzung, bei der jeder seinen gegenwärtigen Status mit dem Durchschnitt seiner sozialen Bezugsgruppe vergleicht. Jemand ist in dem Maße zufrieden, in dem es ihm gleich gut oder besser geht als anderen.[40] Während sich Vergleichsniveautheorien auf interpersonelle Vergleiche (zwischen Personen) beziehen, beschäftigen sich die *Adaptationsniveautheorien* mit den intrapersonalen Maßstäben (innerhalb einer einzelnen Person). Dieser Ansatz verweist darauf, dass subjektives Wohlbefinden von einem persönlichen Standard abhängt. Laufende positive Erfahrungen heben diesen Standard, negative lassen ihn sinken, so dass sich mit der Zeit ein Gewöhnungseffekt einstellt, der im Sinne einer veränderten Bezugsnorm zu einer Abschwächung der Wirkung führt.

In einer berühmten Untersuchung wurden Lotteriegewinner, Querschnittgelähmte und Kontrollpersonen, die weder Lotteriegewinner noch querschnittgelähmt waren, miteinander verglichen. Beim Untersuchungszeitpunkt waren Lotteriegewinner nicht glücklicher als die Kontrollpersonen. Querschnittgelähmte stuften zwar ihr augenblickliches, nicht jedoch ihr zukünftiges Glück niedriger ein als die Kontrollpersonen.[41]

Gemäß den *Anspruchsniveautheorien* schließlich sind Zufriedenheit und Wohlbefinden eine Funktion der Diskrepanz zwischen individuellem Anspruchsniveau und dem erzielten Resultat. Demnach ist Wohlbefinden am ehesten zu erwarten, wenn eine Person sich Ziele setzt, die sie auch mit einer gewissen Sicherheit erreichen kann.

Als dritte Untergruppe personenzentrierter Ansätze zur Erklärung des habituellen Wohlbefindens lassen sich persönlichkeitspsychologische Ansätze ausmachen: Es gibt zahlreiche Hinweise darauf, dass stabile Persönlichkeitseigenschaften einen stärkeren Einfluss auf das subjektive

Wohlbefinden ausüben als Umgebungseinflüsse. Als die fünf wichtigsten der untersuchten Merkmale glücklicher Menschen erwiesen sich ein hohes Selbstwertgefühl, das Gefühl persönlicher Kontrolle, Extraversion, niederer Neurotizismus und hoher Optimismus.

Ein hohes *Selbstwertgefühl* geht in westlichen Kulturen mit einer erhöhten Lebenszufriedenheit einher. Glückliche Menschen weisen häufig einen sogenannten *self-serving bias* auf, d. h. sie glauben, sie selbst seien z. B. ethisch bewusster, intelligenter, weniger voreingenommen, umgänglicher und gesünder als der Durchschnitt der Bevölkerung. Allerdings hängt die Stärke dieses Zusammenhangs vom Ausmaß der Individualität einer Kultur ab: In kollektivistischen Kulturen finden sich geringere Zusammenhänge. Das Verhältnis zwischen Selbstwertgefühl und Glück ist möglicherweise zirkulär: Das Selbstwertgefühl nimmt in Zeiten erhöhten Unglücklichseins ab.

Glückliche Leute neigen stärker zu dem Glauben als unglückliche, dass sie ihr Schicksal selbst beeinflussen können. Ihr *persönliches Kontrollgefühl* ist höher. Möglicherweise wirken einige der sozialen Indikatoren des Wohlbefindens wie Wohlstand und politische Freiheit (siehe unten) über das Kontrollgefühl auf das Glück ein, indem zum Beispiel schwere Armut vor allem dann demoralisierend wirkt, wenn sie das Gefühl persönlicher Kontrolle über das Leben und über die äußeren Bedingungen untergräbt.

In der Forschung wurde immer wieder ein starker positiver Zusammenhang zwischen *Extraversion* und dem Ausmaß an erlebten positiven Emotionen gefunden. Es ist insbesondere die Geselligkeit – die Freude am Umgang und an der Gesellschaft mit anderen Leuten –, welche für das hohe Niveau an positiven Affekten von Extravertierten verantwortlich ist. Ebenso besteht ein starker Zusammenhang zwischen *Neurotizismus* und dem Ausmaß an erlebten negativen Emotionen. Neurotizismus wird dabei verstanden als die Tendenz, sich wegen allen möglichen Schwierigkeiten zu sorgen. Beispielsweise werden nur mittelmäßig bedrohliche Reize von hochneurotischen Menschen systematisch ausgewählt und verarbeitet, obschon sie den Reiz gar nicht bewusst wahrgenommen haben.

Subjektives Wohlbefinden wird in Zusammenhang gebracht mit einer Kombination von hohem positivem Affekt und niedrigem negativem Affekt. Demnach sind diejenigen Personen am glücklichsten, die stark extravertiert und kaum neurotisch sind, weil sie viele positive und wenige negative Emotionen erleben, während die unglücklichsten die stark introvertierten und hoch neurotischen sind, da sie kaum positive und viele negative Emotionen erleben.

Optimisten sind Menschen, die z. B. der Aussage «wenn ich etwas Neues unternehme, erwarte ich, dass ich Erfolg habe» zustimmen. Sie neigen zu einer hoffnungsvollen Sicht ihrer Zukunft und erwarten, dass es ihnen auch in Zukunft gut gehen wird. Nicht überraschend ist deshalb der Forschungsbefund, dass Optimisten ein höheres subjektives Wohlbefinden aufweisen als Pessimisten. Auch hier handelt es sich um einen zirkulären Effekt, denn Glückliche neigen zu einer optimistischeren Sichtweise. Der Wohlbefindensforscher Peter Becker schlug in Analogie zur negativen Triade der Depression das Konzept der «positiven Triade» vor, welches eine positive Einstellung zur eigenen Person (Selbstachtung, hohes Selbstwertgefühl), zur Umwelt (Bejahung der Umwelt, Liebesfähigkeit) sowie zur Zukunft (Optimismus) einschließt. Die emotionale Qualität dieser Form des habituellen Wohlbefindens charakterisiert er als ‹Lebensfreude›.[42]

Neben diesen Persönlichkeitseigenschaften, die einen starken Zusammenhang mit dem subjektiven Wohlbefinden aufweisen, wurden außerdem verschiedene persönliche Ressourcen, Einstellungen und Werte untersucht. Dabei zeigte sich, dass die subjektive Einschätzung der eigenen *körperlichen Gesundheit* einen starken Einfluss auf die Lebenszufriedenheit aufweist, während der objektive medizinische Gesundheitszustand einen schwachen, aber immer noch nachweisbaren Einfluss hat. Glückliche Leute erzielen außerdem niedrigere Werte in Fragebögen zur Erfassung psychischer Störungen und Probleme und höhere Werte bei Indikatoren *geistiger Gesundheit* oder Reife. Dabei muss bedacht werden, dass seelische Gesundheit und Glück höchstwahrscheinlich auf die gleichen psychischen Prozesse zurückzuführen sind, die weiter unten genauer untersucht werden.

Glückliche Leute sind nicht intelligenter als unglückliche, jedenfalls nicht in westlichen Gesellschaften in Bezug auf die von Psychologen gemessene *Test-Intelligenz*. Obschon die *körperliche Attraktivität* eine der am höchsten bewerteten Ressourcen in westlichen Kulturen darstellt, weist sie nur einen schwachen Zusammenhang mit dem subjektiven Wohlbefinden auf. Glückliche Menschen unterscheiden sich von unglücklicheren aber darin, dass sie ein *höheres Aktivitätsniveau* aufweisen. Sie engagieren sich nicht nur in mehr Aufgaben, sondern berichten auch über ein höheres Ausmaß an Energie. Glückliche Leute erweisen sich zudem als *fähiger zu einem guten sozialen Kontakt* mit anderen Leuten. Sie werden von anderen als offener, wärmer, empathischer, taktvoller und zugleich einflussreicher eingeschätzt als Leute, die über ein geringeres subjektives Wohlbefinden berichten. Es handelt sich auch hier wahrscheinlich um eine wechselseitige Beziehung: Glücklichsein beeinflusst positiv die Entwicklung sozialer Fertigkeiten, aber diese Fertigkeiten sind ihrerseits entscheidend bei der Aufrechterhaltung intimer Kontakte, was wiederum wichtig ist für das Wohlbefinden.

Religiöse Menschen (meist definiert als jene, welche regelmäßig zur Kirche gehen) begehen viel seltener Straftaten als nicht-religiöse, sie nehmen viel seltener Drogen, scheiden viel weniger, sind seltener unglücklich verheiratet und begehen seltener Suizid. In Europa und Nordamerika berichten religiöse Menschen über ein höheres Ausmaß an subjektivem Wohlbefinden und Lebenszufriedenheit. Leute, die sich selbst als «spirituell engagiert» bezeichnen, berichten etwa doppelt so häufig als «spirituell nicht engagierte», sie seien sehr glücklich. Die beiden besten Prädiktoren für Wohlbefinden bei älteren Leuten sind Gesundheit und Religiosität. Es wurde jedoch auch festgestellt, dass eine starke Religiosität bei älteren Menschen mit negativen Stimmungen einhergehen kann.[43]

Die Zusammenhänge zwischen Religiosität und Glück sind größtenteils noch unklar. Folgende Erklärungen sind möglich: Eine aktive Teilnahme an religiösen Zusammenkünften führt zu unterstützenden engen Beziehungen; der Glaube ist verantwortlich für ein Gefühl der Sinnhaftigkeit im Leben; die religiösen Anschauungen bieten Antworten auf die tiefsten Fragen des Lebens und ermöglichen eine optimistische Verarbeitung von schicksalhaften Ereignissen; der Glaube ermöglicht Hoffnung angesichts der existentiellen Bedrohung durch Leiden und Tod.

Insgesamt lässt sich feststellen, dass die personenzentrierte Sichtweise auf das subjektive Wohlbefinden in der Psychologie zu folgenden bedeutsamen Faktoren geführt hat, deren Verwirklichung mit größerer Lebenszufriedenheit einhergeht: ein hohes Selbstwertgefühl; eine hohes Gefühl der persönlichen Kontrolle; hohe Extraversion und Geselligkeit; gut entwickelte soziale Kompetenzen; eine optimistische Sichtweise auf das Leben; das Gefühl körperlicher Gesundheit; ein hohes Aktivitätsniveau und viel Energie; eine religiös-spirituelle Einstellung.

In Bezug auf das Denken erweist es sich für ein gutes Befinden als wichtig, sich nicht unnötig Sorgen zu machen (geringer Neurotizismus), sich nicht an denjenigen zu orientieren, denen es besser geht, sondern eher an denjenigen, denen es gleich gut oder schlechter geht, und das persönliche Anspruchsniveau im Hinblick auf Ziele und Leistungen nicht zu hoch, sondern in einem erreichbaren Bereich anzusetzen. Motivationale Theorien betonen die Wichtigkeit der inneren Harmonie oder Konsistenz zwischen den verschiedenen Bedürfnissen im Leben eines Menschen, die Erkenntnis eines Sinns im Leben und dessen schöpferische Umsetzung, die fortlaufende Erweiterung und Entwicklung der Persönlichkeit hin zu einer umfassenderen und echteren Verwirklichung der eigenen Potenziale und ganz allgemein die Befriedigung der grundlegenden, der tiefsten, auf den ‹Kern› der Person bezogenen Bedürfnisse. Ein Mensch, der all diese Bedingungen erfüllt, ist mit hoher Wahrscheinlichkeit ein ausgesprochen glücklicher Mensch.

Umweltbezogene und soziale Sichtweisen der Lebenszufriedenheit

Die frühesten Studien zu den Zusammenhängen zwischen Wohlbefinden und umweltbezogenen Faktoren stammen aus der Sozialindikatorenforschung, welche die soziale Lage einer Gesellschaft durch Indikatoren, die über rein materielle Faktoren hinausgehen, zu beschreiben versucht.[44] Diese groß angelegten internationalen Studien haben ergeben, dass über verschiedene Jahrzehnte hinweg die überwiegende Mehrzahl der Menschen sich mittelmäßig befriedigt über das eigene Leben äußert, gefolgt von einer beträchtlichen Anzahl (ca. 30 Prozent), welche sich sehr zufrieden äußern und relativ wenigen (ca. 10 Prozent), welche sich als «unglücklich» bezeichnen.

Bei der Beantwortung der Frage, welche Umweltbedingungen besonders eng mit dem subjektiven Wohlbefinden zusammenhängen, muss zwischen den objektiven Lebensbedingungen und der subjektiven Wahrnehmung derselben unterschieden werden. Letztere weisen stärkere Zusammenhänge mit dem habituellen Wohlbefinden auf. Lebensqualität existiert letztlich nur in der individuellen Lebenserfahrung, die erheblich von den objektiven Lebensbedingungen abweichen kann. Menschen unter guten objektiven Bedingungen können sich schlecht fühlen («Unzufriedenheitsdilemma»), während Menschen unter schlechten objektiven Bedingungen glücklich und zufrieden sein können («Zufriedenheitsparadox»).[45] Wohlbefinden und Zufriedenheit werden außerdem meistens bereichsspezifisch definiert, z. B. als berufliche Zufriedenheit, Zufriedenheit mit der finanziellen Situation, Zufriedenheit mit der Partnerschaft, usw.

Versucht man, eine allgemeine Rangreihe der relevantesten der untersuchten Umweltfaktoren aufzustellen, stehen die sozialen Beziehungen an erster Stelle, gefolgt vom allgemeinen Lebensstandard und den Arbeitsbedingungen.

Bei den *sozialen Beziehungen* zeigt sich, dass Menschen mit einem festen Lebenspartner im allgemeinen glücklicher sind als Alleinlebende. Verheiratete berichten über ein deutlich höheres Ausmaß an Lebenszufriedenheit als Unverheiratete. Gescheiterte Ehen sind oft der Grund, weshalb sich Leute als unglücklich bezeichnen, während eine unterstützende intime Beziehung zu den größten Freuden des Lebens gehört. Neben der reinen Anwesenheit eines Partners ist jedoch die Qualität der Partnerschaft und des Sexuallebens ebenso wichtig für das Glück.

Erstaunlicherweise führt die Anwesenheit von Kindern zu keiner höheren Lebenszufriedenheit bei Verheirateten, sondern eher zu einer leicht geringeren. Außerdem weisen die Befunde darauf hin, dass die meisten verheirateten Paare angeben, wieder glücklicher zu sein, sobald alle ihre Kinder das Haus verlassen haben. Das sogenannte *empty nest syndrome,* ein Gefühl des Verlustes und der Wertlosigkeit, wenn Kinder das Heim verlassen, erweist sich somit überraschenderweise als seltenes Phänomen.

Menschen, die regelmäßigen Kontakt mit Freunden oder Verwandten haben, sind generell glücklicher als jene, die keine solchen Kontakte pflegen. Insbesondere ist die Anwesenheit eines engen Vertrauten stark mit Glücklichsein verbunden. Eine Studie von Pennebaker weist darauf hin, welch wichtige Rolle möglicherweise die persönliche Öffnung spielt: Dreiunddreißig Holocaust-Überlebende verbrachten zwei Stunden damit, Erinnerungen an ihre Erfahrungen auszutauschen, in denen oft auch intime Details enthüllt wurden, über die sie vorher noch mit niemandem gesprochen hatten. Vierzehn Monate später wiesen diejenigen, die sich am meisten geöffnet hatten, die größte Verbesserung ihrer Gesundheit auf.[46]

Der *allgemeine Lebensstandard* bezieht sich auf Dinge wie die politische Situation des Staates, in dem man lebt, auf das Einkommen, den Ausbildungsstand und die soziale Schicht, der man angehört. Es bestehen große interkulturelle Unterschiede in der durchschnittlichen Lebenszufriedenheit. Menschen in Afrika und Asien sind typischerweise die unglücklichsten, während Angehörige der westlichen Industrienationen sich am zufriedensten über ihr Leben äußern. Im ärmsten Teil der Welt zeigt sich ein starker Zusammenhang zwischen Unglücklichsein und der Anzahl Menschen, die in extremer Armut leben oder an Hunger leiden.

Menschen sind glücklicher in Ländern, in denen die bürgerlichen Freiheitsrechte gewährleistet sind und in denen demokratische Verhältnisse herrschen, unabhängig vom Reichtum der jeweiligen Nation. Die Zufriedenheit der Menschen ist relativ niedrig in Staaten, in welchen politische Gewalt und politischer Protest weit verbreitet sind. Dies gilt nicht nur für die gegenwärtigen Verhältnisse, sondern auch für politische Gewalt in der Vergangenheit. Die Wunden des Zweiten Weltkrieges sind immer noch sichtbar im Ausmaß der Lebenszufriedenheit der involvierten Staaten; auch heute noch finden sich Unterschiede zwischen Kriegsgewinnern und Kriegsverlierern.

Obschon sich zeigte, dass der Effekt des Einkommens auf das subjektive Wohlbefinden gering ist, wenn andere Faktoren berücksichtigt werden, sind diese anderen Faktoren möglicherweise solche, durch die das Einkommen seine Effekte entfaltet (z. B. bessere Gesundheit). Möglicherweise ist der Einfluss des Einkommens auf das Wohlbefinden relativ: Entscheidend ist nicht das absolute Niveau der Güter und Dienstleistungen, die sich jemand leisten kann. Reichere Leute sind zwar glücklicher, aber wenn der allgemeine Lebensstandard ansteigt, führt dies nicht notwendigerweise zu einem Anstieg des Wohlbefindens, wie entsprechende Langzeitstudien zeigen. Materieller Wohlstand ist demnach vergleichbar mit körperlicher Gesundheit: Wenn Wohlstand oder Gesundheit fehlen, kann man sich äußerst unglücklich fühlen, doch sie zu haben macht noch lange nicht glücklich.

Gut ausgebildete Leute sind durchschnittlich glücklicher als weniger gut ausgebildete, wobei die Unterschiede in armen Ländern größer sind als in reicheren. In vielen westlichen Staaten findet sich kein Effekt der Ausbildung auf das subjektive Wohlbefinden.

Arbeitszufriedenheit ist ein wichtiger Faktor für generelle Lebenszufriedenheit. Von den verschiedenen Aspekten der Arbeitszufriedenheit erwiesen sich die Befriedigung durch die Arbeitstätigkeit an sich und die Zufriedenheit mit Arbeitskollegen als besonders wichtig. Für eine hohe Arbeitszufriedenheit ist es notwendig, dass ein Beruf ausgeübt wird, welcher der eigenen Persönlichkeit entspricht, insbesondere in Bezug auf Schwierigkeitsgrad und Stress. Die Arbeitszufriedenheit ist höher, wenn Leute in kleineren Einheiten arbeiten, in denen sie von den anderen geschätzt werden und wo gegenseitige Kommunikation möglich ist. Als besonders wichtig erwiesen sich dabei informelle Kontakte wie Witzeln, Spielen, Herumalbern, usw.

Leute im Ruhestand bezeichnen sich als geringfügig unglücklicher als Erwerbstätige des gleichen Alters, während sich Hausfrauen im Durchschnitt als genauso glücklich bezeichnen wie erwerbstätige verheiratete Frauen. Arbeitslosigkeit macht die meisten Menschen sehr unglücklich, außer wenn die Zufriedenheit mit der Arbeitsstelle und das Einkommen gering waren. Sie kann zu gewichtigen Beeinträchtigungen der psychischen und physischen Gesundheit führen, nicht zuletzt deshalb, weil Arbeitslosigkeit oft als Zeichen des Misserfolgs oder des Müßigganges betrachtet wird und einen Verlust verschiedener verborgener Vorteile durch die Arbeit mit sich bringt wie Zeiteinteilung, Status und Identität oder soziale Kontakte. Eine positive Anpassung an die Arbeitslosigkeit geschieht durch jene, welche ihre Zeit sinnvoll nutzen, indem sie z. B. ihre Fähigkeiten aufrecht erhalten und ihre sozialen Beziehungen pflegen.

Auf der ganzen Welt konnte festgestellt werden, dass die Lebenszufriedenheit am höchsten ist bei Angehörigen von akademischen und Management-Berufen. Ungelernte Arbeiter und Bauern bezeichnen sich generell als am unglücklichsten, besonders in den armen Ländern.

Freizeit ist für die meisten Menschen wichtiger und befriedigender als Arbeit. Die Zufriedenheit mit der eigenen Freizeitgestaltung ist ein wichtiger Faktor für die Lebenszufriedenheit. Die hauptsächlichen Freizeitaktivitäten in westlichen Kulturen sind Fernsehen, andere Medien benutzen (Zeitung, Kino, Radio, Computer), Sport, Aktivitäten zu Hause, soziales Leben, Clubs, Kurse, Freiwilligenarbeit und Ferien. Die Freizeit ist deshalb oft eine Quelle der Befriedigung, weil sie an sich motivierend wirkt, weil man Fähigkeiten einsetzen und entwickeln kann und weil sie soziale Befriedigung, Identität und Entspannung ermöglicht. Studien in westlichen Ländern stellten außerdem fest, dass Leute, welche sich in ehrenamtlichen Tätigkeiten im Rahmen von Kirchen, Vereinigungen, politischen Organisationen usw. engagieren, glücklicher sind als Leute, die sich nicht ehrenamtlich betätigen.

Die Sozialindikatorenforschung untersuchte den Zusammenhang zwischen verschiedenen *demographischen Variablen* und dem subjektiven Wohlbefinden. Diese vermögen insgesamt jedoch höchstens 10 bis 15 Prozent der Unterschiede im subjektiven Wohlbefinden zwischen den befragten Personen zu erklären und sind somit weniger wichtig als die oben genannten Faktoren.

In Bezug auf das *Geschlecht* zeigte sich, dass auf der ganzen Welt Männer und Frauen durchschnittlich etwa gleich glücklich sind. Allerdings fanden einige westliche Studien, dass junge Frauen glücklicher sind als junge Männer und ältere Männer glücklicher als ältere Frauen. Diese Unterschiede sind aber hauptsächlich durch Zivilstandsunterschiede bedingt. Obschon Frauen über häufigere negative Gefühle berichten als Männer, scheinen sie auch größere Freuden zu erleben, so dass insgesamt keine Unterschiede im Wohlbefinden zwischen Männern und Frauen gefunden werden.

Bezogen auf die durchschnittliche Lebenszufriedenheit finden sich keine Unterschiede zwischen Menschen verschiedenen *Alters*. Jüngere Leute erleben im Durchschnitt ein höheres Ausmaß an positiven und negativen Affekten, während ältere Leute über eine höhere Lebenszufriedenheit berichten. Es finden sich auch keine Unterschiede in den Depressions-, Suizid-, Scheidungs- und Arbeitsplatzverlustraten in den verschiedenen Altersgruppen, was das Auftreten einer *midlife crisis* in den vierziger Jahren in Frage stellt.

In Bezug auf den *Minderheitenstatus* erweisen sich Schwarze im Durchschnitt als unglücklicher verglichen mit Weißen in Ländern, in denen Schwarze in der Minderheit sind. Überraschenderweise führte die erfolgreiche Emanzipation von Schwarzen in den USA sogar noch zu einer Verschlechterung der Lebenszufriedenheit gegenüber Weißen. Immigranten und Homosexuelle bezeichnen sich in den USA als relativ unglücklicher in Bezug auf den Durchschnitt der Bevölkerung. Allerdings sind Homosexuelle, die in einer festen Beziehung leben, im Durchschnitt glücklicher als Heterosexuelle in einer festen Beziehung.

Neben den gefundenen Beziehungen zwischen den gegenwärtigen Lebensbedingungen und dem Ausmaß der Lebenszufriedenheit, ließen sich auch Beziehungen zwischen *früheren Lebensumständen* und der aktuellen Zufriedenheit ermitteln: Leute, welche sich gegenwärtig als unglücklich bezeichnen, waren in ihrer Jugend mit einem relativ hohen Ausmaß an Instabilität konfrontiert wie z. B. durch Krankheit, Tod, Konflikte und Scheidung in der Familiengeschichte. Zahlreiche Befunde weisen darauf hin, dass die Kontakte zu den Eltern weniger warm waren als bei Glücklicheren. Bei der Verarbeitung negativer Lebensereignisse bestehen Hinweise darauf, dass die Fähigkeit eines Individuums, auf Ereignisse einzuwirken und sie zu kontrollieren, mit der subjektiv erlebten Qualität der Ereignisse zusammenhängt, so dass sogar positive Ereignisse das subjektive Wohlbefinden verringern können, wenn sie mit einem Gefühl des Kontrollverlustes einhergehen.

Insgesamt finden wir somit bei einer Betrachtung der sozialen und umweltbezogenen Faktoren, die menschliches Wohlbefinden positiv beeinflussen, dass folgende Bedingungen im Leben von Menschen wichtig sind: eine vertrauensvolle Liebesbeziehung; Familienmitglieder, Freunde und Verwandte, denen gegenüber man sich öffnen kann; Zufriedenheit mit dem Beruf, den Arbeitsbedingungen und dem Einkommen; sinnvolle Freizeittätigkeiten und ehrenamtliche Arbeit; in einem Staat wohnen, in dem politische Freiheit, wirtschaftliche Prosperität und Frieden im Inneren und gegen außen herrschen; in einer liebevollen und stabilen Familie aufwachsen können. Wer das Glück hat, unter solchen Bedingungen zu leben, genießt mit Sicherheit einen bedeutenden Vorsprung an Lebenszufriedenheit gegenüber Menschen, die einige dieser wichtigen Ressourcen entbehren müssen. Für die Psychotherapie bedeutsam ist insbesondere die Frage, wie damit umzugehen ist, wenn einige dieser für das subjektive Wohlbefinden wichtigen Lebensbedingungen fehlen oder in der Vergangenheit entbehrt werden mussten (vgl. Teil III).

Sichtweisen des Glücks als Zustand der Freude und Erfüllung

Nicht zu Unrecht stellte der deutsche Emotionspsychologe Wolfgang Tunner fest, dass «in der modernen Psychologie Freude und Glück allzuoft im Mittelmaß von Zufriedenheit und Wohlbefinden untergehen», da die Glücksforschung vielfach auf die Erforschung der Indikatoren des subjektiven Wohlbefindens beschränkt bleibt.[47]

Die Theorien und Untersuchungen zum Glück im Sinne einer Emotion der Freude und der Erfüllung versuchen, die Qualität der Glückserfahrung zu beschreiben und zu erklären, verschiedene Formen des aktuellen Wohlbefindens zu unterscheiden und die Bedingungen oder Auslöser für solche Glückserlebnisse zu erfassen. Hierbei geht es um das Glück als kurzfristigen emotionalen Zustand.

Es existiert ein breites Spektrum von Wohlbefindenszuständen, die sich hinsichtlich Intensität, inhaltlicher Färbung und dem Grad der Erregung oder Aktiviertheit voneinander unterscheiden. Becker nennt vier Typen des aktuellen Wohlbefindens bzw. der positiven Gestimmtheit:[48]

1. positive Stimmung in Verbindung mit hoher Aktiviertheit (sogenanntes *Flow*-Erlebnis nach Csikszentmihalyí)[49]
2. positive Stimmung in Verbindung mit niedriger Aktiviertheit (Gelassenheit)
3. positive Stimmung in Verbindung mit hoher Erregung (engl. *excitement*)
4. positive Stimmung in Verbindung mit niedriger Erregung (Entspannung; engl. *relaxation*).

Die Freud'sche Vorstellung des Glücks entspricht dem dritten Typus: Glück als lustvolle (sexuelle) Erregung. Freud vertritt damit eine hedonistische Sichtweise wie sie von Locke und Hobbes formuliert wurde, verschärft diese aber noch, indem er das Vergnügen oder die Lust als ekstatisches Hochgefühl auffasst, das aber naturgemäß nur von kurzer Dauer ist. Da er keinen Unterschied macht zwischen dem Glück als umfassende Lebenszufriedenheit und dem Glück als einem kurzfristigen Hochgefühl und im Grunde eigentlich Lust meint, wenn er von Glück spricht, kommt Freud zu seiner ausgesprochen pessimistischen Sichtweise des «Glücks».

Helene Deutsch übernahm in ihrem Vortrag «Über Lustbefriedigung, Glück und Ekstase»[50] die Freud'sche Gleichsetzung von Lust und Glück. Glücks- bzw. Lustgefühle sind für Deutsch das Ergebnis einer harmonischen Kooperation aller Ich-Komponenten und eines Identitätsgefühls zwischen dem Ich und der Außenwelt. Doch selbst diese Momente der intensiven Lustbefriedigung seien voller unlustvoller Erinnerungen: Jede Situation der Lusterfüllung gehe einher mit einer Erwartung von Unlust; Lustbefriedigung könne zu einem krankhaften Wiederholungszwang führen; jede Lusterfüllung führe zu einem Zustand der Sättigung. Aus diesen Gründen könne die menschliche Psyche den Zustand vollständiger Lustbefriedigung niemals erreichen. Als andauernder Zustand könne das Glück nur erwartet werden, wenn Wünsche und Strebungen in der Psyche zur Ruhe kämen und wenn der Sieg zugunsten des Friedens aufgegeben werde. Allerdings muss die Psyche nach Deutsch den Preis dafür durch einen Verzicht auf das ekstatische Glücksgefühl zahlen, welches stets mit dem noch nicht Erreichten und nicht mit dem Gegenwärtigen verbunden sei.

Heute weitgehend in Vergessenheit geraten sind die Untersuchungen der deutschen phänomenologischen Gefühlspsychologie, die verbunden ist mit Namen wie Felix Krueger und Philipp Lersch.[51] Übereinstimmend mit unserer Bezeichnung von aktuellen Glückserlebnissen als Emotion der Freude und der Erfüllung verwendet Lersch den Begriff des Glücks synonym mit *Freude*. Freude ist nach Lersch eine Gefühlsregung der «Daseinsbereicherung», in der «als Oberton die Thematik des Über-sich-hinaus-Seins enthalten ist».[52] In Erlebnissen der Freude wird eine subjektiv hochbedeutsame Beziehung zwischen der Umwelt und unserem eigenen Sein geschaffen, in der wir das «Pathos der Lebendigkeit»[53] erfahren ohne einen bestimmten Zweck.

Im Erleben von Glück zeichnet sich nach Lersch unsere Wahrnehmung durch besondere Plastizität und Präzision aus; wir sind außerordentlich «wach». Wir erleben eine allgemeine Steigerung der Energie, über die unsere Gedanken und Zielsetzungen neu geschaffen werden. Glücksgefühle besitzen eine starke individuelle Resonanz, eine starke Ausprägung von Tiefe, von Einbettung in die individuell-charakteristischen Wertordnungen der Person. Nach Lersch ist die dem Glücklich-Sein innewohnende Antriebsgestalt die Gebärde des Sich-Öffnens, des Umfassens und des Sich-Verschenkens.

Verschiedene Forscher versuchten, der Glückserfahrung durch Untersuchungen auf die Spur zu kommen, in denen eine größere Anzahl Personen gebeten wurde, sich in der Vorstellung in eines ihrer glücklichen Erlebnisse hinein zu versetzen und anschließend mündlich oder in einem Fragebogen darüber zu berichten. In einer solchen Untersuchung mit 333 Personen errechnete Meadows folgende Faktoren, auf die sich die verschiedenen Glückserlebnisse zurückführen lassen:

Glück im Beisammensein mit anderen Menschen; Glück durch die Erkenntnis der eigenen Individualität; Glück im Vertrauen auf sich selbst; Glück im Überschwang körperlicher Bewegung; Glück im Bewusstsein, durch selbständiges Handeln die Bedingungen für das Glück herbeigeführt zu haben; Glück in friedlicher Ruhe und Entspannung, in der die Zeit in weiter Ausdehnung erlebt wird; Glück im raschen Ablauf der Zeit und in der kurzen Spanne vom Gegenwärtigen zurück zum glücklichen Ereignis; Glück im Gefühl, die Welt zu bejahen; Glück in produktiven Handlungen; Glück im Zustand kontemplativer Haltung; Glück beim Genuss des Schönen; Glück im Zustand der Ekstase, dem Eindringen in andere Welten.[54]

Zu ähnlichen Ergebnissen gelangten auch Hoffmann, Wlodarek-Küppers und Mayring im deutschen Sprachraum.[55] Als besonders bedeutsam erweisen sich in ihren Untersuchungen folgende Bedingungen des Glückserlebens: eine umfassende Gefühlsaufgeschlossenheit und die Bereitschaft, andere zu akzeptieren, sie gefühlsmäßig anzunehmen (Vertrauen, Verständnis, Toleranz, Nähe, Sich-Öffnen, Mitgefühl, Liebe); ein Erleben uneingeschränkter Akzeptanz der eigenen Individualität, positive Selbstwahrnehmung und Selbstbeurteilung, Gefühle der Selbstsicherheit, der eigenen Stärke und der Nähe zu sich selbst und zum eigenen Körper; uneingeschränkte Bejahung von Leben und Sinnhaftigkeit des Lebens; Befreiung aus dem Schatten der Vergangenheit, Angstbefreiung; Glücklichsein durch Freiheit und Selbstbestimmung.

Alle diese in Befragungen gefundenen Faktoren des erlebten Glücksgefühls entsprechen teilweise sehr unterschiedlichen Kategorien von Begriffen und sind somit schwierig zu interpretieren. Die subjektive Qualität des Glückserlebens, persönliche Lebensbereiche, in denen man oft Freude erlebt, sowie spezifische Glück auslösende Lebenserfahrungen, Situationen und psychische Prozesse stehen dabei unsortiert nebeneinander.

Becker versucht, etwas Ordnung in die Komplexität der Glück auslösenden Situationen und Prozesse zu bringen.[56] Er geht davon aus, dass aktuelles Wohlbefinden auf zwei grundsätzlichen Wegen erreicht werden kann: auf *direktem Weg* über in sich positive, belohnende oder lustvolle Erfahrungen, und *indirekt* durch Beseitigung oder Reduktion unlustvoller Zustände (z.B. Schmerz, Müdigkeit, Angst oder Hilflosigkeit). Unter den direkten Möglichkeiten unterscheidet er vier Bedingungen:

1. angenehme sensorische Erfahrungen
2. erfolgreiche Handlungen
3. soziale Zuwendung und Nähe
4. glückliche Umstände.

Gefühle des Wohlbefindens können ausgelöst werden durch *angenehme sinnliche Erfahrungen* wie den Geruch eines Parfums, den Genuss einer wohlschmeckenden Speise, eine zärtliche Berührung, körperliche Bewegung, Tanz oder sexuelle Erlebnisse. Alle Theorien, welche die Herbeiführung von Glückserfahrungen oder Zuständen des aktuellen Wohlbefindens aus sensorischen Reizen erklären, greifen jedoch zu kurz, wenn sie den zeitlichen Aspekt nicht berücksichtigen. Denn tatsächlich kann beispielsweise die Einnahme von psychoaktiven Substanzen zu einem Gefühl von höchster Intensität führen, welches das ganze Bewusstsein ausfüllt und mit Erfahrungen der Befreiung und Ausdehnung einhergeht, die sich im subjektiven Erleben vielleicht kaum unterscheiden von Glückserlebnissen in der Natur, in der Kunst oder in der Liebe. Eine Theorie des Glücks im Sinne von Freude und Erfüllung sollte erklären können, wann solche sinnliche Lusterfahrungen das Glück fördern und wann sie zu einem Zustand der Frustration und des Schmerzes führen, der sich zum Beispiel nach der Einnahme psychoaktiver Substanzen einstellt.

Eine Theorie, die Glücksgefühle durch die Herbeiführung *erfolgreicher Handlungen* erklärt, ist jene von Lazarus.[57] Für Lazarus gründet der gemeinsame Kern des Glücks trotz einer Vielzahl möglicher Ursachen in der Beziehungserfahrung, «dass wir erhalten [haben], was wir uns wünschen». Glücksgefühle treten nach Lazarus dann auf, wenn wir angemessenen Fortschritt im Hinblick auf die Erreichung eines Ziels machen mit der Bedingung, dass dieser Fortschritt vor dem Hintergrund einer allgemein positiven Existenzerfahrung geschieht, denn wenn unser Leben insgesamt negativ erscheint, dann besitzt auch ein positives Ereignis wenig Kraft.

Damit Glücksgefühle auftreten können, muss nach Lazarus ein Ereignis zunächst irgendeine Relevanz in Bezug auf unsere Ziele besitzen. Zweitens muss das Ereignis vereinbar sein mit unseren bewussten und unbewussten Zielen. Und drittens müssen wir erwarten, dass sich auch in Zukunft die Dinge in Übereinstimmung mit unseren Zielen entwickeln werden. Wenn die Zukunftserwartungen ungünstig sind, dann wird Glück verunmöglicht: Wir verlieren die Hoffnung und werden unglücklich.

Auch Boesch betont die Wichtigkeit erfolgreicher Handlungen für das Erleben von Glück.[58] Gelungene Handlungen bestätigen und bestärken das Ich und werden von positiven Emotionen begleitet. Triumphgefühle, eine besonders intensive Form von Glücksgefühlen, treten auf, wenn eine Person Erfolg hat bei einer persönlich sehr bedeutsamen Handlung, deren Ausgang ungewiss war und bei der sie ernsthaft mit einem Misserfolg rechnen musste. Solche Erfolge können zu einer Erweiterung der subjektiv wahrgenommenen Handlungsmöglichkeiten führen, was ein äußerst belohnendes Erlebnis darstellt. Um solche «Bewährungslust» zu erleben, suchen Menschen nach Boesch gezielt reale oder symbolische Bewährungssituationen auf, zum Beispiel indem sie an einer kompetitiven Sportveranstaltung teilnehmen.

Csikszentmihalyí befasst sich mit einer spezifischen Form von aktuellem Wohlbefinden, die er als *Flow*-Erlebnis bezeichnet.[59] *Flow* kann charakterisiert werden als ein Zustand, in dem wir uns selbst, unsere Umgebung und die Zeit vergessen und völlig von der jeweiligen Tätigkeit absorbiert werden, ohne dass die Gedanken abschweifen.

Czikszentmihalyí untersuchte *Flow*-Prozesse zum Beispiel bei Malern, Bildhauern, Schachspielern, Rock-and-Roll-Tänzern und Chirurgen, die alle während Stunden arbeiten können, als ob nichts anderes wichtig wäre. Das deutlichste Anzeichen für *Flow* ist das Verschmelzen von Handlung und Bewusstsein; ein Verlust des Selbst, eine Art Selbstvergessenheit tritt ein. Die Person hat ihre Handlungen und die Umwelt unter Kontrolle und erhält klare Rückmeldungen über den Erfolg des Handelns. Die Tätigkeit scheint keine Ziele oder Belohnungen zu benötigen, die außerhalb ihrer selbst liegen. Um in einen *Flow*-Zustand zu geraten, müssen sowohl die Anforderungen der ausgeführten Tätigkeit als auch die Fähigkeiten der Person hoch sein. Geringe Herausforderungen bei niedrigen Fähigkeiten sind von Apathie begleitet. Sind die Anforderungen höher als die Fähigkeiten, erlebt die Person zunächst Sorge, die mit steigender Diskrepanz in Angst übergeht. Dominieren hingegen die Fähigkeiten über die Anforderungen, tritt Langeweile ein.

Die große Bedeutung sozialer Beziehungen für das habituelle Wohlbefinden wurde im vorangehenden Abschnitt besprochen. Auch für das aktuelle Wohlbefinden besitzen *soziale Zuwendung und Nähe* einen wichtigen Stellenwert. Schwarzer und Leppin unterscheiden fünf Formen des sozialen Rückhalts:[60]

1. emotionale Unterstützung, z. B. das Äußern von Wertschätzung und Sympathie, das Trostspenden in Problemsituationen
2. Zusammensein, positiver sozialer Kontakt, z. B. gemeinsame Aktivitäten wie Sport, Kino, Theater, Feste, Essen, aber auch die bloße Anwesenheit von vertrauten und geliebten Personen
3. instrumentelle Unterstützung, d. h. verschiedene Formen konkreter Hilfe bei der Lebensbewältigung, wie z. B. Geld leihen, beim Umzug helfen, im Krankheitsfalle zur Verfügung stehen oder Geschenke erteilen

4. informationelle Unterstützung, d. h. Hinweise oder Ratschläge, die einer Person bei der Lösung eines Problems nützlich sind
5. Bewertungs- oder Einschätzungsunterstützung als Spezialfall informationeller Hilfe, d. h. Informationen erteilen, die einer Person dabei helfen, sich selbst, die eigenen Fähigkeiten, Interessen und Bedürfnisse realistischer zu beurteilen.

Nicht vergessen werden sollte die Tatsache, dass gute oder schlechte Laune von Mitmenschen in der sozialen Interaktion oder lediglich als Modell ansteckend wirken kann.

Obschon *glückliche Umstände* – also das Glück im Sinne der ‹Fortuna› – das Erleben von Glück als emotionalen Zustand hervorrufen kann, z. B. wenn jemand eine Katastrophe unversehrt übersteht, müssen sich solche glücklichen Fügungen des Schicksals längerfristig keinesfalls immer positiv auswirken. Dass eine auf ‹Fortuna› ausgerichtete Strategie des Wohlbefindens erhebliche Risiken in sich bergen kann, ist von Boethius eindringlich beschrieben worden (siehe oben, Kapitel 5). Außer der erwähnten Untersuchung von Brickman und Mitarbeitern mit Lotteriegewinnern und Querschnittgelähmten gibt es meines Wissens bisher keine weiteren psychologischen Studien, welche die interessanten Zusammenhänge zwischen zufälligem, schicksalhaftem Glück oder Unglück und dem subjektiven Wohlbefinden untersuchen.

Nach Becker handelt es sich bei der Entstehung von aktuellem Wohlbefinden durch *Phantasietätigkeit* um ein in der psychologischen Literatur stark vernachlässigtes Gebiet. Es zeichne den Menschen aus, dass er auch unter desolaten äußeren Umständen die Möglichkeit besitze, sich durch Phantasietätigkeit diesen Situationen zu entziehen und Wohlbefinden durch die Vorstellung angenehmer sinnlicher Erfahrungen, erfolgreicher Handlungen, sozialer Zuwendung und Nähe oder glücklicher Umstände zu realisieren. Becker verweist hierbei auf die Freiheit des menschlichen Geistes, die Grenzen von Zeit und Raum zu überwinden und sich in Situationen aus der Vergangenheit oder in die vorgestellte Zukunft hineinzuversetzen.

Allerdings tritt aktuelles Wohlbefinden in Folge von Phantasietätigkeit meist nur in abgeschwächter Form auf, und auch hier können sich Quellen der Lust (z. B. Phantasien über großartige soziale Erfolge) zu einer Sucht entwickeln mit einer Flucht in angenehme Wunschträume, wenn die Realität unerträglich ist. Dies stellt zwar eine Strategie dar, das eigene psychische Gleichgewicht zu regulieren, allerdings auf Kosten wirklicher Lebensfreude (vgl. Kapitel 10)

Der *zeitliche Verlauf* des Wohlbefindens stellt ein für die Psychotherapie zentrales Thema dar, das bisher nur wenig erforscht worden ist. Solomon, der eine Theorie entgegengesetzter Prozesse entwickelte,[61] betont den unvermeidlichen Kontrast von Lust und Unlust, auf den viele Philosophen der Vergangenheit und vor allem auch Freud hingewiesen haben. Bei wiederholter Erfahrung mit einer bestimmten Situation, in der ein angenehmer Zustand auf einen unangenehmen folgt oder umgekehrt, stellt sich nach Solomon eine «hedonische Habituation» ein. Diese äußert sich in einer Abschwächung des vorangehenden Zustandes A (z. B. Lustgefühl bei Einnahme einer Droge) und in einer Intensivierung des nachfolgenden Zustandes B (z. B. negative Verstimmung und unangenehme vegetative Symptome nach Abklingen der Drogenwirkung). Mit wiederholter Drogeneinnahme und Dosissteigerung verändert sich der Charakter der Handlung: Sie wird nicht mehr ausgeführt, um den angenehmen Zustand A zu erreichen, sondern um den unangenehmen Zustand B zu vermeiden. Umgekehrt verhält es sich zum Beispiel beim Fitnesstraining: Hier erschließt sich die Person nach anfänglichem Leiden (A) eine neue Lustquelle (B).

Die Übertragung einer prozessualen Sichtweise des Glücks auf längere Zeitintervalle im Leben passt zu der von einigen Menschen berichteten Glückserfahrung, die sich einstellt, wenn ein lange ertragener unangenehmer Zustand endlich vorüber ist, so etwa bei einer Genesung nach einer schweren Krankheit oder bei einer plötzlichen, oftmals als religiöses Erlösungserlebnis erfahrenen Befreiung von seelischen Qualen. Über ein solches persönliches Erweckungserlebnis berichtet der deutsche romantische Dichter Friedrich von Hardenberg (Novalis) in einem seiner *Geistlichen Lieder* («Unter tausend frohen Stunden»):

> Da ich so im stillen krankte,
> Ewig weint' und wegverlangte,
> Und nur blieb vor Angst und Wahn:
> Ward mir plötzlich wie von oben
> Weg des Grabes Stein gehoben,
> Und mein Innres aufgetan.

Teil III
Die Entwicklung der Glücksfähigkeit durch Psychotherapie

Nachdem sowohl aus philosophischer wie auch aus psychologischer Perspektive die wichtigsten Ansichten zum Glück und Wohlbefinden dargestellt wurden, ist es nun möglich, genauer zu untersuchen, inwiefern dieses nicht unbeträchtliche Wissen für die Verbesserung des Befindens und für die Entwicklung der Glücksfähigkeit in der Psychotherapie genutzt werden kann.

Die Idee, Erkenntnisse über das Glück in der Psychotherapie anzuwenden, ist nicht neu. In den siebziger und achtziger Jahren wurden verschiedene «Glückstherapien» entworfen und durchgeführt:

So wurde zum Beispiel ein mentales Glückstraining entwickelt, das von glücksbehindernden Grundüberzeugungen ausgeht, die zunächst identifiziert werden und im Verlauf eines vierwöchigen Trainings, das insgesamt acht Sitzungen umfasst, durch Glück fördernde Überzeugungen ersetzt werden sollen (z. B. «Ich stehe zu meinen Emotionen und Gefühlen», «Ich fühle mich gut in meiner Haut», «Ich bin bereit für neue Erfahrungen»). Ein anderer Ansatz versucht, Glück über das Verhältnis gesetzter und erreichter Ziele zu verändern, und will die Teilnehmer dazu bringen, ihr Anspruchsniveau zu senken («Wünsche dir nur Dinge, die du auch erreichen kannst!») und sich selbst unter Mangelbedingungen zu stellen, damit der Wert bestimmter Erlebnisse gesteigert wird (z. B. sich Freunden gegenüber rar machen, um die Beziehungen dann als wertvoller zu erleben). [62]

Die Mängel dieser verschiedenen «Glückstrainings» fallen sofort ins Auge: Es wird zu einseitig «an der Glücksschraube gedreht», ohne den Lebenszusammenhang des Individuums ausreichend zu berücksichtigen. Auch die objektiven Lebensbedingungen werden größtenteils vernachlässigt (z. B. Arbeitssituation). Insgesamt wird zu sehr auf den Zustand des aktuellen Wohlbefindens abgezielt, ohne den biographischen Kontext des habituellen Wohlbefindens genügend einzubeziehen, und somit außer Acht gelassen, dass eine Schwalbe und ein Tag noch keinen Sommer machen. Die Therapiekonzepte sind somit viel zu unspezifisch und nehmen zu wenig Bezug auf die konkrete Ausgangslage und die Therapiemotivation der Teilnehmer. Trotzdem ist es gut möglich, dass einige dieser Trainings hilfreich sind und sinnvolle Alternativen zu den weit verbreiteten problemorientierten Psychotherapien darstellen können.

Statt eine neue «Glückstherapie» zu entwickeln, will ich jedoch im Folgenden versuchen, die für das Glück relevanten Zusammenhänge für alle Arten von Psychotherapie nutzbar zu machen. Es sollte dabei für Therapeutinnen und Therapeuten deutlich werden, in welcher Form sie bereits jetzt Glück fördernde Elemente in ihren eigenen Therapien verwirklichen und auf welche Weise sie diese noch weiter steigern können, um die Wiederherstellung der Glücksfähigkeit ihrer Patienten wirksamer zu gestalten. Für Menschen, die sich für eine Verbesserung ihrer eigenen Glücksfähigkeit interessieren, sollte deutlich werden, welche Entwicklungsprozesse dafür entscheidend sind.

Bei der Frage nach der therapeutischen Anwendung der Ergebnisse der Glücksforschung unterscheide ich wie im vorangehenden Kapitel zwischen habituellem und aktuellem Wohlbefinden sowie innerhalb des habituellen Wohlbefindens zwischen umweltbezogenen und sozialen Faktoren einerseits und personenzentrierten Faktoren andererseits.

Die umweltbezogenen und sozialen Faktoren im Leben eines Menschen, die das längerfristige Wohlbefinden erhöhen, können als *umweltbezogene und soziale Ressourcen* aufgefasst werden. Persönlichkeitsbezogene Faktoren, die mit längerfristigem Wohlbefinden einhergehen, können als *persönlichkeitsbezogene Ressourcen* angesehen werden. In der Psychologie werden auch die Begriffe ‹interpersonelle Ressourcen› (für soziale Ressourcen) und ‹intrapsychische Ressourcen› (für persönlichkeitsbezogene Ressourcen) verwendet; beide Bezeichnungen sind gleichbedeutend. Die Glückspsychologie besitzt somit einen direkten Bezug zur Ressourcen-Forschung und zur ressourcenorientierten Psychotherapie, die psychische Heilung in erster Linie über die Nutzung und Aktivierung direkt verfügbarer (expliziter) oder verborgener (latenter) Ressourcen des Patienten anstrebt.[63]

Die Ressourcen eines Menschen stellen die Quellen seines Wohlbefindens und seiner seelischen Gesundheit dar. Trotz beträchtlicher Unterschiede in den Lebensbedingungen und den Persönlichkeitseigenschaften von Menschen, sind die Quellen der seelischen Gesundheit und des Wohlbefindens für alle Menschen erstaunlich ähnlich.

Bei den Auslösern und den Bedingungen des kurzfristigen, aktuellen Wohlbefindens sollte noch nicht eigentlich von Ressourcen gesprochen werden, weil es sich dabei nicht um etwas handelt, worauf das Individuum zurückgreifen kann. Dies wäre nur möglich, wenn diese Glück auslösenden Bedingungen (z. B. erfolgreiche Handlungen) zu überdauernden Eigenschaften des Individuums geworden wären. Dadurch würden sie aber außerdem zum längerfristigen habituellen Wohlbefinden beitragen und wären somit zu persönlichkeitsbezogenen Ressourcen geworden. Es handelt sich bei den Glück auslösenden Erfahrungen nicht um Ressourcen, sondern um Möglichkeiten, aktuelles Wohlbefinden und Glück zu erleben. Diese Auslöser von Glückserlebnissen werden wir in Kapitel 9 als die eigentlichen *Heilfaktoren der Psychotherapie* oder *Prozesse der seelischen Gesundheit* kennen lernen.

Bei der Frage nach der psychotherapeutischen Nutzung und Entwicklung der Glücksfähigkeit ergeben sich somit drei verschiedene Komponenten:

1. die Nutzung und Entwicklung von umweltbezogenen und sozialen Ressourcen in der Psychotherapie (z. B. in einem Land wohnen, in dem Frieden, Freiheit und stabile wirtschaftliche Verhältnisse herrschen; in einer guten und unterstützenden Partnerschaft leben; einen zufriedenstellenden Beruf ausüben)
2. die Nutzung und Entwicklung von persönlichkeitsbezogenen Ressourcen in der Psychotherapie (z. B. gute soziale Kompetenzen; Kraft und Sinn in der Religion finden)
3. die Nutzung und Ermöglichung von Glück auslösenden Erfahrungen (z. B. Erleben von sozialer Zuwendung und Nähe; Triumphgefühle beim erfolgreichen Überwinden von Angst).

Diese drei unterschiedlichen Komponenten sollen in den drei folgenden Kapiteln im Hinblick auf ihre therapeutische Anwendung untersucht werden.

7. Soziale und umwelt-bezogene Ressourcen

Interessanterweise hängen einige kulturell hoch geschätzte Ressourcen (z. B. jung sein, reich sein, intelligent sein, schön sein, gesund sein) nur mäßig oder gering mit dem subjektiven Wohlbefinden zusammen, was die Annahme fraglich erscheinen lässt, dass Lebenszufriedenheit vom Erreichen kulturell hoch geschätzter Güter abhängt. Dies lässt an die alten Philosophen denken, welche eine strenge Unterscheidung trafen zwischen unvergänglichem und flüchtigem Glück, wobei das vergängliche Glück auf äußerlichen, sozial wertgeschätzten Gütern aufbaut, während unvergängliches Glück auf inneren, ewigen Prinzipien beruht.

Man sollte bei allen Umfrageergebnissen zum Glück und Wohlbefinden jedoch stets beachten, dass die Aussagen immer nur den *Durchschnitt* einer Gesellschaft betreffen, ohne individuelle Ziele und Bedürfnisse zu berücksichtigen. So wäre es beispielsweise falsch, aus den Forschungsergebnissen die Folgerung abzuleiten, um glücklich zu werden, müsste man erst einmal heiraten. Es wäre ebenso unsinnig zu behaupten, dass man auf jeden Fall darauf verzichten sollte, Kinder zu haben, da dies tendenziell zu einer Verminderung des Wohlbefindens führt. Solche generellen Folgerungen aus der Sozialindikatorenforschung sind nicht zulässig, vielmehr muss das individuelle Wertsystem eines einzelnen Menschen mitberücksichtigt werden, bevor konkrete Aussagen über den Weg zur Verbesserung seines subjektiven Wohlbefindens möglich sind.

Dennoch sind die Ergebnisse der Sozialindikatorenforschung nicht unbedeutend für die Beantwortung der Frage, wie ein Individuum sein Wohlbefinden verbessern könnte. Eine befriedigende intime Partnerschaft, gute Freunde, denen gegenüber man sich öffnen kann, ein Beruf, der Freude und Erfüllung bereitet, eine sinnvolle Freizeitgestaltung – dies sind alles höchst wertvolle Ressourcen und eine Glücksquelle für Menschen, die darüber verfügen. Viele Menschen, denen einige oder alle dieser Ressourcen fehlen, verwenden viel Zeit und Anstrengungen darauf, sie anzustreben und zu erreichen. Oder sie verzichten resigniert darauf und denken, dass Glück und Zufriedenheit nur etwas für die anderen sei.

Eine Psychotherapie ist zwar nicht in der Lage, wohlbefindensförderliche soziale und umweltbezogene Ressourcen zur Verfügung zu stellen, aber sie kann Patienten darin unterstützen, selbst wieder aktiv zu werden im Streben nach diesen Gütern, sie kann dieses Streben unterstützen, reflektieren und gestalten helfen. In diesem Zusammenhang erscheint mir der Standpunkt des Gesprächspsychotherapeuten Rainer Sachse besonders wichtig:[64]

> Psychotherapie beschäftigt sich grundsätzlich nur mit den psychischen Aspekten eines Problems: mit dem Erleben und Verhalten der Person, mit den Bewertungen, Zielen, Motiven usw., die für die Problemkonstruktion wesentlich sind. Wenn ein Klient arbeitslos ist, ist die Beschaffung von Arbeit als solches kein Therapiethema, ebensowenig die konjunkturelle Lage; Thema sind dagegen Selbstzweifel, mangelndes Kompetenzerleben, depressive Verstimmung u. ä. Der Therapeut kann weder Arbeit vermitteln noch besorgen; er kann nur den Klienten befähigen, dies selbst zu tun. [...] Es ist daher manchmal nötig, in einem ersten Schritt ein «Sachproblem» in ein psychisches Problem umzudefinieren, denn ansonsten besteht gar kein Arbeitsauftrag für die Psychotherapie.

Die große Bedeutung, die Patienten selbst den sozialen Ressourcen in ihrer Psychotherapie beimessen, wird deutlich anhand einer Studie von Grosse Holtforth, der die drei wichtigsten Therapieziele von insgesamt 300 ambulanten Psychotherapiepatienten untersuchte, wie diese die Patienten selbst zu Beginn ihrer Therapie definiert hatten.[65] An erster Stelle stehen interpersonelle Ziele wie zum Beispiel die Verbesserung der Partnerschaft oder der Beziehung zu den Eltern, gefolgt an zweiter Stelle von symptom- oder problembezogener Bewältigung. An dritter Stelle stehen Ziele, die im weitesten Sinne der Entwicklung der Persönlichkeit dienen. Somit wird deutlich, dass Patienten nicht nur in Psychotherapie kommen, um ihre Symptome «wegzumachen» (dies auch!), sondern meistens auch noch einen umfassenderen Anspruch aufweisen im Sinne einer Verbesserung der Lebensumstände und einer Förderung ihrer Persönlichkeitsentwicklung hin zu mehr Zufriedenheit und Erfüllung – ich wäre geneigt zu sagen: Glück. Ganz zuoberst stehen aber oftmals Wünsche in Bezug auf mangelhaft entwickelte soziale Ressourcen.

Ich habe in Anlehnung an die wichtigsten umweltbezogenen, sozialen und persönlichkeitsbezogenen Indikatoren des Glücks eine *Ressourcen-Checkliste* entwickelt, die am Schluss dieses Buches aufgeführt ist. Die Ziffern 1–16 beziehen sich auf soziale und umweltbezogene Ressourcen, welche in diesem Kapitel behandelt werden, die Ziffern 17–50 auf persönlichkeitsbezogene Ressourcen, welche Gegenstand des nächsten Kapitels sind.

Die Ressourcen-Checkliste kann von Patient(inn)en zu Beginn einer Psychotherapie oder von Klient(inn)en in der Beratung ausgefüllt werden und dient als Grundlage weiterer ressourcenorientierter Abklärungen und Interventionen. Sie kann auch mehrmals im Verlauf einer Therapie oder zu Beginn und am Ende ausgefüllt werden, um Veränderungen in den Ressourcen des Patienten/Klienten zu erfassen. Die Checkliste eignet sich aber auch ganz einfach als Gedankenstütze für Therapeuten, um keine für das Wohlbefinden des Patienten relevanten Bereiche zu übersehen, oder als Leitfaden für ein ressourcenorientiertes Interview.

Die Ressourcen-Checkliste ist nicht nur ein diagnostisches Instrument, das zu einem größeren Bewusstsein für schon vorhandene und noch (weiter) zu entwickelnde Stärken des Patienten verhilft, sondern es handelt sich bereits um eine therapeutische Maßnahme, da Personen, welche die Checkliste für sich ausfüllen, oftmals erleben können, dass ihre momentane Lebenssituation nicht nur negativ ist und sie nicht nur problematische und kranke Seiten aufweisen. Möglicherweise überwiegen die positiven und gesunden Anteile sogar. Gerade zu Beginn einer Psychotherapie ist die Herstellung von Hoffnung für den Therapieerfolg besonders wichtig.

Bei der Auswertung der Ressourcen-Checkliste (siehe Anhang) ist es wichtig, dass mit den Patienten besprochen wird, inwiefern Stärken oder Mängel in den sozialen und umweltbezogenen Ressourcen (Nr. 1–16) auf Stärken oder Mängel in den persönlichkeitsbezogenen Ressourcen (Nr. 17–50) zurückzuführen sind.

Nicht alle Ressourcen sind für jeden Patienten zu jedem Zeitpunkt seines Lebens gleich wichtig. Aus diesem Grund erfasst die Ressourcen-Checkliste nicht nur die momentan vorhandenen Stärken, sondern die subjektive Wichtigkeit jeder einzelnen der aufgeführten Ressourcen für den Patienten oder die Patientin.

Die meisten gängigen psychiatrischen und klinisch-psychologischen Anamnese-Leitfäden, diagnostischen Interviews und Fragebögen betonen sehr stark das Krankhafte und Problematische. Die Ressourcen-Checkliste kann deshalb als Ergänzung zu solchen problemorientierten Interviews und Fragebögen verstanden werden, indem ganz explizit auf die für das Wohlbefinden und die seelische Gesundheit der meisten Menschen zentralen Ressourcen fokussiert wird. Grundsätzlich können Probleme und Defizite stets als *noch nicht erreichte* oder als *unterentwickelte, noch schlummernde Stärken* verstanden werden, die im Rahmen einer Psychotherapie geweckt und gestärkt werden sollen und die ansatzweise meist auch bereits vorhanden sind. Kein Patient besitzt ausschließlich Probleme, und bei jedem Problem des Patienten sind auch bereits Ansätze zur Lösung vorhanden. Diese Sichtweise gilt es therapeutisch herzustellen.

Partnerschaft, intime Beziehung

Eine befriedigende und vertrauensvolle Partnerschaft stellt eine mächtige Ressource dar und schützt vor vielen negativen Erfahrungen des Lebens, indem der emotionale Stress durch eine liebevolle und nahe Beziehung gedämpft werden kann. Therapeuten sollten es auf keinen Fall versäumen, ihre Patienten ganz ausdrücklich danach zu fragen, wie sehr sie sich ihrem Partner oder ihrer Partnerin emotional nahe fühlen und wie sehr sie ihm oder ihr vertrauen können, da es sich beim gegenseitigen Vertrauen und bei emotionaler Nähe um zwei besonders wichtige Aspekte der Partnerschaftszufriedenheit handelt.[66]

Wenn partnerschaftliche oder sexuelle Probleme in einer Therapie identifiziert werden, dann ist es wie bei allen Problemen wichtig, diese Probleme in noch mangelhaft entwickelte Ressourcen umzuformulieren und dann gemeinsam zu überlegen, woran der Patient nun arbeiten sollte, um diese noch nicht ausreichenden Stärken zu entwickeln.

Beispielsweise findet eine Patientin heraus, dass sie in Beziehungen immer wieder starke Gefühle der Wut gegenüber ihrem Partnern erlebt, weil sie sich verletzt und vom Partner missachtet fühlt. Die Äußerung dieser Wut führt jedoch dazu, dass sich der Partner mit der Zeit zurückzieht, was bei der Patientin zu noch größerer Aggression und Verletzung führt.

Bei einer Umdefinition dieses Problems in eine mangelhaft entwickelte Ressource zeigt sich, dass die Patientin das Gefühl hat, sich selbst nicht genügend zu akzeptieren, und sich deshalb sehr schnell verletzt fühlt durch harmlose Äußerungen ihres Partners. Sie möchte großzügiger sich selbst und anderen gegenüber sein können, indem sie sich selbst als liebenswert erlebt trotz ihrer Schwächen, und nicht jede der Äußerungen ihres Partners daraufhin untersucht, ob er sie möglicherweise damit ablehnt oder nicht. Die therapeutische Aufgabe in einer Einzelpsychotherapie besteht somit hauptsächlich in der Entwicklung von Selbstakzeptanz und von Großzügigkeit der Patientin, zwei wichtige persönlichkeitsbezogene Ressourcen (vgl. unten Kapitel 8). In einer Paartherapie würden zusätzlich gezielt Ressourcen auf der Ebene des Paar-Systems entwickelt wie z. B. die Förderung gegenseitiger Akzeptanz.

Bei einer Analyse der Ressource «Partnerschaft und intime Beziehung» sollten sowohl dem Therapeuten als auch dem Patienten folgende Punkte klar werden:

1. Welche Aspekte der aktuellen Beziehungssituation stellen für den Patienten/die Patientin eine Quelle von Glück und Zufriedenheit dar? (z. B. gemeinsame Aktivitäten und Interessen, über die gleichen Dinge lachen können, sich beim Partner geborgen fühlen, gleiche Vorstellungen von Sex und Erotik haben, Verlässlichkeit des Partners)
2. Wie sehr stimmt die aktuelle Beziehungssituation des Patienten/der Patientin mit seinen/ihren Wünschen und Sehnsüchten überein?
3. Welche verborgenen Stärken sollte der Patient/die Patientin entwickeln, damit sich seine/ihre Beziehungssituation verbessern und stärker den eigenen Wünschen und Sehnsüchten annähern kann?

Für die Nutzung von vorhandenen partnerschaftlichen Ressourcen des Patienten ist der erste dieser drei Punkte von Bedeutung. Wenn klar geworden ist, was für den Patienten wirklich wichtig ist an seiner Partnerschaft, selbst wenn er mit anderen Aspekten durchaus nicht zufrieden sein muss, können diese Faktoren für die Therapie und die positiven Veränderungsschritte des Patienten genutzt werden. Grundsätzlich kann davon ausgegangen werden, dass Patienten, die längere Zeit in einer festen Beziehung leben, über wichtige Fähigkeiten verfügen, eine nahe Beziehung aufrecht zu erhalten.

Aufgrund einer sorgfältigen Abklärung der dritten der oben aufgeführten Fragen sollte klar werden, welche persönlichkeitsbezogenen Ressourcen der Patient stärken sollte, damit sich seine Wünsche in Bezug auf eine Partnerschaft leichter realisieren lassen als dies bisher der Fall war. Hier empfiehlt sich ein Blick auf Fragen 17–50 der Ressourcen-Checkliste zu den persönlichkeitsbezogenen Ressourcen.

Ob diese Wünsche tatsächlich Realität werden, liegt weder in der Macht des Therapeuten noch in derjenigen des Patienten, sondern in den Händen des Schicksals. Partnerschaftliches Glück, wie jedes andere Glück auch, lässt sich nicht erzwingen. Man kann aber versuchen, sein Möglichstes dazu beizutragen, damit die Bedingungen zur Verwirklichung der Wünsche günstiger werden.

Von zentraler Bedeutung für partnerschaftliches Glück ist die Fähigkeit, Liebe und Vertrauen zu schenken und zu empfangen. Dazu gehört insbesondere die Bereitschaft zur geduldigen Akzeptanz von Fehlern des anderen, zu Treue und Ehrlichkeit, zu Herzlichkeit und Liebenswürdigkeit dem Partner gegenüber, zum Hervorheben der guten Eigenschaften des Partners anstelle von Kritik sowie zum liebevollen und selbstlosen Geben statt zum egoistischen Verlangen. Aus dieser kurzen Charakterisierung wichtiger Eigenschaften der Liebes- und Beziehungsfähigkeit in Partnerschaften wird bereits deutlich, dass es sich dabei um keine leichte

Aufgabe handelt, und dass eine gute intime Beziehung nichts weniger als die Überwindung und Auflösung vieler eigener Fehler und Schwächen erfordert. Der Heilungsprozess des Annehmens und Schenkens von uneigennütziger Liebe wird in Kapitel 9 eingehender beschrieben.

Gleichzeitig ist in einer Partnerschaft Selbstakzeptanz und ein gesundes und starkes Selbstbewusstsein notwendig, damit man sich nicht Beziehungen auswählt, die eine indirekte Form der Selbstschädigung darstellen. Wer denkt, dass er oder sie nichts Besseres verdient als einen Partner, der einen hintergeht oder ausnützt, wird nichts Besseres erhalten. Die Heilungsprozesse des Ausdrückens von Stärke und Selbstbewusstsein sowie des Annehmens seines eigenen Selbst in allen seinen Facetten werden ebenfalls in Kapitel 9 dargestellt.

Familie und Freunde

Es ist höchst erstaunlich, welch große Bedeutung auf der einen Seite die eigene Ursprungsfamilie in der psychotherapeutischen, insbesondere in der psychoanalytischen Literatur, einnimmt und wie wenig auf der anderen Seite die Beziehung zur Ursprungsfamilie in der Wohlbefindensforschung eine Rolle spielt. Es gibt zwar Befunde, wonach die Beziehung zu den Eltern bei Personen, die sich als weniger glücklich bezeichnen, in der Kindheit weniger warm war als bei glücklicheren. Außerdem bildet die Zufriedenheit mit der Partnerschaft und der Familie einen starken Prädiktor für Lebenszufriedenheit, aber man erhält den Eindruck, dass dies vor allem auf den Effekt der Partnerschaft zurückzuführen ist, da die Anwesenheit von Kindern das Wohlbefinden der meisten Menschen nicht wesentlich beeinflusst, und kaum ist je die Rede von der Beziehung zu den Eltern oder zu den Geschwistern. Hingegen gilt es als empirisch gut nachgewiesen, dass Freunde, denen gegenüber man sich öffnet, einen positiven Effekt auf die Lebenszufriedenheit ausüben. Ist somit die Ursprungsfamilie in Bezug auf das Glück und Wohlbefinden vernachlässigbar? Wird der Beziehung zu den Eltern in vielen Psychotherapien ein zu großes Gewicht beigemessen?

Ich neige zu der Ansicht, dass der Bearbeitung der *vergangenen* Elternbeziehung in vielen Psychotherapien gegenüber der Veränderung der *aktuellen* Beziehung zu den Eltern tatsächlich zu viel heilsame Wirkung zugeschrieben wird. Allerdings spielen die Beziehungen zur Ursprungsfamilie und zu den primären Bezugspersonen für die Entwicklung von psychischen Störungen und Problemen eine zentrale Rolle. Wie die Bindungsforschung gezeigt hat, beeinflussen die «inneren Arbeitsmodelle» der Eltern, d. h. die Art und Weise, wie sie sich selbst und andere Menschen wahrnehmen und einschätzen (z. B. in Bezug auf deren Vertrauenswürdigkeit), das tatsächliche Verhalten der Eltern gegenüber dem Kind und somit wiederum die «inneren Arbeitsmodelle» des heranwachsenden Kindes, die sich anhand der Beziehungen zu den Eltern herausbilden.[67]

Fürsorgliche, warmherzige Eltern, die ihren Kindern genügend Eigenständigkeit und Selbstverantwortung einräumen, beeinflussen auf positive Weise die Annahmen der Kinder über die Verlässlichkeit und Verfügbarkeit ihrer Bezugspersonen und über ihre eigene Liebenswürdigkeit und Selbständigkeit. Eltern, die jedoch entweder sehr kalt und abweisend sind oder ihre Kinder allzu sehr kontrollieren oder vor jedem Schaden bewahren wollen, erhöhen das Risiko einer problematischen oder krankhaften psychischen Entwicklung ihrer Kinder. Ohne diese Befunde auf eine einfache Ursachen- oder gar Schuldzuschreibung an die Eltern zu reduzieren (denn Kinder beeinflussen ihrerseits mit ihrem individuellen Charakter schon früh das elterliche Erziehungsverhalten), kann es doch als erwiesen angesehen werden, dass die Eltern eine der wichtigsten, wenn auch nicht die einzige Quelle darstellen, aus denen sich die personenbezogenen Ressourcen in der Kindheit entwickeln. Ob jemand viel Selbstvertrauen, eine gesunde Selbstliebe, ein hohes Kontrollgefühl oder viel Gelassenheit besitzt (vgl. Kapitel 8), hängt zweifellos mit der Beziehung zu den Bezugspersonen in der Kindheit zusammen.

Nun ist jedoch das gegenwärtige Wohlbefinden kein direktes Ergebnis der vergangenen Bindungsbeziehungen, sondern die vergangenen Bindungsbeziehungen sind mitverantwortlich für die Art und Weise, wie eine Person in der Gegenwart über sich selbst und über andere denkt – ob sie zum Beispiel viel Vertrauen in sich und andere hat oder nicht. Das Ergebnis dieses Denkens führt dann zu zufriedenstellenden oder problematischen persönlichen Beziehungen, unter anderen auch zu den Eltern in der Gegenwart, was direkt das Wohlbefinden beeinflusst. Es sind die aktuellen und nicht die vergangenen Beziehungen, die entscheidend sind für das aktuelle Wohlbefinden. Die aktuellen Beziehungen sind jedoch abhängig vom gegenwärtigen «Beziehungsdenken» einer Person, das sich aufgrund ihrer bisherigen Lebensgeschichte, unter anderem eben auch ihrer Beziehung zu den Eltern in Kindheit und Jugend, entwickelt hat.

Die emotionale Wiederbelebung von Beziehungserfahrungen in der Vergangenheit ist in einer Psychotherapie insofern wichtig, als sie dazu dient, ein Verständnis beim Patienten zu fördern, wie sein aktuelles Beziehungsdenken und somit seine gegenwärtigen Beziehungen zu den Eltern und anderen wichtigen Bezugspersonen geprägt worden sind.[68] Entscheidend für eine psychische Heilung ist jedoch, wie sehr dieses Verständnis dafür genutzt wird, die aktuellen Beziehungen zur Ursprungsfamilie (und zu anderen wichtigen Bezugspersonen wie dem Partner oder den eigenen Kindern) zu verändern, zu verbessern und auf eine neue Grundlage zu stellen.

Patienten sollten in der Therapie die Erfahrung machen können, dass sie offen äußern dürfen, welche Beziehung sie sich zu ihren Eltern wirklich wünschen und immer gewünscht hätten. Es kann sein, dass diese Art von Beziehung zu den Eltern nicht mehr möglich ist, vielleicht weil sie nicht mehr leben, vielleicht weil die Eltern emotional nicht mehr zugänglich sind. Doch auch in diesem Fall wird die Beziehung zu den noch lebenden oder schon verstorbenen Eltern auf eine neue Grundlage gestellt, da die Patienten durch die therapeutische Arbeit ihr Beziehungsdenken verändern und in Zukunft andere Gefühle im Zusammenhang mit Gedanken an ihre Eltern haben werden.

Es genügt für Patienten nicht zu erkennen, wie sie durch die Beziehung zu ihrer Herkunftsfamilie emotional geprägt wurden und wie ihre Störungen möglicherweise damit zusammenhängen. Vielmehr muss dieses Wissen dazu benutzt werden, das aktuelle Beziehungsdenken und damit einhergehend die gegenwärtigen Beziehungen zu den Eltern und anderen wichtigen Bezugspersonen zu verändern. Im besten Fall werden sich die familiären Beziehungen so verändern, dass die Eltern und die Geschwister zu Freunden werden, denen gegenüber eine Selbstöffnung möglich ist, denen man sich emotional nahe fühlt und auf die man sich verlassen kann. Wenn dies nicht mehr realisierbar ist, z. B. weil die Eltern schon verstorben sind, kann es für Patienten äußerst wichtig sein, um die nie da gewesene Nähe zu den Eltern zu trauern und mit den verstorbenen oder emotional entfremdeten Familienangehörigen ein imaginäres Zwiegespräch zu führen.

Ganz entscheidend für eine psychische Heilung ist die Frage, ob es den Patienten, die einen starken negativen Einfluss der Ursprungsfamilie auf die Entstehung ihrer aktuellen Probleme erkennen, möglich sein wird, ihren Eltern, ihren Geschwistern oder anderen Bezugspersonen aufrichtig zu vergeben. Erst wenn dies möglich wird – und dies wird erst möglich, wenn Patienten ein klares Verständnis in Bezug auf ihre früheren familiären Beziehungen erarbeitet haben – kann die aktuelle Beziehung zu den Eltern auf eine neue emotionale Grundlage gestellt werden, so dass sich Vertrauen, Öffnung und Nähe verwirklichen können. Auch wenn die Patienten vielleicht nie mehr das von ihren Eltern erhalten werden, was sie sich gewünscht hätten, haben sie dennoch ein Recht auf ihre Wünsche und auf die Trauer, dass sie nicht in Erfüllung gingen, als es noch möglich war. In letzter Konsequenz ist therapeutisch immer eine Versöhnung mit einer schwierigen familiären Vergangenheit anzustreben, so dass Patienten von sich aus zu dem Punkt gelangen, ihren Eltern oder anderen Familienmitgliedern vergeben zu wollen.

Ein vertrauensvolles Verhältnis zu den Eltern kann die gleichen positiven Erfahrungen der Selbstöffnung und der verbindlichen Nähe ermöglichen, wie dies auch für Freundschaften und Partnerschaften gilt. Das Gleiche gilt auch in Bezug auf die Geschwister, die Großeltern, andere Familienangehörige und sogar die eigenen Kinder. Auch Kindern gegenüber ist ein freundschaftliches Verhältnis angebracht, obschon die Machtverteilung zwischen Eltern und Kindern durchaus unterschiedlich ausfällt. Verantwortungsübernahme für die Kinder schließt aber nicht die Haltung aus, dass Kinder als grundsätzlich autonome Menschen mit einem eigenen Willen angesehen werden, die der stetigen Liebe und Zuneigung ihrer Eltern bedürfen.[69]

Die Ressourcen-Checkliste fragt zunächst nach den Freunden (Nr. 5) und geht dann zu den Familienangehörigen über (Nr. 6 und 7). Dies geschieht deshalb, damit Patienten die Erfahrung machen können, dass die möglicherweise vorhandenen Ressourcen bei den Freunden eigentlich auch in Bezug auf die Eltern wichtig sein könnten.

Es kann sinnvoll sein, dass Patienten in der Therapie die Gelegenheit gegeben wird, ihre nächsten Freunde aufzuzählen und dabei zu beschreiben, was ihnen an dieser Freundschaft besonders wertvoll ist. Wenn Patienten keine nahen Freunde haben, sollten sie dazu angeregt werden, darüber nachzudenken, weshalb dies so ist, und was sie selbst dazu beitragen könnten, damit ein befriedigender Freundeskreis Wirklichkeit werden kann.

Eine kurze Charakterisierung der Beziehung zu den wichtigsten Familienangehörigen, insbesondere zu den Eltern, den Geschwistern, den eigenen Kindern, den Schwiegereltern, ev. auch den Großeltern lässt ein erstes Bild von eher positiven und eher negativen Familienbeziehungen entstehen. Es ist sinnvoll, diese Informationen im Rahmen der Erstellung eines Genogramms zu erheben.[70]

Beim Aufbau von mangelhaft entwickelten familiären und freundschaftlichen Ressourcen ist es besonders wichtig, dass der Therapeut oder die Therapeutin von der Grundannahme ausgeht, dass sich Patienten im Grunde gleichberechtigte, erwachsene, aber emotional nahe und vertrauensvolle Beziehungen sowohl zu ihren Eltern als auch zu ihren Freunden wünschen, auch wenn sie sich vielleicht zunächst anders äußern mögen. Wenn Patienten in der Therapie beispielsweise den Wunsch äußern, sich von ihren Eltern besser distanzieren zu können, so sollte das zwar hellhörig machen für den Aspekt der Autonomie und Eigenständigkeit, Therapeuten sollten jedoch dabei nicht den möglicherweise drohenden

Fehler des Patienten unterstützen, ein uneingestandenes Bedürfnis nach Nähe und Vertrauen zu den Eltern zu verleugnen. Selbständigkeit und Autonomie gegenüber den Eltern führt nur dann zu Zufriedenheit und Glück, wenn gleichzeitig Nähe und Vertrauen möglich sind.

Der Aufbau von freundschaftlichen Ressourcen in der Psychotherapie wird oft mit einem Training sozialer Kompetenzen bzw. einem Selbstsicherheitstraining verbunden sein.[71] Patienten mit einem fehlenden oder einem unbefriedigenden Freundeskreis weisen fast immer Probleme mit dem Selbstwert und dem Selbstbewusstsein auf. Der reale Aufbau des Freundeskreises wird deshalb in der Regel im Rahmen einer umfassenderen Therapie oder eines Trainings zum (Wieder-)Aufbau von Selbstsicherheit und sozialen Kompetenzen stattfinden.

Beruf, Einkommen und Lebensstandard

Die Zufriedenheit mit der beruflichen Tätigkeit, den beruflichen Umständen und dem Einkommen stellt eine wichtige Ressource dar, die auch unabhängig von den familiären, partnerschaftlichen und freundschaftlichen Beziehungen einen zentralen Stellenwert in einer Psychotherapie oder Beratung einnehmen kann. Wichtige berufsbezogene Umstände sind zum Beispiel das Verhältnis zu den Arbeitskollegen, zu Vorgesetzten, die Zufriedenheit mit den Arbeitszeiten, das Verhältnis zwischen den eigenen Fähigkeiten und den Anforderungen der Arbeit und eine mögliche Arbeitsüberlastung mit berufsbezogenem Stress. Es ist sinnvoll, diese verschiedenen Aspekte genau zu unterscheiden, denn es könnte sich beispielsweise herausstellen, dass der Beruf einer Patientin eigentlich große Freude bereitet, dass sie sich jedoch gegenüber ihren Arbeitskollegen benachteiligt fühlt. Oder vielleicht verfügt sie über eine äußerst günstige berufliche Position mit hervorragenden Arbeitsbedingungen, aber die Tätigkeit lässt sie unbefriedigt.

Für das Ausmaß der beruflichen Zufriedenheit ist es entscheidend, inwiefern die Tätigkeit an sich befriedigend ist und in Bezug auf Schwierigkeitsgrad und Stress der eigenen Persönlichkeit entspricht. Auch eine gute Kommunikation am Arbeitsplatz mit Kollegen und Vorgesetzten ist von entscheidender Bedeutung. Wenn diese Qualitäten an einer bestimmten Arbeitsstelle nicht vorhanden sind, so ist über kurz oder lang eine Unzufriedenheit mit der beruflichen Situation vorprogrammiert, selbst wenn das Einkommen möglicherweise hoch sein mag.

Es sollte deshalb genau abgeklärt werden, was sich ändern müsste, damit sich die berufliche Situation verbessern kann. Einerseits sollten die Wünsche, Bedürfnisse und Sehnsüchte des Patienten in Bezug auf die berufliche Situation und den allgemeinen Lebensstandard erhoben werden, andererseits sollte zusammen mit dem Patienten ein Bewusstsein dafür erarbeitet werden, welches die Hindernisse auf dem Weg dahin sind. Auch bei der beruflichen Situation bestehen mangelhaft entwickelte Ressourcen oft darin, dass Patienten sich nicht getrauen, Forderungen zu stellen, «nein» zu sagen und sich gegen Arbeitsüberlastung oder Druck seitens der Vorgesetzten abzugrenzen. Auch hier spielt somit der Bereich des Selbstbewusstseins, der sozialen Kompetenzen und der Selbstsicherheit eine wichtige Rolle.

Gelegentlich ist berufliche Unzufriedenheit aber auch ein Symptom für eine umfassendere Lebenskrise, in der bisherige Werte plötzlich an Bedeutung verlieren und Patienten erkennen, dass sie sich eigentlich auf dem falschen Weg befinden, weil sie lange Zeit wichtige Bedürfnisse verleugnet haben – z. B. wurden partnerschaftliche Wünsche einer Karriere untergeordnet. Patienten mit Persönlichkeitsstörungen weisen oft auch Probleme mit Arbeitskollegen und Vorgesetzten auf, weil sie mit ihrem eingeschränkten Beziehungsrepertoire im Beruf schnell an Grenzen stoßen.

Auch bei den beruflichen Ressourcen ist es somit von herausragender Bedeutung, inwiefern es gelingt, Probleme in einen Zusammenhang zu stellen mit mangelhaft entwickelten persönlichkeitsbezogenen Ressourcen. Bei Arbeitsüberlastung kann es oftmals hilfreich sein, wenn Patienten die Verteilung von Anstrengung und Entspannung anhand eines Kuchens mit verschiedenen Stücken, welche die unterschiedlichen Tätigkeiten während des Tages symbolisieren, aufzeichnen. Entspannungsphasen können dann zum Beispiel blau und Arbeits- oder Anstrengungsphasen rot angefärbt werden. Auf diese Weise wird sehr schnell klar, wenn Patienten zu viel Zeit für Arbeit und Anstrengung aufwenden. Eine gesunde Verteilung zwischen Anstrengung und Erholung entspricht ungefähr einem Verhältnis von 1 zu 1.

Bei manchen Patienten mit interpersonellen Problemen im Bereich von Partnerschaft oder Familie zeigt sich jedoch, dass sie beruflich trotzdem gut funktionieren. Selbst Patienten mit gravierenden psychischen Störungen gelingt es nicht selten, ihre beruflichen Pflichten zu erfüllen. Dies stellt eine große Ressource dar, die unbedingt aufrecht erhalten werden sollte.

Freizeitaktivitäten

Ebenso wichtig wie die Arbeit ist die Freizeit. Neben einer Abklärung der momentanen Freizeitaktivitäten und der Zufriedenheit damit, sollte mit den Patienten erarbeitet werden, wie sie ihre Freizeit am liebsten gestalten würden. Hierbei empfiehlt es sich, zunächst auf einem Wochenplan

(Montag bis Sonntag mit allen Uhrzeiten, ca. 2-Stunden-Abschnitte) alle Arbeitszeiten (Beruf und Hausarbeit), alle Schlafenszeiten und alle übrigen Aktivitäten (Freizeit) während einer Woche vom Patienten protokollieren zu lassen. Anschließend wird besprochen, wie zufrieden der Patient mit dieser Zeiteinteilung ist und wo er Veränderungen vornehmen möchte.

Bei Patienten mit fehlenden oder geringen Freizeitaktivitäten, wie dies insbesondere bei depressiven Patienten oft vorkommt, muss behutsamer und differenzierter vorgegangen werden. Auch hier eignen sich zunächst Wochenprotokolle, wobei jeweils auch die aktuelle Stimmung festzuhalten ist. Es sollte auch abgeklärt werden, welche Freizeitaktivitäten früher ausgeübt wurden und weshalb der Patient sie fallen gelassen hat. Die meisten Menschen besitzen außerdem ein bestimmtes Talent, das nicht selten brach liegt. Hierbei kann das Konzept der verschiedenen «Intelligenzen» hilfreich sein – intellektuelle Intelligenz, musisch-künstlerische Intelligenz, sportliche Intelligenz, emotionale Intelligenz, spirituelle Intelligenz, etc.

Mit der Frage «In welchem Bereich liegen Ihre Stärken?» kann auf verschüttete oder bisher zu wenig entwickelte Talente gestoßen werden. Wenn Patienten darauf antworten «in keinem», sollte sich der Therapeut natürlich nicht damit zufrieden geben, sondern darauf hinweisen, dass dies höchst unwahrscheinlich sei und jeder Mensch in irgendeinem Bereich über Stärken verfüge. Dem Patienten sollte dann die Frage gestellt werden, ob er gerne herausfinden möchte, in welchem Bereich seine Stärken liegen. Wenn der Patient dies bejaht, dann kann systematischer erforscht werden, welche Aktivitäten ihm Freude bereiten und bei welchen Tätigkeiten er sich besonders gut fühlt. In diesen Bereichen liegen aller Wahrscheinlichkeit nach auch seine Stärken. Wenn der Patient auch diese Frage verneint, kann diese resignative Haltung auf wichtige Probleme und entsprechend mangelhaft entwickelte persönlichkeitsbezogene Ressourcen aufmerksam machen.

Therapeutinnen sollten unbedingt auch danach fragen, ob die Patientin einen bisher unerfüllten Wunsch nach einer bestimmten Freizeitbetätigung aufweist (z. B. eine Weltreise machen, eine neue Sportart erlernen, einen Tanzkurs besuchen etc.). Egal wie groß oder unerfüllbar dieser Wunsch zunächst erscheint, man sollte den Patienten erlauben, diesen Wunsch zu hegen, ohne ihn gleich erfüllen zu müssen. Vielleicht kann ausgehend von diesem Wunsch etwas gefunden werden, was auf dem Weg dahin liegt. Durch das Ableiten von kleineren Teil-Wünschen aus diesem größeren Wunsch können vielleicht wieder neue Lebensperspektiven entfaltet werden.

Die psychologische Forschung zu den Lebensumständen von Menschen mit einem hohen Wohlbefinden hat gezeigt, dass viele Personen, die sich selber als glücklich einschätzen, eine ehrenamtliche Tätigkeit im Dienste anderer Menschen ausüben. Man könnte zunächst vermuten, dass es völlig unsinnig sei, einen Patienten mit psychischen Störungen und schwerwiegenden Problemen danach zu fragen, wie er anderen Menschen helfen könnte. Ich halte diese Frage jedoch für völlig berechtigt. Es ist ein Irrtum zu glauben, man müsse selbst ganz gesund und glücklich sein, um anderen Menschen helfen zu können.

Nicht selten fühlen sich zum Beispiel Menschen, die einsam sind, zu gemeinnützigen Organisationen hingezogen, um dort zwischenmenschliche Kontakte zu erleben. Aus dem anfänglich eigennützigen Motiv nach sozialen Kontakten kann sich mit der Zeit eine Freude am Teilen entwickeln und am Einsatz für andere, denen es ebenfalls schlecht geht. Gleichzeitig kann dadurch erfahren werden, dass die Freude am Geben – und wenn es auch nur ein wenig der eigenen Zeit ist – sich nicht nur positiv auf den Empfänger, sondern auch positiv auf das eigene Gemüt auswirkt.

Selbstverständlich sollte sich niemand überfordern, und es ist wichtig, nur so viele Ressourcen für andere Menschen einzusetzen, wie man dafür zur Verfügung hat. Es gibt zahlreiche Gruppierungen, die sich in verschiedensten Bereichen für das Gemeinwohl und für bedürftige Menschen einsetzen. Je nach persönlichen Präferenzen wird der eine lieber in einem kirchlichen Projekt mitarbeiten, der andere lieber in einem Sportclub. Es gibt hunderte von Möglichkeiten, wie man sich für die Gemeinschaft engagieren kann. Wichtig dabei ist, dass man es erstens in einem Bereich tut, der den eigenen Interessen und Neigungen entspricht, dass man es zweitens ehrenamtlich, d. h. ohne finanzielle Entschädigung tut (das Wort «Entschädigung» impliziert einen Schaden!), und dass man drittens genau so viel Ressourcen dafür einsetzt, wie man ganz bewusst und nach eingehender Reflexion (eventuell zusammen mit dem Therapeuten) dafür einsetzen will und kann.

Wohnort und Wohnsituation

Obschon der Einfluss der persönlichen Wohnumgebung auf das Wohlbefinden in den in Kapitel 6 dargestellten Befunden nicht ausdrücklich berücksichtigt wird, können der Wohnort und die persönliche Wohnsituation zu denjenigen umweltbezogenen Ressourcen gerechnet werden, die mit dem ökonomischen und politischen System, in dem jemand lebt, in engem Zusammenhang stehen. Mit «Wohnort und Wohnsituation» ist also einerseits der weitere sozioökonomisch-politische Bezugsrahmen gemeint, andererseits aber auch die ganz persönliche Wohnumwelt.

Einige Patienten haben sich über ihre Wohnsituation möglicherweise noch gar nie ausführliche Gedanken gemacht. Es kann deshalb sehr wichtig sein festzustellen, inwiefern die gegenwärtige Wohnsituation Halt und Geborgenheit gibt oder inwiefern sie eine Belastung darstellt und eigentlich nach einer Veränderung ruft. Es sollte abgeklärt werden, wie eine momentan unbefriedigende Wohnumwelt verändert werden könnte und was beim Patienten selbst geschehen müsste, damit er einen Schritt in Richtung einer verbesserten Wohnsituation machen könnte.

Das soziale, ökonomische und politische System, in dem ein Mensch lebt, bildet insgesamt einen wichtigen Ausgangspunkt für die persönlichen Glücksmöglichkeiten. Vor diesem Hintergrund sind die politischen Anstrengungen um eine universelle Respektierung der Menschenrechte höchst relevant in Bezug auf die Glücksfähigkeit eines Individuums. Unter widrigen äußeren Umständen (z. B. in totalitären Regimes oder bei sozialer Verwahrlosung) sind immer auch jene Mittel anzuwenden, welche besser als Psychotherapie dazu in der Lage sind, diese Bedingungen direkt zu verändern (z. B. politische Aktivitäten, juristische Schritte, usw.).

Hier wird die oft unterschätzte Bedeutung der Sozialarbeit deutlich und die Wichtigkeit einer Abstimmung zwischen sozialarbeiterischen und psychotherapeutischen Behandlungsmaßnahmen. Zum Beispiel ist es für Menschen mit psychischen Störungen, die zusätzlich arbeitslos sind, sinnvoll, wenn neben der psychotherapeutischen Behandlung der Störungen auch die Sozialarbeit Hilfe leistet, um bessere äußere Bedingungen herzustellen (neue Arbeit finden, in Arbeitslosenprojekten mitarbeiten, Weiterbildung, sinnvolle Freizeitgestaltung).

Ganz allgemein sollten sich Psychotherapeuten stets der sozialen Rahmenbedingungen, in denen sie selbst und ihre Klienten leben, bewusst sein. Allerdings darf hier nicht vergessen werden, dass entsprechend dem «Unzufriedenheitsdilemma» bzw. dem «Zufriedenheitsparadox» die äußeren Bedingungen und die innere Einstellung nicht deckungsgleich sein müssen und oft auch nicht sind. Es kann durchaus möglich und sinnvoll sein, unter ungünstigen äußeren Bedingungen eine Verbesserung des subjektiven Wohlbefindens anzustreben, ohne dass an den äußeren Bedingungen momentan etwas verändert werden kann, ebenso wie es möglich ist, unter objektiv hervorragenden Bedingungen zu leben und trotzdem unglücklich zu sein.

Die Erhebung der sozialen und umweltbezogenen Ressourcen kann unter bestimmten Bedingungen äußerst erschwert sein. Diese Bedingungen hängen alle damit zusammen, dass Patienten – entweder ganz bewusst, oft aber mehr unbewusst – die Wahrheit über ihre aktuelle soziale Situation verschweigen, verschleiern oder verzerren, so dass die entsprechenden Informationen aus der Ressourcen-Checkliste oder aus einem anhand der Ressourcen-Checkliste durchgeführten, vertiefenden Interview im Prinzip nutzlos oder wenig ergiebig sind.

So wie die Ressourcen-Checkliste konzipiert wurde, kann sie auf Patienten angewandt werden, die willens und fähig sind, offen über ihre aktuellen Lebensumstände und was sie daran als gut oder schlecht empfinden zu kommunizieren. Solche Patienten gibt es tatsächlich, und sie stellen meiner Erfahrung nach die Mehrheit von psychotherapeutischen Klientinnen und Klienten dar. Hingegen gibt es eine nicht zu unterschätzende Minderheit, welche zunächst kein Interesse daran hat, dem Therapeuten oder der Therapeutin offen und ehrlich über die eigenen sozialen Ressourcen zu berichten.

Der Beweggrund dafür liegt meist darin, dass diese Patienten sich vielleicht jahrelang etwas vorgemacht haben, so dass es für sie zu schmerzhaft oder aufgrund eines eigenen fehlenden Bewusstseins schlichtweg unmöglich ist, über ihre aktuelle unbefriedigende Situation zu berichten. Alles, worüber diese Patienten zunächst sprechen können und wollen, sind ihre störenden Krankheitssymptome. Oder aber sie wollen sich erst einmal über ihre Mitmenschen auslassen, bevor sie in der Lage sind, sich mit ihrer eigenen Situation auseinander zu setzen.

Bei solchen Patienten handelt es sich in aller Regel entweder um Patienten mit vorwiegend psychosomatischen Störungen, die noch gar kein Bewusstsein für psychologische Zusammenhänge besitzen und sich für organisch krank halten, oder um Patienten mit Persönlichkeitsstörungen, die mit dem Therapeuten das gleiche interaktionelle «Spiel» spielen, das sie auch mit allen anderen Mitmenschen seit früher Kindheit zu spielen gelernt haben.

Auch bei akut psychotischen oder schwer depressiven Patienten ist es unmöglich, die Ressourcen-Checkliste oder ein ressourcenorientiertes Interview durchzuführen, weil die Wahrnehmungsfähigkeit der Patienten aufgelöst oder stark eingeengt ist. Nach einem Abklingen der schwersten Symptome von Psychotikern und Depressiven unter entsprechender medikamentöser Behandlung ist es jedoch meist möglich, mit ihnen über Ressourcen zu sprechen.

Psychosomatiker dagegen stellen oft alles in einem rosaroten Licht dar, ihre ganze Lebenssituation erscheint völlig in Ordnung und es gibt nichts, dass sie gerne verändern würden. Einzig die lästigen körperlichen Beschwerden sollen verschwinden. Bei Patienten mit Persönlichkeitsstörungen finden noch in einem viel stärkeren Ausmaß aktive Bestrebungen statt, die eigene Lebenssituation in einem anderen Licht darzustellen, als sie von ihnen selbst insgeheim empfunden wird.

Bei entsprechender Erfahrung mit Psychosomatikern und Patienten mit Persönlichkeitsstörungen wird ein Therapeut oder eine Therapeutin meistens sehr rasch feststellen, ob der Patient ehrlich bemüht ist, über seine sozialen Ressourcen und wie er sie wirklich empfindet zu berichten, oder ob dem Patienten die Informationen dazu fehlen bzw. ob er das Berichtete aktiv verfälscht. Bei einer starken Tendenz zur Verfälschung und Verschönerung sollte auf die Durchführung der Ressourcen-Checkliste oder eines ressourcenorientierten Interviews zunächst verzichtet werden.

Im Fall von Psychosomatikern ist es erst einmal notwendig, dass überhaupt eine therapeutische Arbeitsgrundlage geschaffen wird, was natürlich auch für alle anderen Störungen gilt, bei Psychosomatikern muss sie jedoch mit besonderer Aufmerksamkeit und unter Zuhilfenahme besonderer «Kniffe» aufgebaut werden. Bei Patienten mit Verdacht auf Persönlichkeitsstörungen ist es zunächst wichtig, den Patienten dort abzuholen, wo er sich befindet und in seinen problematischen Interaktionsspielen zu bestätigen, damit überhaupt eine Beziehung hergestellt werden kann, auf die sich der Patient einlässt. In Bezug auf einen klugen therapeutischen Umgang mit diesen beiden Patientengruppen verweise ich auf die entsprechenden Erfahrungen, die Rainer Sachse äußerst kenntnisreich festgehalten hat. [72]

Kurz gesagt: Mit Psychosomatikern ist eine Arbeit an den sozialen Ressourcen erst möglich, nachdem ein ausreichendes Bewusstsein für mangelhaft entwickelte persönlichkeitsbezogene Ressourcen geschaffen worden ist. Bei Patienten mit Persönlichkeitsstörungen dagegen liegt das Kriterium, ob ehrlich an sozialen Ressourcen gearbeitet werden kann, im Ausmaß der Authentizität, mit der diese Patienten mit dem Therapeuten und mit sich selbst umzugehen wagen.

8. Persönlichkeitsbezogene Ressourcen

Volk und Knecht und Überwinder,
Sie gestehn, zu jeder Zeit,
Höchstes Glück der Erdenkinder
Sei nur die Persönlichkeit.

Dieser Vers aus dem «Westöstlichen Diwan, Buch Suleika», verrät Goethes Wissen um die Bedeutung der Persönlichkeit für das Glück. Doch welche Eigenschaften der Persönlichkeit fördern das Glück?

Die in Kapitel 6 dargestellten Forschungsergebnisse zu den persönlichkeitsbezogenen Indikatoren des subjektiven Wohlbefindens sind von großer, geradezu zentraler Bedeutung für die Psychotherapie. Die Fragen 17–50 der Ressourcen-Checkliste (siehe Anhang) fassen diejenigen persönlichkeitsbezogenen Bedingungen im Leben eines Menschen zusammen, welche sich über verschiedene Studien hinweg immer wieder als starke Indikatoren einer hohen Lebenszufriedenheit erwiesen haben. Menschen, die alle dieser Ressourcen in einem hohen Maße entwickelt haben, sind mit sehr großer Wahrscheinlichkeit glückliche, zumindest aber ausgesprochen glücksfähige Menschen.

Gefühl der Gesundheit, Lebendigkeit und Ausgeglichenheit

Die körperliche Gesundheit gehört zwar nicht primär in das Gebiet der Psychotherapie, aber es ist unbestritten, dass der psychische Zustand eines Menschen in einem hohem Maße die körperliche Gesundheit beeinflusst, vermittelt durch das Immunsystem, das äußerst sensibel auf emotionale Zustände reagiert.[73] Der Befund, dass nicht in erster Linie der objektive Gesundheitszustand des Körpers für das Wohlbefinden einer Person entscheidend ist, sondern vielmehr das *subjektive Gefühl der Gesundheit,* macht deutlich, dass selbst Menschen mit schweren Erkrankungen oder bei schwierigen medizinischen Eingriffen aufgrund ihrer subjektiven Bewertungen der Krankheit oder der anstehenden Operation und aufgrund ihrer aktuellen Lebenseinstellung ein Gefühl entwickeln können, gesünder zu sein, als ihr körperlicher Zustand vermuten ließe, und sich somit sogar besser fühlen können als Menschen, die harmlose

Erkrankungen als bedrohlich bewerten oder sich auch dann krank fühlen, wenn ihnen objektiv eigentlich gar nichts fehlt.

Falls bei einem Patienten körperliche Krankheiten bestehen, sollte abgeklärt werden, was er selbst dazu beitragen kann, damit sich seine körperliche Gesundheit verbessern kann. Im Rahmen einer verhaltensmedizinischen Behandlung körperlicher Krankheiten liegt das Schwergewicht auf der Motivationsarbeit (z. B. im Hinblick auf die regelmäßige Durchführung von körperlichem Training), auf der Information und Aufklärung, auf der Behandlung von psychischen Begleitsymptomen körperlicher Krankheiten und auf familientherapeutischen Interventionen, um die Familie in einer Zeit der Krise, zum Beispiel während einer chemotherapeutischen Behandlung eines Familienmitgliedes, zu stützen. Durch psychologische Interventionen können gravierende Ängste und depressive Symptome bis hin zu akuter Suizidalität bei schweren körperlichen Krankheiten oftmals erheblich reduziert werden.

Neben dem Gefühl der körperlichen Gesundheit stellt vor allem auch eine *positive Beziehung zum eigenen Körper* eine für das subjektive Wohlbefinden zentrale Ressource dar. Oft gehen körperliche und psychische Krankheiten mit entsprechenden Störungen im Körperbild und in der Körperwahrnehmung einher. Die Zufriedenheit mit dem eigenen Körper ist ganz besonders wichtig für eine gesunde psychische Entwicklung von Jugendlichen.

Zur Aktivierung von körperbezogenen Ressourcen kann man Patienten fragen, ob sie sich schon einmal vollkommen wohl gefühlt haben in ihrem Körper. Es sollte dann weiter untersucht werden, unter welchen Bedingungen dieses körperliche Wohlgefühl auftrat, um herauszufinden, was ihnen gut tut (z. B. ein Entspannungsbad, eine Massage, ein Spaziergang an der frischen Luft, in einer freudigen, beschwingten Stimmung sein). Therapeuten sollten es auch nicht versäumen, ihre Patienten danach zu fragen, wie sie sich am liebsten fühlen würden im eigenen Körper. Dies gibt oft Hinweise darauf, welche anderen Ressourcen gestärkt werden sollten. So weist etwa die Aussage «ich möchte mich gerne größer und stärker fühlen» auf eine Selbstsicherheitsthematik hin.

Dass die *psychische Gesundheit* stark mit dem subjektiven Wohlbefinden und dem Glück zusammenhängt, dass sich diese Konzepte sogar teilweise überschneiden, wurde bereits in Kapitel 2 ausgeführt. Die Beseitigung von psychopathologischen Symptomen, psychischen Störungen und seelischen Krankheiten stellt die zentrale Aufgabe von Psychotherapie dar. Es ist unmöglich glücklich zu sein, solange man an einer psychischen Störung leidet.

«Angstbefreiung» und eine «Befreiung aus dem Schatten der Vergangenheit» stellen nach Eva Wlodarek-Küppers wichtige Ursachen des Glückserlebens dar. Wenn jemand durch eine erfolgreiche Psychotherapie seine lästigen und vielleicht während vieler Jahre quälenden Symptome verliert, so stellt dies eine große Quelle von Glück und Freude dar. Psychotherapie muss deshalb immer einen Verlust der psychopathologischen Symptome und der psychischen Störungen des Patienten zum Ziel haben, weil sie sonst ihren Auftrag – Wiederherstellung der Glücksfähigkeit – nicht erfüllt.

Glückliche Menschen weisen ein relativ hohes *Aktivitätsniveau* auf und fühlen sich voller Energie. Äußere körperliche Merkmale wie ein wacher Gesichtsausdruck, leuchtende Augen, eine vitale Körperhaltung sind Kennzeichen des Glücks und des Wohlbefindens. Eine solche «energetische» Grundhaltung[74] hängt mit einer gesteigerten Aktivität und einer erhöhten Produktivität zusammen, ohne dass es sich um die krampfhafte Überdrehung der Aktivität in der Manie handelt. Die energetische Grundhaltung kann sich aber auch in größerer Entspannung und Ruhe zeigen.

Das richtige Verhältnis zwischen Aktivität und Ruhe vermittelt ein Gefühl der *Ausgeglichenheit*. Die Steigerung des Aktivitäts- und die Anhebung des Energieniveaus sowie die bewusste Entspannung und der Genuss von Ruhe und Tatenlosigkeit können wichtige Aufgaben einer Psychotherapie darstellen, um die natürliche Balance wieder zu finden. Menschen, die in ständiger Aktivität durch das Leben hetzen, benötigen Ruhe und Entspannung; Menschen, die schlaff und tatenlos dahinvegetieren, benötigen einen Energie- und Aktivitätsschub. Zur Aktivierung eignen sich zum Beispiel Bewegung, Tanz und Sport, zur Entspannung Progressive Muskelrelaxation, Hypnose, Autogenes Training oder Meditation.[75] Nur der gesunde Ausgleich zwischen beiden Polen – Ruhe und Aktivität – führt zu einem Gefühl der körperlichen und der seelischen Ausgeglichenheit, wobei diese natürlich noch von vielen weiteren Faktoren abhängt, beispielsweise von der inneren Gelassenheit.

Wir haben uns in der westlichen Leistungsgesellschaft leider derart an ein Leben im Stress und in ständiger Unausgeglichenheit gewöhnt, dass uns das natürliche Gefühl für die *Lebendigkeit* und *Lebenslust* mehr oder weniger stark abhanden gekommen ist. Viele Menschen versuchen trotzdem, neben ständigen Anforderungen, einen Bereich zu finden, in dem sie Erholung erleben und ihre Batterien wieder aufladen können. Dies erklärt vielleicht die große gesellschaftliche Nachfrage nach ‹Wellness›. Doch im ständigen Kampf um mehr ‹Fitness› in allen Lebensbereichen, bleibt die ‹Wellness› nicht selten auf eine einsame Woche im Jahr in einem abgelegenen Kurhotel beschränkt. Wenn es uns gelingen würde, mehr oder weniger dauerhaft in einem Gefühl der Ausgeglichenheit, der Gesundheit und der Lebensfreude zu leben, wäre ‹Wellness› unser normaler Zustand und keine kurze, ersehnte Pause im Wahnsinn oder im Einerlei des Alltags.

Der amerikanische Psychologe Paul Ka'ikena Pearsall übersetzt in seinem Buch «Aloha – die Lust am Leben» die Lebensphilosophie und Lebenspraxis der polynesischen Inselbewohner für den abendländischen Menschen vor dem Hintergrund aktueller Forschungsbefunde der Psychologie und Psychoneuroimmunologie. Der Autor macht darauf aufmerksam, dass wir uns dann am glücklichsten fühlen, wenn wir sogenannte «Nahleben-Erfahrungen» machen, die er in Anlehnung an die Nahtodes-Erfahrungen von Menschen, die klinisch tot waren und wieder ins Leben zurückgekehrt sind, als Einssein mit dem Strom des Lebens charakterisiert, als Erlebnis der Verbundenheit mit der Natur oder mit anderen Menschen, das dann eintritt, wenn wir uns selbst vergessen und unser krampfhaftes Bemühen, dem eigenen Selbst Unsterblichkeit zu verleihen, aufgeben.

«Wenn wir uns ständig mit uns selbst beschäftigen, vermögen wir die zarten Geräusche der Natur nicht mehr zu vernehmen, weil wir nur das laute Geplapper unseres Gehirns hören», schreibt Pearsall. «Unsere besten Einsichten und Erfahrungen resultieren nicht daraus, dass wir versuchen, glücklich zu sein, sondern daraus, dass wir uns dem Fluss des Lebens hingeben […], so dass Glück und Gesundheit uns widerfahren können.» [76]

Die Suche von Patienten nach solchen «Nahleben-Erfahrungen» in ihrem bisherigen Leben kann die Aufmerksamkeit für die Bedeutung dieser lustvollen Erfahrungen erhöhen. Obschon diese Erlebnisse in einer Psychotherapie nicht künstlich hergestellt werden können, führt der Versuch, sich wieder verstärkt der Natur und der Beziehung zu anderen Menschen oder dem eigenen Körper zuzuwenden und dabei bewusst zu genießen, dass das Ich zunehmend schweigen und in den Hintergrund treten kann, nicht selten zu einer veränderten Wahrnehmung und zu einer Stärkung des gesunden Lebensgefühls.

Selbstwertgefühl und Selbstakzeptanz
Bei einer Vielzahl von psychischen Störungen spielt ein geringes Selbstwertgefühl eine wichtige Rolle. Selbst bei Störungen, die auf den ersten Blick ein sehr starkes Selbstbewusstsein des Patienten vermuten lassen, wie etwa bei einer narzisstischen Persönlichkeitsstörung, steckt hinter einer übersteigert zur Schau gestellten Selbstsicherheit eine negative

Selbstbewertung und ein geringes Selbstwertgefühl. Die Anhebung des Selbstwertgefühls bildet somit ein zentrales Ziel in fast allen Psychotherapien.

Bestimmte Fragen führen recht schnell zu einem globalen Eindruck der Selbstakzeptanz eines Patienten wie zum Beispiel «Mögen Sie sich selber so wie Sie sind?» oder «Gibt es etwas an Ihnen, das Sie stört?». Eine beträchtliche Anzahl von Forschungsuntersuchungen weist darauf hin, dass bei der Aufrechterhaltung der psychischen Gesundheit ein sogenannter *self-serving bias* eine bedeutsame Rolle spielt.[77] Eine übermäßig positive Selbstbeurteilung, übertriebene Wahrnehmungen eigener Kontrolle sowie unrealistischer Optimismus stellen demnach Eigenschaften normalen menschlichen Denkens dar. Diese Illusionen scheinen geradezu notwendig, um bestimmte Eigenschaften seelischer Gesundheit zu fördern wie z. B. die Fähigkeit, für andere zu sorgen oder produktiv und kreativ zu arbeiten. Diese Strategien gelingen deshalb, weil sowohl die soziale Umwelt als auch die eigenen mentalen Verarbeitungsprozesse hereinfließende Information durch eine Art Filter in einer hilfreichen Art und Weise verzerren. Diese positiven Illusionen erweisen sich als für das Wohlbefinden besonders wichtig in Situationen, in denen man negative Rückmeldungen erhält oder auf andere Weise im Selbstwert bedroht wird.

Da ein mangelhaft entwickeltes Selbstwertgefühl und die Unfähigkeit, sich selbst bedingungslos anzunehmen, zweifellos eine der am weitesten verbreiteten Persönlichkeitsdefizite von vielen Patienten mit psychischen Störungen darstellt, führe ich im Folgenden zwei therapeutische Übungen auf, die sich gut zur Förderung der Selbstakzeptanz und zum Aufbau eines positiven Selbstwertgefühls eignen. Die Übungen können an entsprechender Stelle in einer Psychotherapie eingebaut werden, wenn Patienten ein ausreichendes Bewusstsein ihres mangelhaft entwickelten Selbstwertgefühls entwickelt haben und bereit sind, sich auf neue Erfahrungen im Umgang mit sich selbst einzulassen.

Annahme des ungeliebten Selbst im Dialogspiel

Vor den Patienten werden zwei Stühle hingestellt; Patient und Therapeut stehen. Der Patient stellt sich vor, dass auf dem einen Stuhl sein «kleines und ungeliebtes Selbst» sitzt (ev. andere Formulierung verwenden entsprechend den Problemen des Patienten), auf dem anderen Stuhl sitzt sein «starkes und sicheres Selbst», das der Patient vielleicht von einzelnen früheren Erlebnissen her kennt und über das in der Therapie auch schon gesprochen wurde. Der Patient soll sich zunächst bildhaft vorstellen, wie diese beiden Selbst aussehen. Danach setzt er sich abwechslungsweise auf den einen und auf den anderen Stuhl, versucht wahrzunehmen, wie sich die verschiedenen Selbstanteile anfühlen und wie sie sich in Körperhaltung, Mimik und Sprache verändern. Er sollte dabei auch aufstehen und sich als jeweiliges Selbst im Raum bewegen. Danach beginnt ein Dialog zwischen den beiden Selbstanteilen, dessen Ziel es ist, dass das starke und sichere Selbst dem kleinen ungeliebten Selbst mitteilt, es dürfe schwach sein und es (das sichere Selbst) nehme das ungeliebte Selbst so an, wie es sei. *«Ich nehme dich so an, wie du bist»*, sagt das sichere Selbst zum ungeliebten Selbst. Diese Worte sollte der Patient unter der Anleitung des Therapeuten als Ziel des Dialoges aussprechen können und danach wieder auf den Stuhl des kleinen Selbst wechseln und sagen, wie es sich anfühlt, vom sicheren Selbst angenommen zu werden.

Annahme des ungeliebten Selbst über körperliche Empfindungen und Vorstellungen

Die Patientin wird gebeten, sich ihre negativen und ungeliebten Seiten mit geschlossenen Augen in der Imagination zu vergegenwärtigen. Anschließend soll sie sich eine Situation vorstellen, in der sie sich genau so gefühlt hat (schwach, unsicher, ungeliebt, ablehnenswürdig, hässlich, grotesk, etc.). Sie soll möglichst versuchen, das damit verbundene unangenehme Gefühl zu verstärken und dabei auf ihre Körperempfindungen zu achten. Die Patientin wird nach diesen unangenehmen Körperempfindungen gefragt (bei geschlossenen Augen). Bei den allermeisten Patienten stellen sich nach einiger Zeit diffuse oder konkrete Körperempfindungen ein (z. B. Druck auf der Brust, Kloßgefühl im Hals, harter Bauch, steifer Nacken etc.). Tritt keinerlei Körperempfindung auf, muss mit diesen Patienten möglicherweise zunächst ein Körperwahrnehmungstraining durchgeführt werden. Die unangenehmen Körperempfindungen sollen ebenfalls wenn möglich verstärkt werden («Gehen Sie mit Ihrem Bewusstsein ganz in den Druck auf der Brust»). Anschließend werden Patienten gebeten, sich gedanklich von diesem Bild und diesen Empfindungen zu lösen und in der Vorstellung gleichsam aus sich selbst herauszutreten. Die Therapeutin sagt: «Sie schauen nun von außen auf sich in dieser unangenehmen Situation und versuchen, von außen Liebe und Zuneigung an ihr ungeliebtes Selbst zu senden. Dabei können sie sich vorstellen, dass sie mild leuchtende Lichtstrahlen (z. B. rosarot, hellblau, hellgelb, weiß) oder angenehm lauwarmes Wasser auf ihr ungeliebtes Selbst ausstrahlen oder ausgießen. Dazu sagen sie zum ungeliebten Selbst: «*Ich nehme dich an, so wie du bist. Ich liebe dich, so wie du bist, mit all deinen Fehlern und Schwächen.*» Diese Sätze sollen laut von der Patientin wiederholt werden, zusammen mit der Vorstellung des Lichts oder des warmen Wassers, bis sich eine Veränderung im Körperempfinden einstellt. Sobald die Patientin eine angenehme Körperempfindung entwickelt, soll sie diese verstärken und ganz in sie «hineingehen». Nachdem die Patientin eine Zeitlang das angenehme Körpergefühl genossen hat, wird sie langsam ins Alltagsbewusstsein zurückgeführt.

Diese oder ähnliche Übungen sollten öfter wiederholt werden, bis es den Patienten immer leichter gelingt, ein Gefühl von Selbstakzeptanz zu empfinden. Das damit verbundene angenehme (Körper-)Gefühl kann dann jeweils aktiviert werden, wenn ein Abgleiten in das alte Gefühl der Wertlosigkeit und der Selbstablehnung droht. Im Gegensatz zum Aufbau von Selbstsicherheit und Stärke (siehe nächster Abschnitt), geht es bei der Selbstannahme und beim Selbstwert nicht um eine Veränderung in Richtung auf ein erwünschtes Ziel hin, sondern um ein bedingungsloses Akzeptieren des Ist-Zustandes, denn sogar bei selbstsicheren Persönlichkeiten mit gut ausgeprägten sozialen Kompetenzen kann ein Selbstwertproblem bestehen. Hingegen fällt es vielen Patienten zunehmend leichter, sich selbst zu akzeptieren, wenn sie sich auch tatsächlich in Richtung des gewünschten Selbstbildes entwickeln. Dies erfordert aber nicht nur Selbstakzeptanz des jetzigen Zustandes, sondern auch eine kreative Veränderung in Richtung größerer Selbstsicherheit und Extraversion, wie dies im Folgenden beschrieben werden soll.

Selbstsicherheit, soziale Kompetenz und Extraversion

Die Selbstsicherheitsexperten Hinsch und Pfingsten definieren *soziale Kompetenzen* als Fertigkeiten, akzeptable Kompromisse zwischen sozialer Anpassung einerseits und individuellen Bedürfnissen andererseits zu verwirklichen.[78] Dazu gehören die Fähigkeiten, nein sagen zu können, auf Kritik angemessen zu reagieren, Widerspruch äußern zu können, sich entschuldigen zu können, Schwächen eingestehen zu können, unerwünschte Kontakte beenden und erwünschte Kontakte aufnehmen zu können, Komplimente akzeptieren zu können, auf Kontaktangebote reagieren zu können, Gespräche beginnen, aufrechterhalten und beenden zu können, um einen Gefallen bitten und Gefühle offen zeigen zu können. Sozial inkompetentes Verhalten liegt dann vor, wenn jemand solche

Verhaltensweisen in entsprechenden Situationen nicht oder nur unvollkommen realisieren kann.

Manche Personen reagieren dabei unsicher und ängstlich-vermeidend, andere eher aufdringlich und aggressiv. Beide Bewältigungsstile sind Ausdruck einer ungenügenden Selbstsicherheit. *Selbstsicherheit* und *Selbstvertrauen* sind nach Ullrich und de Muynck die Fähigkeit, angstfrei und eindeutig die Selbstwahrnehmung und die Selbstbestimmungsmöglichkeiten zu bejahen und die eigenen Bedürfnisse eindeutig äußern zu können.[79]

Extraversion bezeichnet die allgemeine Tendenz einer Person, sich nach außen zu richten. Damit verbunden ist die Fähigkeit, rasch Kontakte knüpfen und gut kommunizieren zu können. Extravertierte Menschen verfügen somit in der Regel über besser ausgeprägte soziale Kompetenzen als introvertierte, da sie weniger schüchtern und selbstunsicher sind. Hingegen kann es sein, dass sie über ein zu geringes soziales Wissen darüber verfügen, welches Verhalten von anderen Personen in gewissen Situationen erwartet wird, so dass sie möglicherweise unangemessen reagieren. Generell besteht jedoch ein starker Zusammenhang zwischen gut entwickelten sozialen Kompetenzen, Selbstsicherheit und Extraversion. Diese Eigenschaften wiederum hängen mit subjektivem Wohlbefinden zusammen, möglicherweise aufgrund der Tatsache, dass extravertierte und selbstsichere Menschen befriedigendere Sozialkontakte und intime Beziehungen aufweisen.

Bei einer Abklärung dieser Ressource kann danach gefragt werden, ob die Patienten nein sagen können, wenn jemand Erwartungen an sie richtet, die sie eigentlich nicht erfüllen möchten; ob sie selbst Forderungen stellen können (z. B. wenn sie einen Fabrikationsfehler an einem gekauften Pullover entdecken und diesen umtauschen wollen oder wenn das Essen im Restaurant ihnen nicht schmeckt und sie eine Preisreduktion wünschen); ob sie andere um einen Gefallen bitten und ob sie ihre Gefühle offen äußern können (z. B. bei Ärger, bei Dankbarkeit, bei Freude, bei einem Wunsch).

Zur Abklärung der Extraversion kann danach gefragt werden, ob die Patientin selbst eher auf andere Menschen zugeht oder ob sie abwartet, bis andere Menschen auf sie zukommen. Wie leicht gelingt es der Patientin, Kontakte zu knüpfen? Wie gut kann sie ein Gespräch aufrechterhalten? Wie fühlt und verhält sie sich in einer Gruppe fremder Leute?

Die positiven Wirkungen eines ‹Trainings sozialer Kompetenzen› bei einer Vielzahl von psychischen Störungen wie z. B. bei sozialen Ängsten, Selbstunsicherheit, Depression, Alkoholismus, Schizophrenie sind nachgewiesen.[80] Offensichtlich führt die Verbesserung von sozialen Fertigkeiten durch gezieltes Einüben selbstsicheren Verhaltens und positiver

Selbstgespräche durch Rollenspiele und Übungen im Alltag zu einer Verringerung der psychopathologischen Symptomatik bei einer Vielzahl unterschiedlicher Störungen und ganz allgemein zu einer Erhöhung des subjektiven Wohlbefindens.

Natürlich gibt es extravertierte und introvertierte Menschen. Kann es die Aufgabe von Psychotherapie sein, aus allen introvertierten extravertierte zu machen, weil sie dann glücklicher sind, wie dies die Forschungsergebnisse nahe legen? Offensichtlich gibt es unter den Extravertierten mehr Glückliche als unter den Introvertierten. Allerdings beziehen sich diese Aussagen immer auf den Durchschnitt einer Population. Es gibt auf jeden Fall auch unglückliche Extravertierte und glückliche Introvertierte. Es bestehen zudem Hinweise darauf, dass sich Extravertierte ihr erhöhtes subjektives Wohlbefinden durch häufigeres Erleben positiver Emotionen ermöglichen. Es müsste deshalb genauer untersucht werden, ob introvertierte Menschen, die sich glücklich schätzen, andere Glücksquellen besitzen als Extravertierte.

Patienten, deren Extraversionsfähigkeit mangelhaft ausgeprägt ist, sollte in der therapeutischen Arbeit ein vermehrtes Sich-nach-außen-Hinwenden, ein verstärktes Auf-andere-Zugehen und ein leichteres Sich-für-andere-Öffnen ermöglicht werden, da die Extraversion in der Regel zu einem Erleben positiver Gefühle führt. Es sei hier auf die Ansicht Spinozas verwiesen, für den das Glück im Sich-Öffnen gegenüber Gott und gegenüber der Welt überhaupt besteht (siehe Kapitel 5).

Allerdings gibt es oft auch Patienten, die sozusagen blind sind auf ihrem nach innen gerichteten Auge und ihre eigene Person nur durch die Perspektive anderer sehen können, ohne sich ihrer eigenen Gefühle und Einstellungen bewusst zu sein. Hier ist wie bereits erwähnt die Förderung der Innenschau notwendig. Tatsächlich schließen sich jedoch Extraversion und Innenschau nicht aus, sondern bedingen einander: Nur derjenige kann offen und unbeschwert auf andere zugehen, der sich seiner eigenen Gefühle wohl bewusst ist und diese akzeptiert. Extravertierte mit einer mangelhaft entwickelten Fähigkeit zur Innenschau riskieren, sich in der Außenwelt zu verlieren. Eine gut entwickelte Sicht auf sich selbst und seine eigenen Gefühle hilft jedoch nichts, wenn man nicht in der Lage ist, sich anderen frei zuzuwenden.

Eine gehemmte Extraversion und Selbstsicherheitsprobleme sind stets mit einem entsprechend ungünstigen Selbstbild verbunden. Eine gedankliche ‹Umprogrammierungsübung› kann unter Umständen dazu verhelfen, ein sichereres Selbstbild aufzubauen, was auch größere Fortschritte und größeres Zutrauen im Aufsuchen realer angsterzeugender sozialer Situationen ermöglicht.

Gedankliche Veränderung des Selbstbildes

Der Patient wird gebeten, sich eine gedankliche Vorstellung vom eigenen Selbst zu machen. Er soll möglichst darauf achten, wie er sich selbst in der Vorstellung wahrnimmt. Wie sieht er sich? Welche Haltung nimmt er ein? Er wird gebeten, Kommentare dazu abzugeben. Wie klingt seine Stimme? Danach soll der Patient das Bild seines eigenen Selbst in verschiedenen Vorstellungsmodalitäten verändern: z. B. macht er es größer, farbiger, heller. Er soll nun auch die Haltung entsprechend verändern sowie den Klang und die Lautstärke der Stimme, bis er das Gefühl hat, sich im neuen und stärkeren Selbst wohl zu fühlen. Dann wird er gebeten, an andere Menschen zu denken, die ihm wichtig sind. Er macht nun in der inneren Vorstellung zusätzliche «Bildschirme» auf, in die er die Bilder, welche die anderen Personen von ihm haben, hineinsetzt. Nun blickt er auf die inneren Bildschirme: Ein Bild zeigt das (ideale) Selbstbild, die anderen die Fremdbilder der anderen Personen über ihn. Der Patient soll sich nun fragen: «Welche Bedeutung will ich den einzelnen Bildern von mir und den Gedanken über mich beimessen?» Er soll die Bilder und Kommentare so einrichten, bis er ein gutes Gefühl hat. Dann soll er überprüfen, ob es Einwände gegen ein dermaßen verändertes Selbstbild gibt. Wenn ja, soll er diese Einwände berücksichtigen und eventuell die inneren Vorstellungen anpassen, bis er mit Überzeugung sagen kann: «*Jetzt habe ich ein Bild von mir, das stärker ist als alle anderen Bilder über mich.*» Schließlich soll sich der Patient mehrere Situationen in der Zukunft vorstellen, in denen er über dieses veränderte Selbstbild verfügen möchte. Er soll sich dabei vorstellen, wie er sich ganz konkret verhalten könnte, wenn er das veränderte Selbstbild in der Situation aktiviert. [81]

Liste mit positiven Eigenschaften

Die Patientin wird gefragt, ob sie jemanden kennt, den sie mag, in dessen Gesellschaft sie sich wohlfühlt und mit dem sie gerne zusammen ist. Wenn ja, wird sie weiter gefragt, welche Eigenschaften diese Person hat. Allgemeiner kann gefragt werden: «Was für Eigenschaften hat jemand, was tut derjenige, den Sie mögen?» Die Antworten werden von der Therapeutin notiert (Liste erstellen). Danach werden eigene Situationen der Patientin aus der Vergangenheit exploriert, in denen sie ansatzweise eines dieser Kriterien erfüllte. Wenn solche Situationen gefunden werden, wird ein Satz daraus formuliert. Dieser wird so lange umformuliert, bis die Patientin ihn unterschreiben könnte. Dieser und eventuell noch andere Sätze werden von der Therapeutin aufgeschrieben, von der Patientin anschließend abgeschrieben. Sie sollen von der Patientin als Hausaufgabe mehrmals täglich gelesen werden. Außerdem soll die Patientin täglich einen neuen Satz suchen, damit die Liste immer weiter wächst.

Zum Aufbau der Ressourcen Selbstwert und Selbstsicherheit ist es unerlässlich, dass Patienten beginnen, in der Realität neue und andersartige Erfahrungen zu machen, in denen sie sich als stärker, kompetenter, selbstsicherer, freier und gelassener erleben können. Ohne eine entsprechende systematische Erarbeitung eines Plans zur realen Bewältigung von zunächst gefürchteten und vermiedenen Situationen und zur anschließenden Durchführung – sei dies gemeinsam mit der Therapeutin oder alleine als Hausaufgabe – bleiben die vielleicht wichtigen Erkenntnisse nur Theorie und verändern letztlich wenig am Befinden des Patienten. Man sollte auch nicht vergessen, dass sich Gruppentherapien meist besser eignen zum Aufbau von Ressourcen im Bereich der Selbstsicherheit, der Extraversion und der sozialen Kompetenzen als Einzeltherapien.

Der Lohn einer gesunden Selbstsicherheit und einer frei verfügbaren Extraversionsfähigkeit ist groß. Beides ermöglicht Beziehungen zu anderen Menschen, die vielleicht größte Quelle des Wohlbefindens und der Gesundheit. Wer sicher auf beiden Beinen steht, kann sich aufrecht und ungehindert seiner menschlichen Mitwelt zuwenden und sich ohne soziale Angst an ihr erfreuen. Selbstsicherheit ermöglicht Verbundenheit.

Kontrollgefühl

Das Gefühl, die Kontrolle über das eigene Leben zu verlieren, fremdbestimmt zu sein, durch äußere Schicksalsschläge hin- und hergeworfen zu werden oder aufgrund eigener Schwäche oder negativen Denkens gänzlich ohne Einflussmöglichkeiten zu bleiben, können Vorläufer oder Merkmale schwerer neurotischer oder psychotischer Störungen darstellen. Das Bedürfnis nach Wiederherstellung der Kontrolle stellt nach Grawe den hauptsächlichen Grund dar, weshalb sich Patienten überhaupt in Psychotherapie begeben, da sie bisher die schmerzhafte Erfahrung gemacht haben, dass sie keinen Einfluss mehr auf ihre Symptome ausüben können und somit in ihrem Kontrollbedürfnis massiv eingeschränkt sind.[82]

Je nach den Erfahrungen, die ein Mensch im Laufe seines Lebens und insbesondere in der Kindheit macht, entwickelt er Annahmen darüber, inwiefern das Leben sinnvoll ist, ob eine gewisse Voraussehbarkeit und eigene Kontrollmöglichkeiten bestehen, und ob es sich lohnt, sich für seine Ziele einzusetzen. Diese Annahmen, die mehr emotionaler als mentaler Art sind, werden als das *Kontrollgefühl*, als *Kontrollüberzeugungen* oder als Kontrollmeinung bezeichnet.[83] Je sicherer das Kontrollgefühl ist, je mehr eine Person davon ausgeht, dass sie ihre Lebensumstände bis zu einem gewissen Grad selbst beeinflussen kann und es sich deshalb lohnt, wenn sie sich für ihre Ziele einsetzt, desto zuversichtlicher wird sie in die Zukunft schauen und desto weniger wird sie wegen möglicherweise auftretender Schwierigkeiten in Angst oder gar Resignation verfallen.

Es ist deshalb unmittelbar einleuchtend, weshalb ein hohes Kontrollgefühl mit subjektivem Wohlbefinden einhergeht. Die Überzeugung, in wichtigen persönlichen Zielen über keine eigenen Einflussmöglichkeiten mehr zu verfügen, reicht aus, um sich hilflos zu fühlen. Hilflosigkeit ist eines der zentralen Merkmale depressiver Störungen.[84] Wenn die Befriedigung wichtiger persönlicher Bedürfnisse wie derjenigen nach Liebe oder nach Anerkennung nur von anderen Menschen oder von zufälligen Lebensumständen abhängt, dann weiß ich mir nicht mehr zu helfen. Wenn es mir hingegen gelingt, eigene Einflussmöglichkeiten zu entwickeln, und wenn ich zunehmend daran glaube, diese effektiv einsetzen und somit meine Zukunft innerhalb bestimmter Grenzen selbst beeinflussen zu können, dann nimmt die Aussicht auf das Glück wieder zu. Das Kontrollgefühl stellt somit das gesunde Gegenstück zur Hilflosigkeit dar. Vielfach geht es in Psychotherapien für Patienten darum zu erkennen, dass sie selbst einen wichtigen Anteil besitzen am Verlauf ihres Schicksals und es möglicherweise zum Besseren verändern könnten, sofern sie sich dies wieder zutrauen.

Wenn Patienten prinzipiell nicht an die Beeinflussbarkeit ihres Schicksals glauben, z. B. weil sie davon ausgehen, dass sie der Willkür eines Gottes, der Natur oder anderer, stärkerer Menschen ausgeliefert sind, dann besteht eine wesentliche therapeutische Aufgabe darin, diesen Patienten zu einem realistischeren Glauben zu verhelfen (siehe unten: Religiöser Glaube und Spiritualität). Wenn Patienten denken, dass es prinzipiell schon möglich sei, sein Schicksal positiv zu beeinflussen, ihnen dies jedoch aus irgendwelchen Gründen nicht gelingt, dann gilt es in der Therapie herauszufinden, welches diese Gründe sind und wie sie verändert werden könnten.

In den meisten Fällen werden Patienten sagen, dass es ihnen in bestimmten Belangen, zum Beispiel bei der Arbeit, gut gelingt, sich für ihre

Ziele einzusetzen und das Gewünschte zu erreichen, dass es jedoch andere Bereiche gibt, zum Beispiel Liebe und Partnerschaft, in denen sie das Gefühl haben, sie könnten alles tun und nichts glücke. Hier gilt es, das gute Kontrollgefühl im Beruf als Ressource zu verwenden und herauszufinden, wie Patienten in diesem Bereich vorgehen und wie sich dieses Vorgehen unterscheidet vom Bereich der Liebe und Partnerschaft, in welchem sie nur ein geringes Kontrollgefühl besitzen. Möglicherweise wird sich zeigen, dass hier noch andere Ressourcen unterentwickelt und im Grunde genommen dafür verantwortlich sind, dass die Patienten in einem wichtigen persönlichen Bereich bisher keine ausreichende Erfahrung der eigenen Wirksamkeit erleben konnten.

Das Kontrollgefühl ist meistens diejenige Ressource, die in einer Psychotherapie als erste gestärkt werden sollte, bevor man sich überhaupt daran macht, an anderen Ressourcen zu arbeiten. Zur anfänglichen Stärkung des Kontrollgefühls in einer Therapie (Frank: «Remoralisierung») genügt es nicht selten bereits, eine klare Diagnose zu stellen und mit dem Patienten zu besprechen, weshalb er bisher nicht selbst in der Lage war, das Problem zu lösen. Das Stellen einer Diagnose – in welcher Form auch immer – ist seit alters her einer der ersten Schritte der Therapie. Der Patient braucht ein Erklärungssystem, das ihm Orientierung und Kontrollmöglichkeiten zurückgibt. Er wird vielleicht erkennen, weshalb es ihm zur Zeit noch nicht möglich ist, das Problem selbst zu bewältigen, aber er wird auch verstehen, dass das Problem prinzipiell verstehbar und damit auch lösbar ist, außer wenn eine Unheilbarkeits-Diagnose gestellt wird, was jedoch glücklicherweise in der modernen Psychiatrie nicht mehr vorkommt.

Es ist ferner ganz wichtig, dass Patienten bereits zu Beginn der Therapie kleine positive Veränderungsschritte erleben können, die ihnen das Gefühl der Kontrollierbarkeit ihrer Störung zurückgeben. Wenn die Diagnose richtig ist, wenn die für eine Heilung notwendigen Schritte eingeleitet werden, und wenn der Patient bereit ist, diese Schritte zu gehen, dann wird sich relativ rasch eine geringfügige Besserung einstellen, die dem Patienten Hoffnung und Zuversicht verleiht und ihm das verlorene Kontrollgefühl ein Stück weit zurückgibt. Dies bedingt jedoch, dass Therapeut(inn)en genau wissen, welche Heilungsschritte bei einem Patienten notwendig sind, und gleichzeitig in der Lage sind, Patienten zur richtigen Zeit mit den richtigen Schritten vertraut zu machen (siehe Kapitel 9). Der weitere erfolgreiche Verlauf einer Therapie wird davon abhängen, ob Patienten diejenigen realen Erfahrungen in ihrem Leben machen, die notwendig sind, um ihr verlorenes Kontrollgefühl immer stärker anwachsen zu lassen, so dass sie am Ende der Therapie sich wieder zutrauen, ihr Leben ohne psychotherapeutische Hilfe zu meistern.

Gelassenheit, Zuversicht und Heiterkeit

Der Befund, dass wenig neurotische Menschen glücklicher sind als neurotische – Neurotizismus etwas salopp definiert als die Tendenz, sich wegen aller möglichen Dinge Sorgen zu machen – ist an sich wenig überraschend, geht Neurotizismus doch einher mit einem erhöhten Ausmaß an negativen Gefühlen, die dem Glücklichsein entgegen wirken. Menschen, die dauernd in Sorge sind wegen wenig gefährlichen oder wenig wahrscheinlichen Ereignissen, machen sich ihr Leben unnötig schwer. Sie erleben viel mehr negative Emotionen, als eigentlich – objektiv oder retrospektiv betrachtet – notwendig wären. Diesen wichtigen Zusammenhang zwischen unnötigen Sorgen und fehlendem Glück hat Schopenhauer in seiner «Eudämonik» eindringlich betont:

> Die Ruhe der Gegenwart darf höchstens durch solche Übel gestört werden, die selbst gewiss sind und deren Zeitpunkt ebenfalls gewiss ist. Das sind aber höchst wenige: Denn entweder sie sind selbst bloß möglich, allenfalls wahrscheinlich, oder sie sind gewiss, aber ihr Zeitpunkt völlig unbestimmt, z. B. der Tod. – Wollen wir uns auf diese beiden Arten einlassen, so haben wir keinen ruhigen Augenblick mehr. Um nicht die Ruhe unsres ganzen Lebens an ungewisse oder unbestimmte Übel zu verlieren, müssen wir uns gewöhnen, jene anzusehen, als kämen sie nie, und diese, als kämen sie gewiss nicht jetzt.[85]

Neurotisches Denken zu erkennen, das unnötigerweise Angst und Sorge entstehen lässt, und es durch andere Gedanken zu ersetzen, stellt eine wichtige Aufgabe in vielen Psychotherapien dar. Von allen modernen Therapieformen beschäftigt sich die kognitive Therapie am stärksten mit dieser Aufgabe, indem sie die bisherigen automatischen Gedanken ins Bewusstsein hebt, diese auf ihre Rationalität hin überprüft und durch realitätsangepasstere Gedanken zu ersetzen versucht.[86] Aus einer erfolgreichen Überwindung des Neurotizismus entsteht *Gelassenheit:* Gelassenheit in Bezug auf das Eintreten unerwünschter Ereignisse.

Es gibt aber auch eine Gelassenheit in Bezug auf das Eintreten erwünschter Ereignisse. Neurotizismus in Bezug auf Positives besteht im ständigen gedanklichen Kreisen um das Ersehnte und bisher noch nicht Erreichte, was zu brennender Entbehrung und Unzufriedenheit mit den aktuellen Verhältnissen führt. Es ist therapeutisch kein leichtes Unterfangen, Patienten dabei zu helfen, unbegründete Sorgen und Ängste abzulegen; noch viel schwieriger ist es jedoch, sich aus der Umklammerung übermäßig starker Wünsche und aus dem unerfüllten Verlangen nach Befriedigungen, die einem gelassenen Leben in der Gegenwart entgegenstehen, zu lösen. Auch diese Seite des Neurotizismus war Schopenhauer wohl bekannt:

> Denn unermüdlich streben wir von Wunsch zu Wunsch, und wenngleich jede erlangte Befriedigung, soviel sie auch herhieß, uns doch nicht befriedigt, sondern meistens bald als beschämender Irrtum dasteht, sehen wir doch nicht ein, dass wir mit dem Fass der Danaiden schöpfen, sondern eilen zu immer neuen Wünschen [...] So geht es denn entweder ins Unendliche, oder, was seltener ist und schon eine gewisse Kraft des Charakters voraussetzt, bis wir auf einen Wunsch treffen, der nicht erfüllt und doch nicht aufgegeben werden kann: Dann haben wir gleichsam, was wir suchten, nämlich etwas, das wir jeden Augenblick, statt unseres eigenen Wesens, als die Quelle unserer Leiden anklagen können, und wodurch wir nun mit unserm Schicksal entzweit, dafür aber mit unserer Existenz versöhnt werden, indem die Erkenntnis sich wieder entfernt, dass dieser Existenz selbst das Leiden wesentlich und wahre Befriedigung unmöglich sei. Die Folge dieser letzten Entwicklungsart ist eine etwas melancholische Stimmung, das beständige Tragen eines einzigen großen Schmerzes und daraus entstehende Geringschätzung aller kleineren Leiden oder Freuden: folglich eine schon würdigere Erscheinung als das stete Haschen nach immer anderen Truggestalten, welches viel gewöhnlicher ist.[87]

Im Gegensatz zur Überwindung des Neurotizismus in Bezug auf unbegründete Sorgen hat sich die psychologische Forschung bisher erstaunlich wenig mit der Überwindung des Neurotizismus in Bezug auf das ständige Wünschen und Begehren beschäftigt. Sie untersucht zwar vordergründige Leidenschaften, die sogenannten «Süchte» (Alkoholsucht, Spielsucht, Tablettensucht, Arbeitssucht, Sexsucht, etc.), die oft schon aus einer gewissen Resignation heraus entstehen, wenig jedoch die darunter liegenden unerfüllten großen und eigentlichen Sehnsüchte. Wir werden im nächsten Kapitel auf dieses wichtige Thema zurückkommen. Vorerst bleibt festzuhalten, dass Gelassenheit zwei Seiten hat: Gelassenheit in Bezug auf den Eintritt unerwünschter Ereignisse und Gelassenheit in Bezug auf die Erfüllung erwünschter Ereignisse.

Die verbale Aufforderung an einen Patienten in der Therapie, optimistischer zu sein, wäre wohl genauso unsinnig wie der Ratschlag «seien Sie spontan!». Optimismus lässt sich nicht auf derart simple Weise vermitteln, da er einer grundlegenden Lebensperspektive entspricht. Optimistische Menschen sind deshalb glücklicher, weil sie tatsächlich daran *glauben,* dass sich die Dinge schließlich zum Guten hin wenden werden.

In der Psychotherapieforschung erwies sich die Fähigkeit von Therapeuten, ihren Patienten das Gefühl zu vermitteln, dass am Ende alles gut wird, als bedeutungsvoller Faktor für ein positives Therapieergebnis.[88] Durch die Vermittlung eines echten therapeutischen Optimismus kann der Patient unter Umständen aus seinem pessimistischen Kreislauf herausgerissen werden. Dies bedingt allerdings, dass Therapeuten tatsächlich von der potenziellen Wirksamkeit der Therapie und ihrer Interventionen überzeugt sind und an die Heilbarkeit der Störung des Patienten glauben.

Anstelle des Begriffs ‹Optimismus› bevorzuge ich den Ausdruck ‹Zuversicht›. Optimismus wird oft fälschlicherweise mit Stimmungsmache, krampfhafter Heiterkeit oder realitätsfremder Träumerei assoziiert. *Zuversicht* hingegen enthält den Kern dessen, was dafür verantwortlich ist, dass sich optimistische Menschen generell glücklicher fühlen: Sie glauben tatsächlich an eine positive Veränderung oder an ein Fortbestehen der guten Umstände. Im Falle von misslichen Situationen und Problemen bedeutet Zuversicht immer auch *Hoffnung*. Unglücklichsein ist mit einer verlorenen Hoffnung verbunden (vgl. Kapitel 4). Der Ausstieg aus dem Unglück beginnt mit der Entwicklung von neuer Hoffnung. Werden Hoffnung und Zuversicht mit der Zeit zu einer überdauernden Eigenschaft der Persönlichkeit, zu einer sicheren Ressource, so kann wohl dafür derjenige Begriff verwendet werden, den Schopenhauer am stärksten mit dem Glück in Verbindung bringt: *Heiterkeit.*

> Nichts ist seines Lohnes sicherer als die *Heiterkeit:* Denn bei ihr ist Lohn und Tat eines. Nichts kann so wie sie jedes andre Gut sicher und reichlich ersetzen. Ist einer reich, jung, schön, geehrt, so frägt sichs, ob er dabei *heiter* ist, wenn man sein Glück beurteilen will; umgekehrt aber ist er heiter, so ists einerlei, ob er jung, alt, arm, reich sei: Er ist glücklich. [89]

Patienten, die zuversichtlich sind, dass sich ihre Schwierigkeiten verändern lassen, die sich nicht allzu sehr sorgen wegen möglicher schlimmer Ereignisse und die keine quälenden unerfüllten Wünsche hegen, sind hinsichtlich der therapeutischen Ausgangslage anderen Patienten, welche diese Ressourcen nicht besitzen, deutlich im Vorteil. Es ist wichtig, dass Therapeutinnen erkennen, wenn Patienten hoffnungslos, in dauernder Sorge oder in Aufruhr wegen unerfüllter Sehnsüchte sind, und dass sie diese mangelnden Ressourcen in der Therapie zum Thema machen.

Im Fall von verlorener Hoffnung und mangelnder Zuversicht ist es zunächst ganz entscheidend, dass Therapeuten stellvertretend für ihre Patienten Hoffnung aufweisen und sie glaubhaft ausdrücken (sogenannte «stellvertretende Hoffnung», engl. *vicarious hope*). Zur Behandlung von übermäßigem Neurotizismus eignen sich die verschiedenen Techniken der kognitiven Therapie wie zum Beispiel eine ABC-Analyse nach Ellis, Identifizierung automatischer Gedanken und Bilder, Perspektivenwechsel, Disattribution, Realitätstests und der ‹sokratische Dialog›; aber auch durch die Hinwendung an eine höhere Macht im Gebet vermag der Patient, mehr Gelassenheit im Leben zu entwickeln und das lähmende

Gefühl abzulegen, ganz allein für das Gelingen und Misslingen des eigenen Lebens verantwortlich zu sein.

Religiöser Glaube und Spiritualität

Die Religiosität eines Patienten bleibt in vielen Psychotherapien ein blinder Fleck. Obschon rund 90 Prozent der Psychotherapeuten in den USA angeben, den religiösen Hintergrund ihrer Patienten zu erheben, behandeln nur 17 Prozent der sogenannt «eklektisch» arbeitenden Therapeuten, d. h. derjenigen Therapeuten, die sich keiner speziellen psychotherapeutischen Schule zugehörig fühlen und in den USA die Mehrheit stellen, religiöse oder transpersonale Themen in ihren Therapien.[90]

Tatsächlich bilden jedoch spirituelle Erfahrungen von Patienten oft den Anlass zu wichtigen Veränderungen in der Therapie. In einer schwedischen Studie wurde mit Patienten, die sich in Psychotherapie befanden, ein umfangreiches Interview zu ihren religiösen Überzeugungen, ihrem Gottesbild und ihren spirituellen Erfahrungen durchgeführt. Dieses Interview, das eigentlich gar nicht zur Therapie gehörte, stellte rückblickend für viele Patienten das wichtigste Ereignis im Verlauf ihrer Psychotherapie dar.[91]

Angesichts des positiven Zusammenhangs zwischen Religiosität und Lebenszufriedenheit kann es Psychotherapeuten nicht gleichgültig sein, welche religiösen Vorstellungen ihre Patienten aufweisen. Therapeuten sollten sich auch für die Religiosität ihrer Patienten interessieren und ihnen hier genauso unvoreingenommen und offen begegnen wie in anderen wichtigen Lebensbereichen. Es scheint manchmal, dass in der Psychologie und Psychotherapie durch die auf Freud zurückgehende Betonung pathologischer Aspekte der Religiosität unverhältnismäßig viel Gewicht auf die negativen gegenüber den förderlichen Aspekten von Religion und Spiritualität gelegt wird.

Deshalb sollte in einer Psychotherapie auch abgeklärt werden, was für eine Beziehung Patienten zur Religion und zur Spiritualität haben. Ist der religiöse Glaube ein wichtiges Element im Leben des Patienten? Woran glaubt die Patientin? Gibt der Glaube Kraft und Hoffnung, oder drückt er den Patienten nur noch stärker nieder, indem er zu Schuldgefühlen und einem schlechten Gewissen führt? Glaubt die Patientin an einen ‹Gott›, an eine allmächtige Kraft, an ein Leben nach dem Tode, an ein sinnerfülltes Leben *vor* dem Tode? Glaubt sie an eine tiefere Bedeutung von schicksalhaften Ereignissen? Fühlt sie irgendeine Beziehung zu ‹Gott›? Was möchte die Patientin glauben können? Besitzt die spirituelle Seite des Lebens irgend eine Relevanz für sie?

Solche und ähnliche Fragen können im Gespräch zwischen Patient und Therapeut helfen, auch offen über diesen Bereich des Lebens zu sprechen, der im Alltag oft vermieden wird. Therapeuten, die sich nicht wohl fühlen in einer Rolle als «Seelsorger», sollten diesen Bereich trotzdem nicht aus der Therapie ausklammern, sondern zumindest abklären, ob er für den Patienten wichtig ist oder nicht. Für einige Patienten stellt der religiöse Glaube eine wichtige Ressource dar, die über schwierige Situationen hinweg helfen kann und eine stärkere Gelassenheit und Zuversicht ermöglicht. Für andere Patienten hingegen ist der Glaube belastend; statt dass er eine Ressource darstellt, ist er Teil des Problems. Gerade in einem solchen Fall ist es unerlässlich, in einer Psychotherapie an diesem Thema zu arbeiten.

Wie soll eine Therapeutin mit ihren Patienten an der Ressource ‹Religion und Spiritualität› arbeiten? Zunächst erscheint mir auch hier eine klare Diagnose wichtig: Ist der religiöse Glaube des Patienten eher eine Ressource oder eher ein Problem – oder weder noch? Manche Patienten interessieren sich nicht für religiöse oder spirituelle Fragen. Diese Patienten glauben meistens an ein materialistisches Weltbild mit einem endgültigen Ende nach dem Tod, was sie aber nicht weiter beunruhigt. Sie wollen jetzt leben und das Beste aus ihrem Leben machen, solange sie es noch besitzen. Bei diesen Patienten ist es meist nicht nötig, spirituelle Aspekte zum Thema der Therapie zu machen. Dies wäre in vielen Fällen sogar schädlich und würde völlig an den Erwartungen der Patienten vorbeigehen. Hier genügen die Fragen in der Ressourcen-Checkliste, um sich als Therapeut ein Bild über die Wichtigkeit oder eben Unwichtigkeit dieses Themas für den Patienten zu machen. Gelegentlich kommen aber solche Patienten in Therapie, nachdem ein naher Angehöriger gestorben ist, oder wenn sie mit dem eigenen Tod konfrontiert werden: Dann stellen sich sehr wohl religiöse Fragen, die der therapeutischen Bearbeitung bedürfen.

Bei anderen Patienten spielt die Religiosität jedoch eine wichtigere Rolle in der Therapie – oder sie würde es, wenn sich der Therapeut an dieses Thema heran getraute! Bei Patienten, die an einen ‹Gott› oder an eine ‹höhere Macht› glauben, ist es wichtig herauszufinden, ob sie sich durch ihren Gott geliebt und angenommen fühlen. Es ist weniger entscheidend, was für ein theologisch-philosophisches Weltbild sie im Kopf haben, wichtiger ist das Gefühl gegenüber ihrem ‹Gott›. Menschen, die sich von einer höheren Macht geliebt und akzeptiert fühlen, fühlen sich meist auch frei von Schuldgefühlen und zwanghaften Gedanken.

Spirituelle Gefühle der Liebe und des Angenommenseins durch eine als göttlich empfundene Macht stellen eine überaus starke Ressource dar, die zwar nicht vielen Menschen im Leben zuteil wird, auf die zu verzichten mir jedoch voreilig erscheint. Manche wissenschaftlich aufgeklärte Psychotherapeuten halten es vielleicht für überholt, Patienten durch den religiösen Glauben heilen zu wollen. Ich bin jedoch der Meinung, dass Psychotherapeuten bei denjenigen Patienten, die Ansätze zur Entfaltung spiritueller Ressourcen in ihrem Leben erkennen lassen, diese Ansätze unbedingt nutzen und weiter fördern sollten. Hilfreiche Strategien dazu sind in der psychotherapeutischen Literatur durchaus vorhanden. [92]

Bei Patienten, die einen positiven und hilfreichen Glauben haben, können besonders in schwierigen Situationen religiöse Ressourcen durch Ritual und Gebet aktiviert werden, um ihnen Kraft zu geben, bedrohliche Situationen zu bewältigen. In einigen Fällen kann es sogar sinnvoll sein, wenn Therapeut und Patient gemeinsam beten, sofern das Gebet für den Patienten eine bedeutungsvolle Handlung darstellt, was natürlich vorher abgeklärt werden muss. Gerade in starken Angstsituationen kann die Hinwendung zu einer höheren Macht, die den Patienten im Leben wie im Tode trägt, große Erleichterung bringen und ein äußerst wirksames Therapeutikum darstellen. Aufgrund von Berichten von Patienten vermute ich, dass bei schweren Phobien, die mit einer starken Unkontrollierbarkeit der Situation einhergehen (z. B. Flugangst), das Gebet die wirksamste therapeutische Intervention überhaupt darstellt.

Nun kommt es nicht selten vor, dass sich gerade diejenigen Patienten in Therapie befinden, die Probleme mit ihrem religiösen Glauben haben, die unter einem strengen Gottesbild leiden und sich von ihrem Gott verurteilt und verlassen fühlen. Bei einigen Therapeuten löst dies vielleicht den Reflex aus, solche Patienten von allem religiösen Aberglauben befreien zu wollen. Eine solche Strategie wäre jedoch falsch. Patienten, die unter einem übermäßig strengen Gottesbild leiden, wollen meistens nicht «befreit» werden von Religiosität und Spiritualität. Ganz im Gegenteil, es handelt sich dabei um Patienten, für die der Glaube eine wichtige Bedeutung besitzt und somit auch eine potenziell machtvolle Ressource darstellt. Diese Patienten stellen große Herausforderungen an die therapeutische Kunst: Was soll man tun, wenn Patienten zwar an Gott glauben, aber nur göttliche Ablehnung und Verurteilung spüren, wenn sie sich vor Gott und seinem Zorn fürchten oder das Gefühl haben, von Gott verlassen worden zu sein, weil sie so schlecht und so böse sind?

Es erscheint mir dabei wichtig, dass Therapeuten mit Überzeugung und Glaubwürdigkeit die Haltung vertreten, dass das negative Gottesbild und die belastenden Schulgefühle nicht der Realität entsprechen, sondern dass Gott in Wahrheit allliebend ist und den Patienten oder die Patientin uneingeschränkt annimmt wie er oder sie ist. Therapeuten können gegenüber Patienten, die unter einem negativen Gottesbild leiden, durchaus die religionskritische Haltung der Psychoanalyse vertreten, dass dieses Gottesbild eine Projektion von Schuldgefühlen darstellt, jedoch ohne grundsätzlich die Realität eines göttlichen Seins in Frage zu stellen. Der Gedanke, dass ‹Gott› im Grunde wohl ganz anders ist, als die Menschen ‹ihn› sich vorstellen, kann Patienten mit religiösen Problemen helfen, sich von starken «Über-Ich-haften» Projektionen zu lösen.

In dem Maße, in dem es diesen Patienten gelingt, erstens ihr eigenes Ich zu stärken und es zweitens uneingeschränkt zu akzeptieren, wird sich ihr negatives Gottesbild verändern. Zu machtvollen Änderungen des Gottesbildes kann auch das imaginäre Zwiegespräch mit ‹Gott› im Rahmen einer Zwei-Stühle-Technik beitragen, wobei der Patient abwechselnd die Rolle des kritischen, beurteilenden, richtenden oder strafenden Gottes auf dem einen Stuhl und diejenige des beurteilten, gerichteten, «bösen», bestrafenswürdigen Selbst auf dem anderen Stuhl einnimmt, um die beiden Anteile zunehmend miteinander zu versöhnen und gleichzeitig den strengen inneren Richter Stück um Stück zu entmachten.

Ist die Haltung gegenüber gläubigen Patienten, dass es ein göttliches Sein gibt, das in seiner unendlichen Güte den Patienten bedingungslos liebt, ein therapeutischer «Trick»? Die Antwort auf diese Frage hängt vom Weltbild des Therapeuten ab. Wenn Therapeuten selbst nicht daran glauben, diese Haltung aber glaubhaft vermitteln, dann ist es ein Trick. Wahrscheinlich ist es aber äußerst schwierig, eine solche Haltung glaubhaft zu vermitteln, ohne dass ein gewisses Maß an Echtheit des Therapeuten daran beteiligt ist. Wenn ein Therapeut es sich aufrichtig wünscht, an ein solches Weltbild glauben zu können, dann stellt dies bereits eine wichtige Ressource des Therapeuten dar, um Patienten mit Problemen in diesem Bereich helfen zu können. Das Gute an dieser Haltung liegt darin, dass eine unethische Missionierung des Patienten unmöglich ist, denn wie kann eine negative Beeinflussung stattfinden, wenn es einzig und allein darum geht, sich von Gott geliebt und akzeptiert zu fühlen?

Jede andere religiöse Beeinflussung durch den Therapeuten ist abzulehnen, insbesondere Ansätze, die eine «Neugeburt» des Patienten fordern, ein «Abschwören» des alten Lebens oder eine psychische «Umpolung», wie sie etwa von christlich-fundamentalistischen Kreisen zur «Behandlung» Homosexueller, die Probleme mit ihrer sexuellen Orientierung haben, angewandt werden. Solche Glaubensvorstellungen sind äußerst gefährlich und können Patienten in große seelische Not stürzen. Jede religiöse Beeinflussung des Patienten durch den Therapeuten, die auf eine wie auch immer geartete moralische «Verbesserung» abzielt, ist untherapeutisch und in höchstem Maße unethisch.

Die bisher aufgeführten, für die seelische Gesundheit verantwortlichen Ressourcen lassen sich relativ direkt aus der psychologischen Wohlbefindensforschung ableiten, wie sie in Kapitel 6 dargestellt wurde. Da diese Art der Forschung jedoch keineswegs alle möglichen Ressourcen systematisch untersucht hat, sondern vielmehr aus psychologischen Forschungsprogrammen hervorgeht, die nur bestimmte, meist einfacher zu messende Variablen untersuchen und andere vernachlässigen, kann diese Liste von persönlichkeitsorientierten Ressourcen nicht vollständig sein und wird es wohl auch niemals gänzlich sein.

Aufgrund der Tatsache, dass Glück auslösende Erfahrungen und Erlebnisse (vgl. unten Kapitel 9), wenn sie mit einer dauerhaften Qualität der Persönlichkeit verbunden sind, auch als Ressourcen betrachtet werden können, zum Beispiel wenn kreatives Schaffen (Glück auslösender Prozess) aus einer kreativen Persönlichkeit (persönlichkeitsbezogene Ressource) hervorgeht, lassen sich ferner die folgenden persönlichkeitsorientierten Ressourcen in enge Verbindung bringen zum Erleben von Lebenszufriedenheit und seelischer Gesundheit:

Liebes- und Beziehungsfähigkeit: die Fähigkeit, positive zwischenmenschliche Beziehungen aufrechtzuerhalten und zu vertiefen und damit verbundene Eigenschaften wie Liebenswürdigkeit, Friedfertigkeit, Geduld, Gewissenhaftigkeit, Fähigkeit zu Zärtlichkeit und Nähe, etc. Während Extraversion das Eingehen von Beziehungen erleichtert, sind für die Aufrechterhaltung und die Vertiefung von Beziehungen darüber hinaus weitere Qualitäten erforderlich, die im nächsten Kapitel unter dem Heilfaktor des Annehmen- und Geben-Könnens von Liebe und Vertrauen ausgeführt werden. Die als Ausdruck von Liebes- und Beziehungsfähigkeit zu betrachtenden Ressourcen sind in der Ressourcen-Checkliste unter den Nummern 27–37 aufgeführt.

Mut und Willenskraft: Menschen, die über viel Mut verfügen, sich in Situationen zu begeben, die noch unbekannt und deren Ausgang ungewiss ist, und die ein großes Maß an Willenskraft aufweisen, einen als richtig erkannten Weg zu gehen und konsequent einzuhalten, besitzen für die psychische Gesundheit höchst bedeutsame Ressourcen. Damit hängt der Heilungsprozess der Angstüberwindung und Selbstbefreiung zusammen (vgl. Ressourcen-Checkliste Nr. 38–41).

Kreativität und Schaffenskraft: Menschen, die in einer bestimmten Richtung oder in vielerlei Hinsicht kreativ tätig sind, ihren Horizont erweitern und sich intellektuell, musisch-künstlerisch, sportlich, emotional oder spirituell weiterentwickeln wollen, besitzen eine für das psychische Wohlbefinden zentrale Ressource, die mit dem Heilungsprozess des kreativen Tätigseins zusammenhängen (vgl. Ressourcen-Checkliste Nr. 42 und 43).

Somit wird die enge Verflechtung und oftmals etwas willkürliche theoretische Unterscheidung von sozialen Ressourcen (z. B. Partnerschaft, Familie, Freunde), persönlichkeitsbezogenen Ressourcen (z. B. Beziehungsfähigkeit) und Heilungsprozessen (z. B. Liebe geben und empfangen) deutlich. Alle Heilungsprozesse, die mit den in diesem Kapitel genannten Ressourcen zusammenhängen, werden im nächsten Kapitel ausführlicher behandelt.

Bei allen Patienten, die an psychischen Störungen leiden, ist eine oder sind meist mehrere der Ressourcen mangelhaft ausgeprägt und bedürfen der Förderung und des Aufbaus, damit die psychische Störung überwunden werden kann. Ich stimme Michael Argyle zu, der betont, dass es Leute gibt, die durchwegs glücklicher sind als andere, trotz Variationen der Stimmung, verursacht durch verschiedene Ereignisse und Situationen, genauso wie andere Menschen durchwegs depressiver sind.[93]

Womit dies zusammenhängen könnte, ist nun kein Rätsel mehr: Es kommt in erster Linie darauf an, wie gut die persönlichkeitsbezogenen Ressourcen eines Menschen ausgeprägt sind. Bei sehr guten sozialen Ressourcen ist fast jeder Mensch glücklich. Wenn jedoch gleichzeitig wenig persönlichkeitsbezogene Ressourcen vorhanden sind, bleibt dieses Glück stets gefährdet, denn «weltliche Güter» können von der launischen Fortuna gnadenlos entrissen werden. Weitaus glücklicher ist der Mensch, der sein Glück auf festem Grund baut, der die Ressourcen seines Lebens in seiner eigenen Persönlichkeit verankert.

9. Psychische Heilungsprozesse

Nachdem bisher die therapeutischen Einflussmöglichkeiten auf das längerfristige, habituelle Wohlbefinden untersucht wurden, stellt sich nun die Frage, wie das Glück kurzfristig in der Psychotherapie gefördert werden kann, indem Erfahrungen herbeigeführt werden, die das aktuelle Wohlbefinden der Patienten erhöhen. Nach Bradburn hängt habituelles Wohlbefinden mit dem Verhältnis zwischen dem Erleben von positiven und negativen Emotionen zusammen.[94] Je mehr positive und je weniger negative Emotionen jemand erlebt, desto glücklicher und zufriedener ist diese Person längerfristig. Das Erleben von kurzfristigen Glücksgefühlen führt somit längerfristig zu einem verbesserten habituellen Wohlbefinden, wenn die Bedingungen für das Glück erkannt und wiederholt werden können.

Ich werde in diesem Kapitel versuchen, auf der Grundlage der in Kapitel 6 dargestellten psychologischen Befunde zum Glück als Gefühl der Freude und der Erfüllung die wichtigsten psychischen Heilungsprozesse abzuleiten. Die Gleichsetzung von Glückserfahrungen und psychischen Heilungsprozessen erfolgt aufgrund der Annahme, dass seelische Gesundheit und Glücksfähigkeit gleichbedeutend sind und somit das Erleben von Glück nicht nur Ausdruck von Glücksfähigkeit, sondern auch von seelischer Gesundheit ist (vgl. Kapitel 2).

Die Glückspsychologie weist zunächst auf einen wichtigen Auslöser von Glücksgefühlen hin:

1. Im Verlauf des Lebens gesetzte Grenzen überwinden sowie Stärke und Selbstvertrauen gewinnen, indem man sich willentlich Bewährungssituationen mit ungewissem Ausgang stellt

Dieser Prozess ist eng verbunden mit dem Erleben von Stärkegefühlen, Selbstsicherheit, der Nähe zu sich, zum «wahren Kern» und zum eigenen Körper sowie dem Gefühl von Freiheit und Selbstbestimmung wie dies in Befragungen zum subjektiven Glückserleben oft zum Ausdruck kommt.

Ereignisse und Handlungen, deren Ausgang ungewiss sind und in denen man ernsthaft mit einem Misserfolg rechnen muss, denen man sich aber trotzdem stellt und die schließlich erfolgreich bewältigt werden, können zu intensiven Glücksgefühlen führen. Dieser Heilungsprozess vermag die große Bedeutung und den Erfolg von Expositionstherapien bei Angststörungen zu erklären, in denen die gefürchteten und vermiedenen Situationen wiederholt aufgesucht werden, bis sich die Angstreaktion immer mehr abschwächt. Doch der Heilungsprozess der Selbstbefreiung und Angstbewältigung ist noch weit umfassender.

Jeder Mensch lernt im Verlauf seines Lebens, insbesondere in den Zeiten der Kindheit und Jugend, dass gewisse Eigenarten seiner Persönlichkeit von nahen und wichtigen Menschen sowie von der weiteren sozialen Umwelt geschätzt, gefördert und belohnt werden, während andere persönliche Eigenarten auf Ablehnung stoßen und bestraft werden. Durch diesen formenden Einfluss der Umwelt in der Art einer Widerspiegelung unserer eigenen Persönlichkeit, entwickeln wir ein Bild von uns selbst, was an uns gut und liebenswert und was an uns schlecht oder minderwertig ist. Welche Eigenschaften gefördert und welche bestraft werden, hängt von den in einer Familie und in einer kulturellen Gemeinschaft herrschenden Überzeugungen ab sowie von den Persönlichkeitseigenschaften und den damit verbundenen Lebenserfahrungen der wichtigsten Bezugspersonen.

Die soziale Umwelt schränkt schon von früh an die Fülle der in unserer Persönlichkeit enthaltenen angeborenen Potenziale ein, und ist bestrebt, Einfluss darauf zu nehmen, dass wir nur gewisse Anlagen zur Entfaltung bringen und andere unterdrücken. Da die mitgebrachten Anlagen und die herrschenden sozialen Erwartungen nicht perfekt miteinander übereinstimmen, sind wir als noch ungeborenes Kind einem Kuckucksei vergleichbar, das in ein fremdes Nest gelegt wurde, und sobald wir ausschlüpfen, müssen wir erfahren, dass wir nicht ein Kuckuck sein dürfen, sondern dass man aus uns einen Sperling machen will. Da wahrscheinlich kein Mensch mit den genau gleichen Anlagen geboren wird, und da in keinen zwei Familien genau die gleichen Bedingungen herrschen, besteht bei uns Menschen die allergrößte Vielfalt in Bezug auf das Aufeinandertreffen von mitgebrachtem Potenzial und von äußeren Einflüssen der Förderung oder Behinderung.

Um im Leben glücklich zu sein, ist eine dieser beiden Bedingungen erforderlich: Entweder treffen unsere angeborenen Anlagen auf eine sehr förderliche soziale Umwelt, die im Idealfall keine Aspekte unserer primären Persönlichkeit unterdrückt und keine brach liegen lässt, oder aber – falls wir nicht unter solch hervorragenden Bedingungen aufwachsen dürfen – wir lernen im weiteren Verlauf unseres Lebens, wer wir im Grunde eigentlich sein könnten, welche unserer Persönlichkeitseigenschaften bisher gefördert und welche behindert wurden und was es braucht, um unterentwickelte, vermiedene, gefürchtete oder missachtete Persönlichkeitseigenschaften auszudrücken.

Diese Sichtweise von Entwicklung bedeutet nicht, dass nur die Außenwelt unseren Charakter formt. Vielmehr erfolgt die Persönlichkeitsentwicklung im Prozess einer ständigen, oftmals sehr subtilen Wechselwirkung zwischen den Erwartungen und Verhaltensweisen anderer, unserer Wahrnehmung davon, unseren eigenen Reaktionen darauf, den Wahrnehmungen unserer Reaktionen durch die Bezugspersonen und deren Reaktionen auf unsere Reaktionen usw. Grundlegend dabei ist einerseits die Annahme, dass wir andere Menschen benötigen, um uns gleichsam als Spiegelbild selbst erfahren zu können, denn ohne die Reaktionen anderer auf uns können wir kein Selbstbild entwickeln, und andererseits, dass wir nicht als *tabula rasa,* als leere Persönlichkeiten, auf die Welt kommen, sondern dass sich Menschen bereits vor der Geburt durch ihre angeborenen Eigenschaften in hohem Maße voneinander unterscheiden.

Es hat etwas zutiefst Beglückendes an sich, die Fesseln der eigenen Persönlichkeit zu sprengen, und den Mut aufzubringen, bisher unterdrückte oder vernachlässigte Persönlichkeitsanteile zum Ausdruck zu bringen. Dies ist jedoch oft ein sehr schwieriges Unterfangen, weil es einen Sprung über den eigenen Schatten erfordert. Der «Schatten» steht für alle vermiedenen und nicht selten gefürchteten Anteile unserer Persönlichkeit. Doch durch das Wagnis, sich im eigenen Selbstausdruck neu und anders zu erleben, kann das Wunder eines inneren Wachstums geschehen, einer neu gewonnenen Größe. Es handelt sich dabei um ein Nachwachsen jener Bereiche des Selbst, die bisher klein geblieben sind.

Auch auf diesen Prozess der Überwindung von Widerstand wies Schopenhauer mit großer Menschenkenntnis hin:

> Sich zu mühen und mit Widerstand zu kämpfen ist das wesentlichste Bedürfnis der menschlichen Natur: Der Stillstand, der allgenugsam wäre im ruhigen Genuss, ist ihm etwas Unmögliches: Hindernisse überwinden ist der vollste Genuss seines Daseins: Es gibt für ihn nichts Besseres. Die Hindernisse mögen nur materieller Art sein, wie beim Handeln und Treiben, oder geistiger Art, wie beim Lernen und Forschen: der Kampf mit ihnen und der Sieg über sie ist der Vollgenuss seines Daseins. [95]

Der Sprung über den eigenen Schatten gelingt nur, wenn man ihn mit einem starken Willensentschluss anpackt. Psychologische Handlungstheoretiker vergleichen diesen Prozess mit Cäsars Überschreitung des Rubikon. Es findet ein Wechsel statt von einer ‹Lageorientierung› in eine ‹Handlungsorientierung›. [96] Ohne diesen Willensakt bleibt jede Veränderung nur laue Möglichkeit. Nur durch den Energieschub des eigenen

Willens (nicht desjenigen des Therapeuten!) gelingt es Patienten, aus krankmachenden Teufelskreisen auszubrechen.

Dies gilt auch für die Süchte, die sogenannten «Krankheiten des Willens». Das Problem bei einer Sucht besteht nicht darin, dass es am Willen fehlt, der Wille ist ausgesprochen stark, nur leider auf ein längerfristig selbstzerstörerisches Ziel gerichtet. Statt den Willen auf den Konsum des Suchtmittels zu richten, erfordert ein Ausstieg aus dem Teufelskreis der Sucht, den Willen umzulenken und ihn auf ein Ziel hin zu steuern, das zwar in weiterer Ferne liegt als das Suchtmittel, jedoch einen weitaus größeren Reichtum verspricht.

Voraussetzung für den Willensentschluss, über den eigenen Schatten zu springen, ist ein gewisses Ausmaß an Vertrauen in sich selbst und in die Möglichkeit, auch mit einem Scheitern leben zu können. Hier muss der Therapeut oder die Therapeutin zunächst bei der «Remoralisierung» ansetzen. Eine psychische Wiederaufrichtung des Patienten hat zum Ziel, dass er wieder Mut und Vertrauen in sich selbst und in sein Leben fassen kann. Die Remoralisierung ist kein Heilfaktor, sondern eine therapeutische Strategie (bzw. ein Wirkfaktor, vgl. Kapitel 10), welche zum Ziel hat, das Vertrauen des Patienten in die eigenen Stärken und den Glauben an die Veränderbarkeit seines aktuellen Leidens zu fördern. Auf der Grundlage dieses neu gewonnenen Zutrauens in sich selbst findet der Patient den Mut, schwierige und schmerzhafte Schritte zu gehen, die zum heilenden Gefühl der Befreiung und der erweiterten Stärke und Selbstsicherheit führen.

In der wunderbaren Geschichte «Aus dem Leben eines Taugenichts» beschreibt Joseph von Eichendorff, wie sich der Held aufmacht, aus den beengenden Verhältnissen seiner elterlichen Mühle in die weite Welt aufzubrechen. Obschon jeder Aufbruch den meisten Menschen zunächst Angst macht, weil Altes und Vertrautes zurückgelassen werden müssen und man noch nicht weiss, was das Unbekannte bringt, spürt der Aufbrechende doch die Freude auf das Neue und Verheißungsvolle. Der Taugenichts hat keine Angst, er besitzt das selige Vertrauen, dass aus seinem Aufbruch etwas Gutes wird, und er hat den Mut, alles Gewohnte hinter sich zu lassen und sich ins Unbekannte hineinzubegeben.

> Ich hatte recht meine heimliche Freud', als ich da alle meine alten Bekannten und Kameraden rechts und links, wie gestern und vorgestern und immerdar, zur Arbeit hinausziehen, graben und pflügen sah, während ich so in die freie Welt hinausstrich. Ich rief den armen Leuten nach allen Seiten recht stolz und zufrieden Adjes zu, aber es kümmerte sich eben keiner sehr darum. Mir war es wie ein ewiger Sonntag im Gemüte.[97]

Jede Heilung von psychischen Störungen erfordert einen solchen inneren Aufbruch, der kaum je mit einem derart hingebungsvollen Vertrauen wie beim Taugenichts erfolgt. Und doch ist in Therapien die Befreiung spürbar, wenn Patienten sich aufmachen, sich in bisher gefürchtete und vermiedene Erfahrungen hineinzubegeben und schlummernde Anteile ihrer Persönlichkeit zum Leben zu bringen. Ohne das Wagnis des Aufbruchs ins Unbekannte ist keine Selbstbefreiung möglich.

Ein weiterer Heilungsprozess hängt zusammen mit der von vielen Menschen berichteten uneingeschränkten Akzeptanz der eigenen Individualität im Glückserleben, mit einer positiven Selbstwahrnehmung und Selbstbewertung und einem Annehmen der anderen und der Welt überhaupt.

2. Die eigene Person, insbesondere zuvor abgelehnte Aspekte davon (z. B. bestimmte Gefühle oder Charakterzüge) sowie andere Menschen und ihre Schwächen, die Welt, wie sie ist, und das eigene Leben uneingeschränkt annehmen und bejahen

Die Tragweite und Radikalität dieses psychischen Heilungsprozesses sollte nicht unterschätzt werden. Man kann sich durchaus fragen, ob denn zum Beispiel die Gewaltbereitschaft anderer Menschen uneingeschränkt akzeptiert, bejaht oder gar geliebt werden soll. Eine erlittene Vergewaltigung? Folter? Krieg? Soll man Gewalt oder persönliche Verletzungen durch andere nicht vielmehr hassen und ablehnen, damit sie eingedämmt werden, damit man sich davon distanzieren kann?

Uneingeschränktes Annehmen der Dinge, wie sie sind, bedeutet nicht, dass man nie sagt «jetzt reicht's!». Wer ständig Verletzungen und Grenzüberschreitungen anderer akzeptiert und hinnimmt, macht sich schwach und selbst zum Opfer. Uneingeschränkte Akzeptanz erfolgt aus einer Position der Stärke heraus und bedeutet im Fall von Gewalt, dass man auch die Unfähigkeit anderer akzeptiert, sich ihrer Grenzen und ihres verletzenden, gewalttätigen Verhaltens bewusst zu sein. Erst auf der Grundlage der Akzeptanz, auf einem Sich-Eingestehen der bitteren Tatsache, dass vielleicht der geliebte Partner unfähig ist, eine liebevolle Beziehung einzugehen, ist eine wirksame Eindämmung seiner Grenzverletzungen möglich. Solange man es sich nicht eingestehen, solange man es nicht akzeptieren will, dass man zum Opfer einer lieblosen Aggression geworden ist, solange ist keine wirksame Befreiung davon möglich.

Beziehungen, die durch Gewalt eines Partners gegenüber einem anderen geprägt sind, sind oft deshalb so erstaunlich stabil, weil nicht nur der Täter, sondern auch das Opfer die Realität und das So-Sein des anderen

Partners nicht akzeptieren will. Wenn man einen Menschen wahrnimmt und akzeptiert, wie er ist, mit all seinen guten und schlechten Seiten, erwirbt man sich dadurch auch die Freiheit, möglicherweise zu akzeptieren, dass man mit einem solchen Menschen nicht länger zusammenleben will, ohne sich jedoch die eigene Zukunft durch Hass auf diesen Menschen verderben zu lassen.

Uneingeschränkte Akzeptanz gegenüber allem bedeutet somit nicht, alles zu erdulden und alles hinzunehmen, sondern alles so wahrzunehmen, wie es ist, ohne Beschönigung, aber auch ohne unnötige Ablehnung, und zur Realität, auch wenn sie hässlich oder schmerzhaft ist, ja zu sagen und sich damit zu versöhnen. Dies gilt besonders auch für die eigene Vergangenheit.

Im Fall von eigenen Schwächen bedeutet der Entwicklungs- und Heilungsprozess des Annehmens und Bejahens, dass man sich diese Schwäche zunächst in ihrem vollen Ausmaß eingesteht. Wie Juliana von Norwich betonte, kann eine Transformation aus einem Zustand des Leidens und der Schwäche hin zu mehr Freude und Selbstliebe nur dann stattfinden, wenn man völlig ehrlich ist, die eigenen Unsicherheiten, heimlichen Begierden, versteckten Fehler gänzlich akzeptiert und die Selbstverleugnung aufgibt.

Selbstakzeptanz bedeutet aber auch, sich dafür vergeben zu können, dass man diese Schwächen entwickelt hat, beispielsweise die Neigung zu übermäßiger Aggressivität oder eine nicht zu beherrschende Sucht, und sich trotz dieser Schwächen, trotz der Unfähigkeit, bisher das Problem erfolgreich in den Griff bekommen zu können, liebt und akzeptiert. «Alle Scham wird sich in ein Gefühl der Ehre und der Freude verwandeln», verspricht Juliana von Norwich, wenn man aufhört, sich selbst abzulehnen. Erst auf der Grundlage der ehrlichen und aufrichtigen Selbstakzeptanz wird es möglich sein, seine Fehler durch liebevolles Annehmen abzulegen. Als Folge einer gelungenen Bejahung seiner selbst, anderer oder des eigenen Lebens stellt sich ein Gefühl von Wärme, von Weichheit und Entspannung ein.

Paradoxerweise kann sich eine Heilung von psychischen Störungen oft erst dann ereignen, wenn man aufhört, gegen die Symptome anzukämpfen und wenn es gelingt, sie als Bestandteil der eigenen Persönlichkeit anzunehmen und zu bejahen. Wer zum Beispiel seine Schüchternheit und Befangenheit, seine Angst vor Peinlichkeit und vor sozialer Ausgrenzung ständig verleugnet und stattdessen ein Ideal der eigenen Perfektion aufbaut, dem man niemals genügen kann, wird so lange im Teufelskreis von sozialer Angst, Selbstabwertung und einem falschen Vollkommenheitsideal stecken bleiben, bis es gelingt, die abgelehnten

Scham- und Peinlichkeitsgefühle zuzulassen und sie liebevoll anzunehmen in der Erkenntnis, dass es keine Katastrophe ist, wenn man sich vor anderen blamiert. Wer gelernt hat, Gefühle der Wut zu unterdrücken, wird durch die Akzeptanz seiner Aggressivität und durch deren therapeutisch geleiteten Ausdruck zu mehr Stärke, Selbstsicherheit und Gelassenheit finden.

Auch Wunden und Verletzungen aus der Vergangenheit lassen sich heilen, wenn wir fähig sind, sie anzunehmen. Solange wir unsere schmerzhaften Kindheitserinnerungen verleugnen, solange wir an einem Bild festhalten, wie unsere Lebensgeschichte eigentlich hätte verlaufen sollen, statt die vergangenen Ereignisse anzunehmen, solange werden wir nicht frei für ein glückliches Leben in der Gegenwart. Oftmals schämen wir uns für das, was wir erlebt haben, oder wir sind voller Zorn über andere, die uns Schmerzen zugefügt haben. Vielleicht sind wir auch zornig über das Leben oder über Gott und enttäuscht, dass unser Leben nicht so verlaufen ist, wie wir es uns erträumt haben. Wenn es uns gelingt, ja zu sagen zu dem was war und was ist, und wenn es uns gleichzeitig gelingt, ja zu sagen zu unseren verlorenen Kindheitswünschen und zu unseren Träumen, können wir nicht nur die Schmerzen der Vergangenheit besser ertragen und vielleicht sogar loslassen, sondern öffnen uns auch für ein weniger belastetes Leben in der Gegenwart.

Auch der unschuldige «Taugenichts» in der Geschichte von Eichendorffs kann es nicht vermeiden, in die Verstrickungen der Welt hineinzugeraten, hin und her geworfen zu werden durch allerlei seelische Erschütterungen und amouröse Rankünen, die ihn beinahe von seinem Weg abbringen, die jedoch nie so mächtig werden, dass er seine Sehnsucht, seine Liebe nach der «schönen gnädigen Frau» vergessen oder verleugnen könnte. Der Taugenichts durchschaut nicht die Gesetze der Gesellschaft, er überlegt nicht, welches wohl die beste Strategie zum Ziel sein könnte, er lässt sich nicht entmutigen, weil seine Angebetete (angeblich) eine Gräfin und er nur ein einfacher Taugenichts ist, er bleibt im seligen Vertrauen und bewahrt seinen Traum.

Er träumt vom großen Glück und von der großen Liebe, und selbst in der Enttäuschung wagt er es, sich und seinen Gefühlen treu zu bleiben, er lässt sich verletzen und erlaubt sich seinen Schmerz, er weint, wenn er traurig ist, doch niemals verliert er den Mut und den Glauben, dass am Ende vielleicht doch noch alles gut werden könnte. In dieser beglückenden Haltung liegt die Kraft verborgen, sein eigenes Ich mit all seinen Wünschen vollkommen anzunehmen, nicht an den Widerwärtigkeiten der Welt zu verzweifeln und darauf zu vertrauen, dass die Träume letztlich nicht vergebens sein werden.

Mit diesen beiden Entwicklungsprozessen sind die psychischen Heilungsfaktoren noch lange nicht erschöpft. Eine Betrachtung der Glück auslösenden Bedingungen führt zu weiteren wichtigen Erkenntnissen hinsichtlich der Prozesse, die eine Transformation des Selbst hin zu mehr Glücksfähigkeit ermöglichen.

Eine wichtige Unterscheidung im Zusammenhang mit dem aktuellen Wohlbefinden betrifft diejenige zwischen erregteren und ruhigeren Formen des Glücks. Ruhe, Entspannung, Trance und Meditation können zum Nachlassen von negativen Gefühlen und zur Erholung des Organismus führen. In der Erholung und Entspannung kann Frieden erlebt und neue Kraft geschöpft werden. Aber auch in der Intensität der körperlichen Bewegung, beim Sport oder beim Tanz, können Glücksgefühle entstehen. Die Öffnung der Sinne, die Förderung sinnlicher Wahrnehmungen und die Ermöglichung angenehmer sensorischer Erfahrungen stellen wichtige Möglichkeiten zur Herstellung aktuellen Wohlbefindens dar. Viele Menschen berichten, sie erlebten Glücksgefühle beim sinnlichen Genuss des Schönen.

Es gibt Psychotherapeuten, die dem Leib eine eigene Weisheit zuschreiben, die Ängste und Blockierungen zu lösen vermag, so dass sich die körperliche Energie wieder ungehindert und auf natürliche Weise entfalten kann.[98] Das besondere an leiborientierten Psychotherapien besteht darin, dass der Verstand des Patienten zunächst umgangen wird, um direkt mit dem Körper zu spüren, wo Verspannungen, Blockaden und Grenzen sind und wo sich Lösungsmöglichkeiten eröffnen, wo die Energie hinfließen will. Auch in der Meditation wird vielfach ein Ausschalten und Zur-Ruhe-Kommen des kritischen Verstandesdenkens angestrebt, um Distanz zu verwirrenden Gedanken und Gefühlen zu gewinnen, und die Lebenskraft in größerer Unmittelbarkeit erfahren zu können.

Durch diese Techniken kann es gelingen, befreiende Empfindungen zu erleben und neue, erweiterte sensorische Wahrnehmungen zu machen. Aufgrund der engen Verbindung zwischen dem mentalen, dem emotionalen, dem physiologischen und dem sensorischen System führen veränderte sensorische Empfindungen zu physiologischen, emotionalen und zuletzt auch mentalen Veränderungen. Wenn es Patienten gelingt, sich ganz dem Körpergefühl zu überlassen und dabei den Strom des Lebens zu spüren, der sich ihrer willentlichen Kontrolle entzieht, können diese Erfahrungen zu mehr Lebendigkeit führen.[99]

Es handelt sich hierbei somit um einen psychischen Heilungsprozess, der stark mit der Körperlichkeit und Sinnlichkeit des Menschen verbunden ist:

3. Die eigene körperlich-sinnliche Lebendigkeit und die Lebendigkeit und Schönheit der Natur wahrnehmen und spüren in der bedenkenlosen Hingabe an die Lebensfreude und in der unmittelbaren Verbundenheit damit

Wie die Glückspsychologie festgestellt hat, sind angenehme sinnliche Erfahrungen in hohem Maße dazu geeignet, Gefühle des Wohlbefindens auszulösen. Allerdings fehlt bei der Nennung der Befunde zu den Zusammenhängen zwischen Lusterfahrungen und Wohlbefinden oft die in theoretischen Arbeiten über das Glück erkannte Dimension des Sich-Überlassens, der Hingabe, des Sich-Öffnens und des Sich-Verschenkens.

Die meisten Säuglinge verfügen über eine scheinbar ungehinderte Lebenskraft, die sich durch Schreien, Strampeln, Krabbeln, Glucksen und ein leuchtendes Lächeln äußert. Die gleiche expansive Energie spüren wir in der Nähe von wahrhaft glücklichen Menschen. Es ist die Aufgabe von Psychotherapie, im Prozess der psychischen Heilung diese ursprünglich grenzenlose, danach immer mehr und mehr gebundene und schließlich im psychischen Symptom gefangene Lebensfreude wieder zu entbinden und zu befreien.

Im Erleben von Glück zeichnet sich unsere Wahrnehmung nach Lersch durch besondere Plastizität, Präzision und Wachheit aus. Im Fluss einer allgemeinen Steigerung der Energie werden unsere Gedanken und Zielsetzungen neu geordnet. Wir öffnen uns für die Lebendigkeit und Schönheit der sinnlichen Welt. Dies sind die Kriterien, welche es ermöglichen, zwischen einer heilenden sensorisch-körperlichen Erfahrung und einer krankmachenden zu unterscheiden.

Wer ein Gespür für die Lebendigkeit des eigenen Körpers entwickelt, gerät nicht in die Nähe von Suchtmittelkonsum oder sexueller Gewalt. Solche Entwicklungen geschehen nur, wenn die Signale des Körpers unterdrückt werden. Beides sind Beispiele dafür, wie nicht akzeptierte, abgelehnte Schwächen ein Eigenleben entwickeln und entgegen den natürlichen Bedürfnissen des Organismus eine Grenze überschritten wird, die jenseits der Erfahrungen liegt, zu denen die Wahrnehmung der eigenen Lebendigkeit führen würde. Diese beiden Arten von sensorischen Erfahrungen führen weg von der Sinnlichkeit und der Lebendigkeit, weil man hier die Lebensenergie im Dienste von ichbezogenen Zwecken zu beherrschen versucht, statt sich ihr vertrauensvoll zu überlassen.

Das Mitschwingen des gesunden Individuums mit der Lebendigkeit und Schönheit der Natur ist kaum je überwältigender in poetische Sprache gekleidet worden als im *Taugenichts*. Wie es da blitzt und schwirrt und funkelt und fliegt, rauscht und säuselt und weht und klingt!

Es ist das Überfließen des Glücks, das goldene Leuchten der Freude und Heiterkeit, die uns in von Eichendorffs Naturschilderungen so innig berühren.

> Als ich aus dem Gesträuch wieder hervorkroch, neigte sich die Sonne zum Untergange. Der Himmel war rot, die Vögel sangen lustig in allen Wäldern, die Täler waren voller Schimmer, aber in meinem Herzen war es noch viel tausendmal schöner und fröhlicher![100]

Einen weiteren, in den Untersuchungen zum Glückserleben immer wieder genannten Auslöser für Glücksgefühle stellt der spontane Kontakt zu anderen Menschen dar: Glück in der Partnerschaft, mitmenschliche Gefühle der Liebe und ganz allgemein die Qualität der menschlichen Beziehungen. Dabei scheint vor allem der Aspekt der Zuwendung und Nähe besonders bedeutsam zu sein.

Schwarzer und Leppin unterscheiden verschiedene Formen des sozialen Rückhalts, wodurch das aktuelle Wohlbefinden gesteigert werden kann (vgl. Kapitel 6). In einer Psychotherapie wirkt der Therapeut als direkte Quelle von Wohlbefinden durch soziale Zuwendung und Nähe, indem er dem Patienten *emotionale Unterstützung* gibt durch das Äußern von Wertschätzung, Sympathie und uneingeschränkter Akzeptanz. Er bietet dem Patienten soziale Unterstützung selbst durch seine bloße *Anwesenheit,* die jedoch in der Regel auf die Therapiestunde beschränkt bleibt. Ein Therapeut gibt dem Patienten außerdem sogenannte «*informationelle Unterstützung»* durch Interventionen, Ratschläge und Hinweise, die dem Patienten beim Lösen seiner Probleme nützlich sind, und er bietet «*Bewertungs- und Einschätzungsunterstützung»,* die ihm eine realistische Einschätzung seiner Fähigkeiten, Interessen und Bedürfnisse ermöglicht.

Trotz des hohen Stellenwerts, den die therapeutische Beziehung im Denken der Vertreter verschiedenster Therapieschulen einnimmt, habe ich in den zahlreichen wissenschaftlichen Schriften dazu von ganz wenigen Ausnahmen abgesehen stets erfolglos nach dem Wort ‹Liebe› gesucht. Es mag sein, dass dieser Begriff zumindest im westlichen Kulturkreis allzu sehr eingeengt wurde auf die Bedeutung einer romantischen Bindung und man deshalb davor zurückschreckt, ihn in Verbindung zu bringen mit der ‹Arbeitsbeziehung› (engl. *working alliance*) zwischen Patient(in) und Therapeut(in), doch eigentlich ist es unvorstellbar, wie ein Therapeut oder eine Therapeutin einem Patienten oder einer Patientin helfen kann, wenn nicht beide Seiten ein gegenseitiges Gefühl der Liebe füreinander empfinden.

Mit Liebe meine ich hier beständige mitmenschliche Sympathie und Zuneigung, die über alltägliche Freundlichkeit und Anständigkeit hinausgehen, und die sich vor allem durch den Wunsch offenbaren, dem geliebten Menschen Gutes zu tun. Keinesfalls meine ich aber Verliebtsein, Erotik oder Sexualität. Liebe zeigt sich dadurch, dass wir uns durch das Leid des anderen berühren lassen und dass wir selbst Freude empfinden, wenn er oder sie Freude erlebt. Wir befinden uns in Resonanz mit der geliebten Person.

Eine treffliche Charakterisierung von Liebe findet sich in dem bereits erwähnten Buch von Pearsall über die hawaiianische Lebenskunst der *Aloha,* ein Wort, das viele Bedeutungen hat, unter anderen auch ‹Liebe›.[101] Eine Lebensweise, die voller *Aloha* ist, zeichnet sich aus durch die Verwirklichung von fünf Qualitäten: *ahonui* (Geduld, Zuverlässigkeit, Gewissenhaftigkeit, Beharrlichkeit), *lokahi* (Verbundenheit, Einheit, Nähe, Harmonie), *’olu’olu* (Liebenswürdigkeit, Friedfertigkeit, Gewaltlosigkeit), *ha’aha’a* (Demut, Bescheidenheit, Selbstlosigkeit, Kooperativität) und *akahai* (Sanftheit, Zärtlichkeit, Vertrauen). Es sind dies die Aspekte, die wahrhafte Liebe auszeichnen.

Übertragen auf die Therapiebeziehung bedeutet dies, dass der Therapeut diese Qualitäten der Liebe in der Beziehung zum Patienten zum Ausdruck bringen sollte, um dem Patienten dadurch zu ermöglichen, sich selbst und andere lieben zu lernen und diese Liebe in all seinen Beziehungen auszudrücken. Dies verlangt ein sehr hohes Maß an persönlicher Reife von Therapeutinnen und Therapeuten.

Ahonui bedeutet in der Therapiebeziehung, dass Therapeuten geduldig sind gegenüber ihren Patienten, dass sie gewissenhafte und verlässliche Partner sind, beharrlich in ihren Bemühungen um seelisches Wohlergehen des Patienten, und dem Patienten gegenüber ‹unbedingte Wertschätzung› zeigen, d. h. die unangenehmen und unschönen Seiten des Patienten als Ausdruck seines Unvermögens und Noch-nicht-anders-Könnens verstehen und geduldig darauf warten, bis der Patient sich getraut, zunehmend auf beziehungsschädigende Verhaltensweisen zu verzichten, und seine eigenen Bedürfnisse nach einer liebevollen Beziehung zum Ausdruck bringen kann.

Lokahi bedeutet, dass Therapeuten sich nicht in einer therapeutischen Rolle verstecken, sondern sich echt und unverstellt in die Beziehung zum Patienten einbringen. Nur auf der Grundlage von ungekünstelter Echtheit ist es möglich, sich als Therapeut auf eine nahe und tragfähige Beziehung mit seinen Patienten einzulassen. Laienberater haben gelegentlich einen besseren Zugang zu ihrer Echtheit und Verbundenheit mit Ratsuchenden als professionelle Psychotherapeuten, weil sie einen weniger überhöhten Anspruch an sich selbst aufweisen, in der Beziehung zu ihren Klienten ein «Experte» sein zu müssen. Wirkliche Expertise ergibt sich nicht aufgrund einer Rollendefinition, sondern aufgrund wirksamen Wissens und Könnens. Die auf Freud zurückgehende Haltung der Neutralität, die richtig verstanden einen notwendigen Bestandteil der Therapiebeziehung darstellt, wurde oft missverstanden als ein Sich-Heraushalten aus dem direkten, unmittelbar menschlichen Kontakt mit dem Patienten, und gilt nicht selten als Rechtfertigung für die eigenen Ängste von Therapeuten, sich ohne schützende Therapeutenrolle zu zeigen.

Um *lokahi* gegenüber einem Patienten auszudrücken, kommen Therapeuten nicht umhin, die scheinbar allwissende Therapeuten-Maske abzulegen und als Mensch einem anderen Menschen zu begegnen. Das bedeutet keineswegs, dass Therapeuten in der Beziehung nicht die Führung übernehmen dürfen, vielmehr führt ungekünstelte Echtheit oft zu sehr direkten therapeutischen Handlungen, weil die Äußerungen des Therapeuten nicht in den lähmenden Nebel einer intellektualisierenden Distanz gehüllt werden. Nur wenn Therapeutinnen und Therapeuten sich als die Menschen zu erkennen geben, die sie wirklich sind, kann seelische Verbundenheit entstehen in der Beziehung zu Patienten. Ohne die heilende Qualität der Verbundenheit und der vertrauensvollen Nähe bleibt die Therapiebeziehung weit hinter ihren Möglichkeiten zurück.

Therapeuten, die *'olu'olu* in der Therapiebeziehung verwirklichen, strahlen eine warme Herzlichkeit und eine heitere Liebenswürdigkeit aus. Ohne diese Eigenschaften besteht die ernsthafte Gefahr, dass Patienten in der Therapie Schaden erleiden, denn häufig suchen gerade solche Menschen therapeutische Hilfe auf, die in ihrer Kindheit und Jugend zu wenig Wärme und Herzlichkeit erlebten. Wenn nun auch der Therapiebeziehung diese Qualität fehlt, dann besteht für solche Patienten subjektiv nur wenig Anlass zur Hoffnung, jemals eine warmherzige, Geborgenheit spendende menschliche Begegnung erfahren zu können. *'Olu'olu* stellt das meines Erachtens wichtigste, unbedingt notwendige Grundprinzip jeden therapeutischen Handelns dar.

Aufrichtige Warmherzigkeit und Liebenswürdigkeit gegenüber Patienten, auch gegenüber schwierigen und ungemütlichen (hier ist viel Geduld erforderlich!), hat automatisch zur Folge, dass der Kontakt zwischen Therapeut und Patient zumindest von Seiten des Therapeuten her friedfertig und gewaltlos verläuft. Die Wahrscheinlichkeit ist außerdem hoch, dass auch potenziell gewalttätige Patienten sich weniger gewaltsam verhalten, wenn man ihnen mit Liebenswürdigkeit begegnet. Herzlichkeit schließt jedoch ein strenges Wort keinesfalls aus. Es gibt ausgesprochen warmherzige Therapeuten, die durchaus in der Lage sind, wenn nötig ihre Patienten hart zu konfrontieren, aber weil dies auf der Basis großer Wärme geschieht, besteht keine Gefahr einer Grenzüberschreitung.

Angesichts der überragenden Bedeutung der Herzlichkeit des Therapeuten für eine gelingende psychotherapeutische Behandlung ist es höchst erstaunlich festzustellen, welch geringe Beachtung dieses Prinzip bisher in der therapeutischen Ausbildung und in der Psychotherapieforschung gefunden hat.

Demgegenüber hat die Qualität der *ha'aha'a* wesentlich mehr Aufmerksamkeit genossen. Hierhin gehört die oft aufgestellte Forderung nach einem kooperativen Arbeitsbündnis zwischen Patient und Therapeut, in dem beide auf die gemeinsamen Ziele hinarbeiten und sich der Therapeut mit seinen eigenen Problemen weitestgehend zurücknimmt, um die Ziele des Patienten nicht zu gefährden. Therapeutische «Neutralität» bedeutet, dass der Therapeut bewusst eine bescheidene, demütige Haltung einnimmt und sich von allen egoistischen Tendenzen zurückhält. Therapeuten müssen alle ichbezogenen Wünsche an ihre Patienten zurücknehmen und dürfen keine Forderungen an sie stellen, die der Befriedigung ihrer eigenen Lebensziele dienen.

Natürlich bedeutet Selbstlosigkeit des Therapeuten nicht, dass er sich beispielsweise außerhalb der Sitzungszeiten verpflichtet fühlen muss, jederzeit für den Patienten da zu sein oder ihn gar gratis zu behandeln. Aber es bedeutet, dass der Therapeut keinen anderen Lohn von seinen Patienten erwartet, als die vereinbarte finanzielle Entschädigung. Es bedeutet auch, dass Therapeuten nicht gekränkt reagieren, wenn sie von einem Patienten schlecht behandelt werden, und dass sie nach bestem Wissen und Gewissen keine Scheinmanöver durchführen, zum Beispiel bei einer Wut auf den Patienten ein künstliches Lächeln aufsetzen und Wutgefühle weit von sich weisen, wenn der Patient möglicherweise etwas merkt. Gleichzeitig verbietet es die Demut in diesem Beispiel jedoch, dem Patienten gegenüber aggressiv zu reagieren. Eine selbstlose, demütige Haltung des Therapeuten führt hier dazu, dass er dem Patienten gegenüber ruhig und ehrlich gesteht, auf ihn wütend zu sein, und ihm auch erklärt warum.

Die therapeutische Verwirklichung von *akahai* ist weitgehend gleichzusetzen mit Empathie. Eine empathische Haltung gegenüber dem Patienten ist dadurch gekennzeichnet, dass der Therapeut einerseits weiß, wie sich der Patient fühlt, und andererseits versucht, ihm im Wissen um dieses Gefühl zu helfen. Es gibt tausend Möglichkeiten, einem Patienten im Fall eines schlechten Gefühls dabei zu helfen, sich besser zu fühlen, und im Fall eines guten Gefühls, dieses noch zu steigern oder aufrecht zu erhalten. Ob die gewählte therapeutische Intervention angemessen ist oder nicht, hängt davon ab, wie empathisch der Therapeut ist, d. h. wie richtig er das Gefühl des Patienten wahrnimmt und wie weise er darauf reagiert, indem er die Wirkung seiner Handlung am Patienten im Voraus richtig einzuschätzen versteht.

Akahai in der Therapie bedeutet aber auch, Patienten mit zärtlichem, liebevollem Humor zu begegnen. Therapeutischer Humor kann als machvolles Mittel zur Annahme von problematischen Seiten durch den Patienten genutzt werden. Insbesondere bei Schamgefühlen des Patienten erweist es sich als äußerst hilfreich, im Sinne einer «paradoxen Intention» (Viktor Frankl) die vom Patienten als lächerlich empfundenen und daher abgelehnten Seiten seines Selbst gerade besonders hervorzuheben und gemeinsam darüber lachen zu können, um so im Sinne des Heilungsfaktors des Annehmens und Bejahens das zuvor Abgelehnte in die Persönlichkeit zu integrieren.[102] Dies ist aber nur möglich, wenn Therapeuten auch über ihre eigenen Schwächen und Absonderlichkeiten lachen können und es auch tun, da sonst die Gefahr besteht, dass der Patient meinen könnte, man mache sich über ihn lustig.

Der therapeutische Humor sollte mit einer zwanglosen Originalität verbunden sein, indem der Therapeut im ständigen einfühlsamen Kontakt mit dem Patienten auch solche Gefühle in die Begegnung einbezieht, die normalerweise einer kulturellen Abwehr unterworfen sind (z. B. Schadenfreude oder Gier). Der Humor und das gemeinsame Lachen in der Therapie schaffen Distanz zu den Problemen und ermöglichen eine Einstellung größerer Gelassenheit. Außerdem fördert das Lachen das Gefühl für die Lebendigkeit und für die sorglose Lebensfreude.

Diese fünf grundlegenden Prinzipien, die zusammen eine liebevolle, heilende Therapiebeziehung schaffen, sind als die Grundbedingungen auf Seiten des Therapeuten zu betrachten, die für eine gute Psychotherapie notwendig sind. Für Menschen mit psychischen Problemen und Störungen stellt es eine äußerst machtvolle heilsame Erfahrung dar, mit Menschen in nahen Kontakt zu kommen, die ihnen gegenüber diese Art von Nächstenliebe ausdrücken. Gleichzeitig ermöglichen diese Erfahrungen dem Patienten, sich selbst und anderen Menschen gegenüber diese Liebe ausdrücken zu lernen.

Kein Mensch kann glücklich sein, ohne Liebe von anderen Menschen zu erhalten. Wer von wichtigen Bezugspersonen geliebt wird, ist gegen viele Widrigkeiten des Lebens gut gewappnet, weil er um seine eigene Liebenswürdigkeit weiß. Wer keine Liebe erhält, hat es schwer, sich selbst zu lieben, denn die anderen Menschen sind wie ein Spiegel für unser Selbst: Wenn keine Liebe widergespiegelt wird, können wir auch keine Liebe in uns selbst erkennen. Wenn wir nicht durch andere Menschen erfahren, dass wir geliebt werden, glauben wir nicht an unsere Liebenswürdigkeit.

Wenn Liebe fehlt in unserem Leben, dann kann dieser äußerst bedrohliche Zustand nur dadurch verändert werden, dass wir selbst lernen, anderen Menschen gegenüber Liebe auszudrücken. Man sollte sich in Therapien nicht so sehr damit beschäftigen, wie Patienten die in ihrem Leben fehlende Liebe von anderen erhalten könnten, sondern wie sie selbst diese fehlende Liebe anderen und sich selbst gegenüber ausdrücken können. Wer Liebe aussendet, wird auch Liebe zurückerhalten, sofern es sich um wirkliche Liebe im oben geschilderten Sinne handelt. Es stellt eine sehr heilsame Erfahrung dar, wenn Patienten willens und fähig sind, die oben genannten fünf Aspekte der *Aloha* auszudrücken, indem sie versuchen, anderen Menschen gegenüber gelassen, geduldig und verständnisvoll zu begegnen *(ahonui)*, echt, unverstellt, mit emotionaler Nähe und Verbundenheit *(lokahi)*, herzlich und liebenswürdig *('olu'olu)*, uneigennützig und vergebend *(ha'aha'a)*, einfühlsam, friedfertig, humorvoll und vertrauensvoll *(akahai)*.

Wenn es Patienten gelingt, diese Qualitäten nicht nur anderen Menschen, sondern auch sich selbst gegenüber zu verwirklichen, dann nähern sie sich der unbedingten Selbstakzeptanz an, die als zweiter Heilungsfaktor beschrieben wurde. «Ich meine», schrieb Christian Morgenstern etwas melancholisch und doppeldeutig im Hinblick auf die Liebe sich selbst und anderen gegenüber, «es müsste einmal ein sehr großer Schmerz über die Menschen kommen, wenn sie erkennen, dass sie sich nicht geliebt haben, wie sie sich hätten lieben können».[103]

Dieser wichtige therapeutische Heilungsprozess, der zu beglückenden persönlichen Beziehungen und zu einem Zustand der Freude und des Wohlbefindens führt, kann kurz folgendermaßen zusammengefasst werden:

4. Zwischenmenschliche Zuwendung, verlässliche Nähe, Vertrauen und Liebe empfangen und verschenken

Das Empfangen- und Verschenken-Können von Liebe, Vertrauen, Zuwendung und Nähe kann auch als kürzestmögliche Beschreibung der Liebes- und Beziehungsfähigkeit angesehen werden, eine für das psychische Wohlbefinden zentrale persönlichkeitsbezogene Ressource (vgl. Nr. 27–37 der Ressourcen-Checkliste).

Dass auch der Taugenichts ein sehr beziehungsfähiger Mensch war, der anderen mit Offenheit, Zuneigung, Vertrauen und Humor begegnete, zeigen seine zahlreichen Kontakte mit Schlossverwaltern, Dienstmädchen, Hofdamen, Landarbeitern, Musikanten, Malern und Geistlichen auf seiner Abenteuerreise. Er lässt sich berühren und anstecken durch die Eigenarten und die Interessen der anderen und lässt sich spontan und feinfühlig auf einen Kontakt mit ihnen ein. Als er zum Beispiel auf seiner Rückreise aus Italien einer Gruppe Studenten begegnet, bemerkt er: «Wie sie so sprachen, wurde mir so lustig in meinem Sinn, dass ich gleich auch hätte mit studieren mögen. Ich konnte mich gar nicht satt hören, denn ich unterhalte mich gern mit studierten Leuten, wo man etwas profitieren kann.»[104]

Eine weitere wesentliche Quelle des Glückserlebens besteht im Glück durch schöpferische oder kreative Tätigkeit. Ein immer wieder genanntes Merkmal glücklicher Menschen ist deren Produktivität, ein Aufgehen in den Tätigkeiten, die ihnen Freude und Erfüllung bereiten. Im Zustand des ‹Flow› vergessen wir nach Csikszentmihalyí uns selbst, unsere Umgebung und die Zeit und gehen völlig in der geliebten Tätigkeit auf. Durch diese Selbstvergessenheit lösen wir uns von den alltäglichen Beschränkungen unseres Geistes und können eine Art Bewusstseinserweiterung erfahren, die mit einem Gefühl der tiefen Zufriedenheit und der Sinnhaftigkeit verbunden ist.

Das Wissen um eine gelungene Schöpfung (z. B. nach dem Schreiben eines schönen Briefes oder nach dem Einpflanzen von Blumen im Garten) und der Spaß am kreativen Prozess (z. B. beim Singen eines Liedes, beim Schreiben eines Textes, beim Fotografieren, beim Planen einer Party) können zu einer freudigen, heiteren Stimmung führen. Es scheint, dass der Mensch eine angeborene Lust zum Schaffen besitzt, die nach Erfüllung drängt. Diese Lust an der Produktivität ist dann besonders groß, wenn etwas als schön und gut und besonders bedeutungsvoll erkannt wird, während das Schaffen von relativ unwichtigen, vergänglichen Dingen oder gar böse und schädigende Taten keine Glücksgefühle auslösen, sondern höchstens zu einer egoistischen Befriedigung führen. Kreativität ist eng verbunden mit Sinnhaftigkeit und mit dem Guten.

Neben der *Selbstvergessenheit,* die im kreativen ‹Flow›-Prozess eintreten kann, führt auch der Aspekt der *Schöpfung,* sei diese mehr oder wenig dauerhaft (wie im Fall einer Musikkomposition) oder vergänglich (wie beim Singen eines Liedes) zu Gefühlen des Glücks, die wahrscheinlich daher herrühren, dass man über sich selbst hinauswächst und die Ebene des objektiv Schönen und Guten berührt. Beide Aspekte der Kreativität – Selbstvergessenheit und Schöpfung – können zu intensiven Glücksmomenten führen und im Sinne eines psychischen Heilungsprozesses folgendermaßen zusammengefasst werden:

5. In einer geliebten Tätigkeit selbstvergessen aufgehen und im schöpferischen Prozess über sich selbst hinauswachsen

Wenn sich die Schöpfung auf den Ausdruck von Selbstanteilen bezieht, dann steht sie in enger Beziehung zum ersten, weiter oben genannten Heilungsfaktor, bei dem es um die Befreiung des Selbst aus den bisherigen Begrenzungen geht. Im produktiven Schaffen kann eine solche Selbstbefreiung erlebt werden. Zur Behandlung von psychischen Krankheiten wird der Heilungsprozess der kreativen Tätigkeit vor allem in der Ergotherapie (Arbeitstherapie) sowie in der Kunst-, Musik- und Tanztherapie genutzt.

Das musisch-freie Wesen des Taugenichts und seine Lust an kreativer Tätigkeit zeigt sich vor allem beim Geigenspiel, im Gesang und beim Tanzen. Stets führt er auf seinen Reisen die Violine in der Rocktasche mit, die er von zu Hause mitgenommen hat, und oft stimmt er ein Lied an, das seiner gegenwärtigen Stimmung Ausdruck verleiht, sei dies Gottvertrauen und Abenteuerlust («Wem Gott will rechte Gunst erweisen»), Liebessehnsucht («Wohin ich geh' und schaue») oder Heimweh («Wer in die Fremde will wandern»).

> Mir aber war es so sternklar im Herzen, wie damals an dem glückseligen Sonnabend, als ich am offnen Fenster vor der Weinflasche bis tief in die Nacht hinein auf der Geige spielte. Ich holte, da der Rumor gar kein Ende nehmen wollte, frisch meine Violine wieder hervor und spielte, ohne mich lange zu besinnen, einen welschen Tanz auf, den sie dort im Gebirge tanzen, und den ich auf dem alten, einsamen Waldschlosse gelernt hatte.[105]

Von großer Bedeutung für das Glückserleben sind erfolgreiche Handlungen. Viele Menschen berichten über Glücksgefühle, die sich aufgrund der Erkenntnis ergeben, durch selbständiges Handeln die Bedingungen für das Glück hergestellt zu haben. Wie bereits erwähnt, ist die erfolgreiche Bewältigung von besonders angstbesetzten oder schwierigen Situationen dazu geeignet, aktuelles Wohlbefinden hervorzubringen. Das Emotionsmodell von Lazarus ermöglicht ein vertieftes Verständnis für die Zusammenhänge zwischen Glücksgefühlen und erfolgreichen Handlungen (vgl. Kapitel 6).

Nach Lazarus müssen folgende Bedingungen erfüllt sein, damit ein Individuum ein Gefühl des Glücks erlebt: Es muss ein Ziel betroffen sein, das für das Individuum eine hohe Relevanz besitzt, das mit seinen grundlegenden Bedürfnissen übereinstimmt, und das Individuum muss außerdem die Erwartung haben, dass es dieses Ziel in Zukunft auch tatsächlich erreichen wird. Damit jemand diese Erwartung hat, muss er oder sie angemessene Fortschritte auf das Ziel hin machen, d. h. man muss immer mehr dessen erhalten, was man sich tatsächlich wünscht.

Aus dieser Konzeption des Glücks ergeben sich verschiedene bedeutungsvolle Erkenntnisse für die Psychotherapie. So erweist sich die Strategie, das eigene Anspruchsniveau zu senken, um Ziele besser erreichen zu können, so dass es eher und häufiger zu einem Erleben von Glück kommt, nur dann als sinnvoll, wenn das ersehnte Hauptziel beibehalten und das weniger anspruchsvolle Ziel als Teiletappe auf dem Weg dahin betrachtet wird.

Wenn das Hauptziel aber gänzlich aufgegeben wird zu Gunsten von einfacher zu erreichenden Zielen, zum Beispiel wenn jemand schweren Herzens auf das hohe Ziel einer Partnerschaft verzichtet und sich stattdessen mit anderen sozialen Beziehungen zufrieden zu geben versucht, ist dies dem Glück keineswegs förderlich, sondern führt zu Resignation und Depression. Bei vielen Patienten, die in Psychotherapie kommen, kann beobachtet werden, dass sie in Bezug auf ein hochrelevantes Ziel resigniert haben, was für Schopenhauer «eine schon würdigere Erscheinung als das stete Haschen nach immer anderen Truggestalten» darstellt.

Im Gegensatz zu einem Philosophen sollte sich ein Psychotherapeut jedoch nicht mit einem Zustand der würdigen Melancholie zufrieden geben. Eine glücksorientierte Therapie besteht gerade darin, die oft verborgenen oder verschütteten Ziele eines Patienten zu identifizieren und ihm das Gefühl zurückzugeben, dass er erstens ein Recht auf die Verwirklichung dieser Bedürfnisse hat und dass es zweitens im Rahmen seiner Möglichkeiten liegt, diese Ziele auch tatsächlich zu erreichen.

Damit gelangen wir an einen schwierigen Punkt: Was ist, wenn Patienten überhöhte Ziele aufweisen, die sie realistisch betrachtet gar nie erreichen können oder die nicht ihren angeborenen Anlagen entsprechen? Was ist, wenn der Lebensplan «interne Defekte» aufweist oder der falsche Weg zu dessen Verwirklichung gewählt wurde (vgl. dazu die Glückstheorie von John Kekes, Kapitel 5)? Und wie kann man unterscheiden zwischen wichtigen Wünschen, die durchaus realisierbar sind, sofern es dem Patienten gelingt, sein Erlebens- und Verhaltensspektrum im Verlauf einer Psychotherapie zu erweitern, und Wünschen, die nicht mehr im Bereich des für den Patienten Möglichen liegen?

Auf diese Fragen sollte nicht gleich der Therapeut eine Antwort zu geben versuchen, und schon gar nicht sollte er die Diagnose «unrealistische Wünsche» stellen; vielmehr könnte es ein wichtiges Therapieziel darstellen herauszufinden, ob ein bestimmter Wunsch des Patienten letztlich realisierbar ist oder nicht. Insbesondere wird es darum gehen herauszufinden, ob der Patient dazu neigt, in rastloser Suche von einem Wunsch zum nächsten zu eilen ohne je wirkliche Befriedigung zu erlangen.

Wenn sich ein Patient wirklich intensiv mit der Frage auseinander gesetzt hat, ob er ein bestimmtes Lebensziel tatsächlich erreichen will oder nicht, ob das Ziel seiner grundlegenden Persönlichkeit, seiner ‹wahren Natur›, entspricht oder nicht, ob er über die notwendigen Fähigkeiten zu dessen Erreichung verfügt oder sich diese noch anzueignen vermag und ob er bisher den richtigen Weg verfolgte oder ob eine Veränderung der Strategie zur Zielerreichung sinnvoll wäre, dann mag die mögliche Erkenntnis, dass das Ziel letztlich nicht erreichbar ist, zwar immer noch schmerzhaft sein, hingegen geschieht der Verzicht auf die Erreichung dieses Lebensziels nun auf einer ganz anderen Erfahrungsgrundlage als die voreilige Resignation aufgrund von Minderwertigkeitsgefühlen oder anderen persönlichkeitsbezogenen Defiziten.

Hier berühren wir den Unterschied zwischen der ‹Entsagung› und dem ‹Sich-Versagen› eines Wunsches. Goethe, dessen innigster Wunsch es viele Jahre seines Lebens gewesen war, ein bedeutender Maler zu werden, gelangte nach zahlreichen Versuchen und intensiven Anstrengungen in der bildenden Kunst zu der Erkenntnis, dass er das hierzu erforderliche Talent nicht besitze. Als er in der Mitte seines Lebens endgültig diesem Wunsch entsagte, war er bereits der bedeutendste deutsche Dichter seiner Zeit und ist es bis heute geblieben.[106]

So kann es geschehen, dass Patienten durch eine Psychotherapie ein vertieftes Verständnis für ihre eigenen Fähigkeiten – und vielleicht auch für ihre eigene Bestimmung – erlangen. Dadurch mag ein lange Zeit gehegter Wunsch, der sich nie verwirklichen wollte, auf einmal an Bedeutung verlieren, weil Patienten merken, dass sie eigentlich ganz andere Fähigkeiten besitzen, als sie immer dachten, und dass diese Fähigkeiten mit Zielen verbunden sind, die viel näher ihrer wahren Natur liegen als das lange vergeblich angestrebte Ziel. Auf diese Weise verändert sich die Bedürfnisstruktur durch das zunehmende Bewusstsein des Patienten in Bezug auf seine eigene Persönlichkeit.

Von entscheidender Bedeutung für eine psychische Gesundung des Patienten wird es sein, inwiefern es ihm gelingt, Gelassenheit gegenüber einer Entsagung zu entwickeln, weil er erkennen konnte, dass er andere Ressourcen besitzt oder andere Ziele, deren Erfüllung im Bereich des Möglichen liegen. Ebenso wichtig ist es aber, dass es dem Patienten gelingt, Lebensziele und innige Wünsche, deren Erreichung und Erfüllung durchaus im Bereich seiner Möglichkeiten liegen, zu einem gewissen Grad wieder loszulassen und glücklich und heiter leben zu können, selbst wenn diese Wünsche nicht (sogleich) in Erfüllung gehen. Nicht alles liegt in der Macht des Menschen, und selbst das größte Talent garantiert noch kein erfolgreiches Schicksal. Oder um wieder Schopenhauer zu zitieren:

Denn unser Lebenslauf ist keineswegs so schlechthin unser eignes Werk; sondern das Produkt zweier Faktoren, nämlich der Reihe der Begebenheiten und der Reihe unsrer Entschlüsse, [...] wir müssen nach Maßgabe der Umstände uns jeden Augenblick entschließen, in der Hoffnung es so zu treffen, dass es uns dem Hauptziel näher bringt: So sind die vorliegenden Umstände und unsre Grundabsichten zweien nach verschiedenen Seiten ziehenden Kräften zu vergleichen, und die daraus entstehende Diagonale ist unser Lebenslauf.[107]

Was meiner Erfahrung nach aber häufiger vorkommt in Psychotherapien als eine Überschätzung der eigenen Möglichkeiten zur Zielerreichung ist eine voreilige Resignation und das mangelnde Zutrauen in die eigenen Fähigkeiten, ein Ziel erreichen zu können, das durchaus im Rahmen der Möglichkeiten läge, sofern die bisherigen Hindernisse und Blockierungen auf dem Weg dahin – z. B. eine geringe Kontaktfähigkeit oder neurotisches Denken – überwunden werden könnten. Entscheidend für jede Art von Psychotherapie ist und bleibt in jedem Fall die Identifikation von hochrelevanten Zielen des Patienten.

Lazarus' Glückstheorie weist außerdem darauf hin, dass Glücksgefühle nicht durch die Vermeidung eines unangenehmen Zustandes ausgelöst werden können. So macht es therapeutisch keinen Sinn, Patienten vor unangenehmen Gefühlen oder angstbesetzten Situationen zu bewahren, indem diese bewusst aus der Therapie ausgeklammert werden. Bei besonders schwerwiegenden Problemen oder bei einer ganz schlechten psychischen Verfassung kann es zwar sinnvoll sein, Patienten einen Schonraum zu geben und sie zum Beispiel zu hospitalisieren oder sie mit der Verabreichung von Psychopharmaka vor sehr schmerzhaften und unangenehmen Gefühlen zu schützen. Dies kann aber nur der erste Schritt der Behandlung darstellen. Was darauf folgen muss, ist eine Suche nach den Annäherungszielen des Patienten, seinen Wünschen und Bedürfnissen und nach den Gründen, weshalb diese Ziele bisher blockiert waren.

Wenn ein Konflikt vorliegt zwischen einem Annäherungsziel (z. B. dem Wunsch nach einer befriedigenderen Arbeitsstelle) und einem Vermeidungsziel (der Angst vor beruflichen Veränderungen), muss therapeutisch das Annäherungsziel gestärkt werden, damit der Patient den notwendigen Willen dafür aufbringen kann, sich mit den bisher vermiedenen Zuständen auseinander zu setzen. Dies geschieht durch den Aufbau von Ressourcen, welche die Wahrscheinlichkeit des Eintritts des Vermeidungsziels reduzieren (z. B. soziale Kompetenzen, Zuversicht, Selbstvertrauen entwickeln). Die Konfrontation mit dem bisher vermiedenen Annäherungsziel und die erfolgreiche Bewältigung von bislang angstbesetzten Situationen führt zu Gefühlen von Wohlbefinden und Stolz.

Eine positive Zukunftserwartung in Bezug auf die Realisierung wichtiger Ziele führt nach Lazarus zum Erleben von Glück. Positive Zukunftserwartungen (Hoffnung, Zuversicht) stellen sich jedoch nur dann ein, wenn sich tatsächlich Schritte in die erwünschte Richtung ergeben. Rückschläge in die unerwünschte Richtung oder das Festsitzen in einer scheinbar aussichtslosen Situation erschweren dagegen die Entwicklung von Hoffnung und Zuversicht in Bezug auf die Zielannäherung.

Aus diesem Grund ist es in Psychotherapien ausgesprochen wichtig, dass schon von Anfang an kleine reale Veränderungsschritte in die vom Patienten erwünschte Richtung stattfinden. Zwischen den einzelnen Therapiesitzungen sollte sich das Wohlbefinden der Patienten verbessern. Die therapeutischen Aufgaben müssen deshalb den Fähigkeiten des Patienten angepasst sein, damit er tatsächlich Erfolgserlebnisse machen kann. Dabei sollte es auch nicht allein dem Patienten überlassen bleiben, wie und wann er die in der Therapiesitzung gewonnenen Erkenntnisse in die Praxis umsetzt; vielmehr sollte der Therapeut darauf achten, dass der Patient zwischen den Therapiesitzungen erfolgreiche Handlungen durchführen kann, damit er tatsächlich die Erfahrung einer kurzfristigen Verbesserung des aktuellen Wohlbefindens macht.

Die Auseinandersetzung mit der Lazarus'schen Glückstheorie hat somit zur Erkenntnis zweier weiterer psychischer Heilungsprozesse geführt:

6. Die für die eigene Persönlichkeitsentwicklung wichtigsten Lebensziele und Grundbedürfnisse erkennen und sich real daran annähern, indem die bestmöglichen Bedingungen für deren Realisierung geschaffen werden

7. Diejenigen Lebensziele loslassen können, die als nicht vereinbar mit der eigenen Persönlichkeit erkannt werden, und eine Haltung von Gelassenheit und Zuversicht hinsichtlich der Erfüllung derjenigen Lebensziele entwickeln, die durch eigene Anstrengung nicht direkt beeinflusst werden können

Beide Heilungsprozesse sind eng miteinander verbunden: Zunächst muss erkannt werden, welches die wichtigsten Lebensziele sind, und welche Lebensziele sich bei genauerer Betrachtung als überholt oder falsch für das eigene Leben erweisen. Dann ist es notwendig, dass die falschen Lebensziele losgelassen werden können und dass man erkennt, welche Bedingungen erfüllt sein müssen, damit sich die Wahrscheinlichkeit erhöht, die Lebensziele zu erreichen, die sich mit der wahren Natur vereinbaren lassen. Nun gilt es, diese Bedingungen auf dem besten und vielversprechendsten Weg herbeizuführen und diejenigen Aspekte der Lebensziele, die nicht beeinflusst werden können und vom Schicksal oder von anderen Menschen abhängen, gelassen hinzunehmen im Wissen darum, dass unser Lebensglück nicht allein in unserer Macht liegt.

Um loslassen zu können, ist eine Haltung der ‹Zwanglosigkeit› erforderlich. Wenn wir uns mit zu hohen, falschen Idealen überfordern oder uns kleiner machen, als wir eigentlich sind, werden wir unserer Natur und dem Leben nicht gerecht. Durch eine zwanglose Haltung uns selbst und unserem Schicksal gegenüber öffnen wir uns für das Leben, statt unser Leben in vorgegebene Bahnen lenken zu wollen. Indem wir an das Gute in unserem Leben glauben, es aber nicht erzwingen wollen, sind wir bereit, es dankbar anzunehmen, wenn es sich uns plötzlich darbieten sollte.

Auch hier können wir vom Taugenichts lernen. Er folgt seiner Sehnsucht, in die Welt hinauszuziehen und neue Erfahrungen zu machen. Schon bald merkt er aber, dass er eine noch größere Sehnsucht in sich verspürt, diejenige nach der «viel schönen hohen Frau». Zwar versucht er zunächst, diese Liebe zu vergessen, weil sie ihm unerfüllbar erscheint («Sie ist zu hoch und schön»), doch letztlich siegt die Liebe über seine Zweifel und über die Lust, in die Fremde zu ziehen, und holt ihn zurück in die Heimat («Die Liebe nur ohne Gleichen/Bleibt ewig im Herzen stehn»). Auch der Taugenichts gerät in Berührung mit falschen Idealen und Vorstellungen vom Leben, die er jedoch mit seinem reinen Herzen bald durchschaut («Ich nahm mir nun fest vor, dem falschen Italien mit seinen verrückten Malern, Pomeranzen und Kammerjungfern auf ewig den Rücken zu kehren, und wanderte noch zur selbigen Stunde zum Tore hinaus.»). Schließlich wird sein Glaube an das Glück und das Festhalten an seinem großen Traum vom Schicksal belohnt. Die vermeintliche Gräfin entpuppt sich als einfaches Mädchen, das auch den Taugenichts liebt.

> Nun war's mir doch nicht anders, als wenn mir ein Stein vom Herzen fiele! [...] – «O», rief ich voller Freuden, [...] «gleich nach der Trauung reisen wir fort nach Italien, nach Rom, da gehn die schönen Wasserkünste, und nehmen die Prager Studenten mit und den Portier!» – Sie lächelte still und sah mich recht vergnügt an, und von fern schallte immerfort die Musik herüber, und Leuchtkugeln flogen vom Schloss durch die stille Nacht über die Gärten, und die Donau rauschte dazwischen herauf – und es war alles, alles gut! [108]

Wenn wir wissen wollen, was Menschen glücklich macht, dann können wir einerseits auf soziale, umwelt- und persönlichkeitsbezogene Ressourcen schauen, die zu einem Gefühl der Lebenszufriedenheit führen, oder wir können nach den Bedingungen fragen, die Glücksgefühle auslösen.

Letztere gehören zu den intensivsten Erfahrungen, zu denen Menschen fähig sind, und führen hinaus aus dem Leiden, der Krankheit und der Dunkelheit hin zum Gefühl des Glücks, der Lebendigkeit und der Gesundheit. Es handelt sich bei den Glück auslösenden Prozessen gleichzeitig um die der menschlichen Seele angeborenen Selbstheilungskräfte, vergleichbar mit den biologischen Selbstheilungskräften des Körpers.

Die Heilungsfaktoren oder Heilungsprozesse stellen die lange gesuchten wirksamen «Ingredienzien» von Psychotherapien dar. Sämtliche Heilungsfaktoren können jedoch auch auf andere Art als durch Psychotherapie ausgelöst werden, zum Beispiel durch Lektüre und Arbeit an sich selbst, durch kreative Beschäftigung, durch eine gute, förderliche Erziehung, durch geistliche Seelsorge oder Meditation oder auch durch die Begegnung mit gewöhnlichen und außergewöhnlichen Menschen. Die Heilungsprozesse sind somit nicht spezifisch für die Psychotherapie, obwohl ich sie vor dem Hintergrund der Psychotherapie hergeleitet habe.

Es wäre auch sonderbar, wenn die menschliche Psyche ihre Selbstheilungskräfte an einer vergänglichen kulturellen Errungenschaft wie der Psychotherapie ausrichten würde. Die Psyche braucht keine Psychotherapie, um gesund zu werden, aber die Psychotherapie braucht die psychischen Heilungsprozesse, um Patienten zu seelischer Gesundheit zu verhelfen. Psychotherapie unterscheidet sich von anderen Möglichkeiten der Aktivierung der Heilungsprozesse dadurch, dass sie explizit eine seelische Heilung anstrebt, während dies zum Beispiel für die Kunst oder für die Erziehung nicht gleichermaßen der Fall ist; hier stellt psychische Heilung eher ein durchaus erwünschtes Nebenprodukt dar.

Eine Unterscheidung zwischen einem indirekten Weg der psychischen Heilung durch die Behebung von Störungen oder Krankheiten und einem direkten Weg durch die Förderung von Ressourcen und gesunden Anteilen in der Persönlichkeit des Patienten ist überflüssig: Es gibt nur *einen* Weg der seelischen Heilung, und dieser besteht in der Aktivierung der Glück auslösenden psychischen Heilungsprozesse.

Man darf dabei jedoch nicht vergessen, dass es zur Behandlung von psychischen Krankheiten immer erforderlich ist, sich auch auf höchst unangenehme Erfahrungen einzulassen, die zunächst noch gar keine Glücksgefühle auslösen. Bei der Therapie einer Magersucht (Anorexia nervosa) ist es beispielsweise notwendig, dass Patientinnen wieder die für sie höchst unangenehme Erfahrung der Nahrungsmittelaufnahme machen und vor allem die Dinge wieder essen, die sie am meisten verabscheuen. Trotzdem befindet sich eine solche Sichtweise nicht im Widerspruch zur Auffassung von psychischen Heilungsprozessen, wie ich sie hier vertrete.

Diejenige Erfahrung, die anorektische Patientinnen unter anderem machen müssen, um gesund zu werden, ist vor allem eine Selbstbefreiung und Angstbewältigung (der erste der oben aufgeführten Heilungsprozesse) – Selbstbefreiung von der exzessiven Ernährungskontrolle und Angstbewältigung in Bezug auf das Dickwerden und die damit verbundenen Befürchtungen. Dabei handelt es sich um einen wichtigen Heilungsfaktor, der zwar eine lange und höchst unangenehme Anlaufzeit benötigt, wenn aber anorektische Patientinnen in ihrer Psyche schließlich die Erfahrung machen können, dass sie es geschafft haben, die Angst vor dem Dickwerden zu überwinden, und sich somit befreit haben aus den Ängsten und Begrenzungen der Vergangenheit, sind sie geheilt. Insbesondere diesem ersten Heilungsprozess geht nicht selten erst einmal eine Phase des Schmerzes voraus, ehe er sich verwirklichen kann. Weshalb dies so ist, wird im letzten Kapitel deutlicher werden.

Die Aufzählung der sieben Heilungsprozesse sollte keinesfalls als vollständige und abschließende Liste betrachtet werden. Vielmehr stellt sie eine erste Annäherung an die Selbstheilungskräfte der Psyche dar, die weiter erforscht und selbst erlebt werden müssen. Es ist gut möglich, dass es weitere wichtige psychische Heilungsprozesse gibt, die sich nicht einem der hier erwähnten zuordnen lassen. Auch sollte man bei der Wirkung der psychotherapeutischen Heilungsfaktoren nicht an ein Dosis-Effekt-Modell im Sinne der medikamentösen Therapie denken. Weder führen mehr Heilungsfaktoren in einer Therapie zu einer stärkeren Besserung des Patienten noch lässt sich die Wirkung eines einzelnen Heilungsfaktors grundsätzlich steigern, wenn er häufiger und intensiver therapeutisch «angewandt» wird. Heilungsfaktoren können nicht appliziert werden wie ein Heilmittel, es handelt sich vielmehr um Entwicklungsprozesse, die untereinander verbunden sind und in der Psyche des Patienten stattfinden. Sie sind mit Ausnahme des Schenkens von Liebe und Nähe durch den Therapeuten nicht direkt beeinflussbar, weil sie vom Patienten abhängen, wohl aber indirekt über die therapeutischen Interventionen und Haltungen.

Therapeuten sollten sich immer fragen, was sie dazu beitragen können, damit derjenige Heilungsprozess, der im Moment für den Patienten am wichtigsten wäre, eintreten kann. Dies erfordert Sensibilität für den richtigen Zeitpunkt, klare diagnostische Erkenntnis für die Art des erforderlichen Heilungsprozesses sowie fachliche und zwischenmenschliche Fähigkeiten, die richtigen Interventionen in der richtigen Art und Weise vorzunehmen, damit die zur Heilung notwendige Erfahrung in der Psyche des Patienten eintreten kann. Die Heilungsprozesse sind wie das Glück: Sie lassen sich nicht erzwingen.

Die psychischen Heilfaktoren ermöglichen auch einen neuen Blick auf einige der in Kapitel 1 angesprochenen Fragen der kulturvergleichenden Psychotherapieforschung.

Aus der Perspektive der Heilfaktoren erscheint es für eine psychische Heilung des Patienten nicht so wesentlich, ob es gelingt, ein Gefühl der Ganzheit zu entwickeln, ein nach Pfeiffer wesentliches Merkmal moderner Psychotherapien, das in archaischen Therapien fehlt. Viel bedeutender ist es, ob es Patienten gelingt, aus den Beschränkungen der «alten» Persönlichkeit auszubrechen, in einer gewissen Weise ein neues und erweitertes Selbst aufzubauen und dabei die Erfahrung der Selbstbefreiung und der Selbstüberwindung zu machen. Das «alte Selbst» wird noch eine Zeit lang weiter existieren, und der Patient wird anfangs auch immer wieder in die alten Beschränkungen zurückfallen.

In unserer westlichen Kultur wird sich ein Mensch bemühen, seine Identität als ganzheitlich wahrzunehmen, um sich schließlich allein im «neuen Selbst» zu erkennen, das jedoch auch keine ewige Gültigkeit besitzen wird. In traditionellen oder östlichen Kulturen ist es verbreiteter, verschiedene Identitäten nebeneinander zu besitzen, was eine Befreiung aus den bisherigen Grenzen möglicherweise einfacher macht, weil kein grundsätzlich neuer Aspekt in das Selbst integriert werden muss, sondern weil einfach in eine weitere Rolle geschlüpft werden kann.

Aus diesem Grund halte ich Identitäts*konstruktion* für keinen entscheidenden therapeutischen Heilungsprozess, ganz im Gegensatz zur Identitäts*erweiterung,* die höchst bedeutungsvoll ist. Eine wichtige Ausnahme bildet hier allerdings die Schizophrenie: Wenn die Erkrankung darin besteht, eine diffuse oder gar keine Identität zu besitzen, dann muss diese erst einmal gestärkt oder aufgebaut werden. Möglicherweise müsste die Liste der Heilungsfaktoren in Bezug auf psychotische Erkrankungen erweitert werden. Selbstüberwindung und Selbstbefreiung kann erst stattfinden, wenn das Selbst stabil ist.

In traditionellen Gesellschaften ist der Heiler gleichzeitig das spirituelle Oberhaupt und wird öffentlich als Vaterfigur anerkannt, was für den westlichen Psychotherapeuten nicht gilt. Gleichzeitig spielt in primitiven Kulturen die Einbindung des Patienten in die kulturellen Gebote und in seine soziale Bezugsgruppe eine wesentliche Rolle im Heilungsprozess. Es ist anzunehmen, dass der Heilungsprozess des Empfangens von Liebe und des Erlebens von Verbundenheit viel leichter ermöglicht und viel machtvoller ist, wenn die ganze Sippe an der Heilung Anteil nimmt und wenn der Therapeut oder die Therapeutin einen hohen sozialen Status als Vater- oder Mutterfigur besitzt. Zudem wird die

Ressource der Spiritualität und des religiösen Glaubens gefördert, wenn Therapeuten zugleich religiöse Oberhäupter sind.

Wenn dagegen in westlichen Therapien die Autonomie gegenüber dem Therapeuten betont wird, so kann dies durchaus seine Berechtigung haben, denn möglicherweise ist bei einem bestimmten Patienten der Heilungsfaktor der Selbstbefreiung zu einem bestimmten Zeitpunkt stärker gefordert als das Erleben von Nähe und Vertrauen. In solchen Fällen kann es sinnvoll sein, wenn Patienten lernen, sich gegenüber ihren Therapeuten, die ja für sie meist auch Vater- oder Mutterfiguren darstellen, abzugrenzen und die Erfahrung der eigenen Stärke zu machen, ohne dadurch jedoch die Anerkennung des Therapeuten einzubüssen. Autonomie gegenüber dem Therapeuten an sich führt jedoch noch zu keiner Heilung. Nur wenn damit die Erfahrung der Selbstbefreiung und das Erleben der eigenen Stärke verbunden ist, setzt eine therapeutische Wirkung ein.

Die Gewinnung von Einsicht in die Krankheitsursache, die in vielen westlichen Psychotherapien oft betont wird, führt an und für sich auch noch zu keiner Heilung. Einsicht in die Gründe für die Störung kann jedoch dazu motivieren, Erfahrungen zu machen, die psychische Heilungsprozesse ermöglichen. Ohne Verständnis für die Notwendigkeit bestimmter therapeutischer Prozesse wird sich kein Patient dazu überreden lassen, sich auch unangenehmen Situationen und ungewohnten Erfahrungen auszusetzen. Erst die Verknüpfung der Heilmethoden mit den Krankheitsursachen ermöglicht eine Motivation des Patienten zur Veränderung. Insofern ist Einsicht in die Krankheitsursache eine unerlässliche Voraussetzung zur Aktivierung therapeutischer Heilungsfaktoren, sie führt jedoch allein noch zu keiner Heilung.

Die Wirkungsweise traditioneller Behandlungen wie die Gleichsetzung der Vergangenheit mit der «falschen» Lebensweise des Patienten und die symbolische Abtötung der Krankheit und der Vergangenheit, indem der Patient unter neuem Namen wiedergeboren und in die Gruppe reintegriert wird, kann durch die psychotherapeutischen Heilungsprozesse gut erklärt werden. Es handelt sich dabei um eine Kombination zwischen Selbstbefreiung (Abtötung der Vergangenheit und symbolische Wiedergeburt) und der Erfahrung, angenommen und geliebt zu werden (Reintegration in die Gruppe) mit der notwendigen Voraussetzung der Diagnosestellung und Krankheitseinsicht (Identifikation des Leidens mit der falschen Lebensweise).

Wie jedoch soll man sich die Wirkungsweise einer Behandlung erklären, in der ein Schamane die Seele des schlafenden Patienten zurückholt, nachdem sie von einem Dämon entführt worden ist? Oder wie erklärt man sich die Wirkungsweise der mechanischen Extraktion eines fremden Geistes?

Im zweiten Fall wird die Krankheit vom Patienten abgespalten und als etwas Fremdes interpretiert. Indem der böse Geist ausgetrieben wird, kann der Patient wieder das werden, was er eigentlich ist: gesund und heil. Meines Erachtens handelt es sich dabei um eine raffinierte Selbstbefreiung. Solange der Patient das Gefühl hat, er sei krank, ist die Krankheit in ihm. Wenn sie aber als etwas Ich-Fremdes erkannt und ausgetrieben wird, so kann der Patient gesund werden, da er dies ja eigentlich die ganze Zeit über schon war. Aus einer ressourcenorientierten Perspektive geht es in Therapien eigentlich nie darum, Patienten zu verändern; Patienten sollen vielmehr erleben können, dass sie über alle Gesundheit, die sie benötigen, bereits in sich selbst verfügen. Erstaunlicherweise ist somit die Geisteraustreibung in primitiven Kulturen ein ressourcenorientiertes Vorgehen, das mit den Heilungsprozessen der Selbstbefreiung wie auch mit der Wahrnehmung der eigenen Lebendigkeit und Gesundheit einhergeht.

Im Fall der Zurückführung der Seele würde ich den Heilungsprozess etwas anders interpretieren. Kranksein wird hier definiert als Verlust der Seele. Das Individuum erlebt sich deshalb als krank, weil es dasjenige verloren hat, das gesund und heil ist: seine Seele. Ohne Seele tritt Krankheit und schließlich Tod ein. Durch Rückverbindung mit der Seele kann das Individuum wieder Anteil nehmen an der Gesundheit und am Leben. Wenn der Patient seine Seele wieder hat, so besitzt er auch wieder körperliche und psychische Gesundheit. Durch die Rückverbindung mit seiner Seele erlebt der Patient das Gefühl der Gesundheit und der Lebendigkeit. Hier wird somit die gleiche Ressource entwickelt. Gleichzeitig kann der Patient loslassen, und er vertraut darauf, dass auch in Zukunft seine Seele wieder gefunden wird. Dadurch schöpft er Zuversicht und entwickelt Gelassenheit.

Schließlich soll noch darauf hingewiesen werden, dass durch Geständnis und Buße ebenfalls eine psychische Heilung eintreten kann, weil dies Selbstakzeptanz ermöglicht und das Gefühl stärkt, von Gott und von der Gemeinschaft geliebt und akzeptiert zu werden. Patienten, die an das Weltbild der katholischen Kirche glauben, können in der Beichte und Buße durchaus eine psychische Heilung erleben. In anderen Kulturen wird den Göttern ein Opfer dargebracht, um sich wieder mit ihnen zu versöhnen. Die Versöhnung mit dem Göttlichen bedeutet immer auch eine Versöhnung mit sich selbst, eine vertiefte Selbstakzeptanz. Problematisch werden Buße und Beichte jedoch dann, wenn ein Mensch sich ständig von Neuem verurteilt und das Gefühl entwickelt, gesündigt zu haben, so dass immer wieder neue Beichten und Bußen gefordert sind. Hier entwickelt sich eine potenzielle Heilmethode zu einem Zwangsritual, um die Angst vor göttlicher Verurteilung und das Gefühl der eigenen Schuldhaftigkeit zu kontrollieren.

Die Lösung aus diesem Teufelskreis finden wir bereits bei Juliana von Norwich: Der an Scham leidende Mensch soll lernen, sich selbst zu vergeben und zu erkennen, dass er zutiefst liebenswert ist. Die Aufgabe der Kontrolle und der Selbstverleugnung bildet die Voraussetzung für eine Heilung. Erst wenn die eigene Schwäche und die eigenen verborgenen Wünsche erkannt und akzeptiert werden, kann das Individuum erleben, dass es für die Liebe erschaffen wurde, in der es immerfort von Gott, vor dem es sich unnötigerweise fürchtet, beschützt wird. Der Heilungsprozess des Sich-Annehmens und -Bejahens kann nun seine Glück auslösende Wirkung entfalten.

So gelangen wir denn zum Schluss dieses Kapitels zur Erkenntnis, dass der Mensch offensichtlich über gewisse natürliche psychische Bestrebungen verfügt, die ihn zum Glück hinführen. Dabei handelt es sich um die Bereitschaft zur ständigen Veränderung, zum ständigen Aufbruch und zum Willen, sich auf neue, ungewohnte Erfahrungen einzulassen; um die zunehmende Akzeptanz und Erweiterung all seiner Möglichkeiten, insbesondere auch der zunächst ausgegrenzten Schattenseiten; um die Erfahrung seiner eigenen Lebendigkeit und die Wiederentdeckung seiner ursprünglichen Lebensfreude; um die liebevolle Berührung mit anderen Menschen; um die Erfahrung der eigenen Schöpferkraft und das Vergessen seiner selbst in produktiver Tätigkeit; um die tatkräftige Verwirklichung seiner Ideale und das Bewahren seiner Träume, sowie um das Vertrauen auf ein Eingebundensein in eine höhere Macht, die letztlich unser Leben trägt, so dass nicht wir allein dafür verantwortlich sind und deshalb alles ohne Sorgen auf uns zukommen lassen können.

Diese Prozesse sind die Merkmale einer gesunden, einer «richtig funktionierenden» Psyche. Wenn diese natürlichen Prozesse der psychischen Gesundheit gehemmt und blockiert werden, entstehen psychische Krankheiten. Wenn sie wieder befreit werden, kommt es zu einer psychischen Heilung. Wir gelangen am Ende dieses Kapitels auch zur erstaunlichen Feststellung, dass es zum Glücklichsein und zur psychischen Gesundheit eigentlich gar nicht so viel braucht: Es genügt, ein «Taugenichts» zu sein.

10. Die Wirkungsweise von Psychotherapie – ein integratives Modell

Es stellt sich nun die Frage, wie wir nach den bisherigen Ausführungen über das Glück und wie es therapeutisch gefördert werden kann eine zusammenhängende Sichtweise von Psychotherapie, psychischer Heilung, Glück und Ressourcen entwickeln können.

Ich habe versucht, auf der Grundlage des in den vorangehenden Kapiteln erarbeiteten Wissens ein solches integratives Modell psychischer Heilung zu entwickeln und graphisch darzustellen (siehe **Abbildung 1**). Obschon das Modell den Aspekt der psychischen Heilung in den Vordergrund stellt und die hauptsächlichen Prozesse beschreibt, die dazu führen, enthält es zugleich auch den zentralen Prozess, der eine Aufrechterhaltung einer psychischen Störung bewirkt, da eine Krankheitstheorie unerlässlich ist für die Definition von Psychotherapie und somit für jedes therapeutische Modell.

Beginnen wir mit den beiden sich überschneidenden Kreisen oben in der Mitte der Graphik. Der obere der beiden Kreise symbolisiert das ‹objektiv Gute›, die ewigen und unveränderlichen «höchsten Güter», die allein wirkliches und dauerhaftes Glück ermöglichen und die unabhängig von einem einzelnen Individuum bestehen. Der untere der beiden Kreise steht für das ‹subjektiv Gute› bzw. für all das, was ein einzelnes Individuum als angenehm, erstrebenswert und gut empfindet. Dort, wo sich die beiden Kreise überschneiden, wo sich das objektiv Gute und das subjektiv Gute berühren, sind die höchsten Ideale oder Grundbedürfnisse eines Individuums angesiedelt. Sie sind das «Eigentliche», das ein Mensch im Leben anstrebt, und zugleich sind sie absolut gut, denn sie sind nicht nur für ihn selbst erstrebenswert, sondern haben Teil an dem, was auch für alle anderen Menschen gut ist. Beispiele solcher Grundbedürfnisse sind das Bedürfnis nach Liebe, nach Freiheit, nach Gemeinschaft, nach Stärke oder nach Geborgenheit.

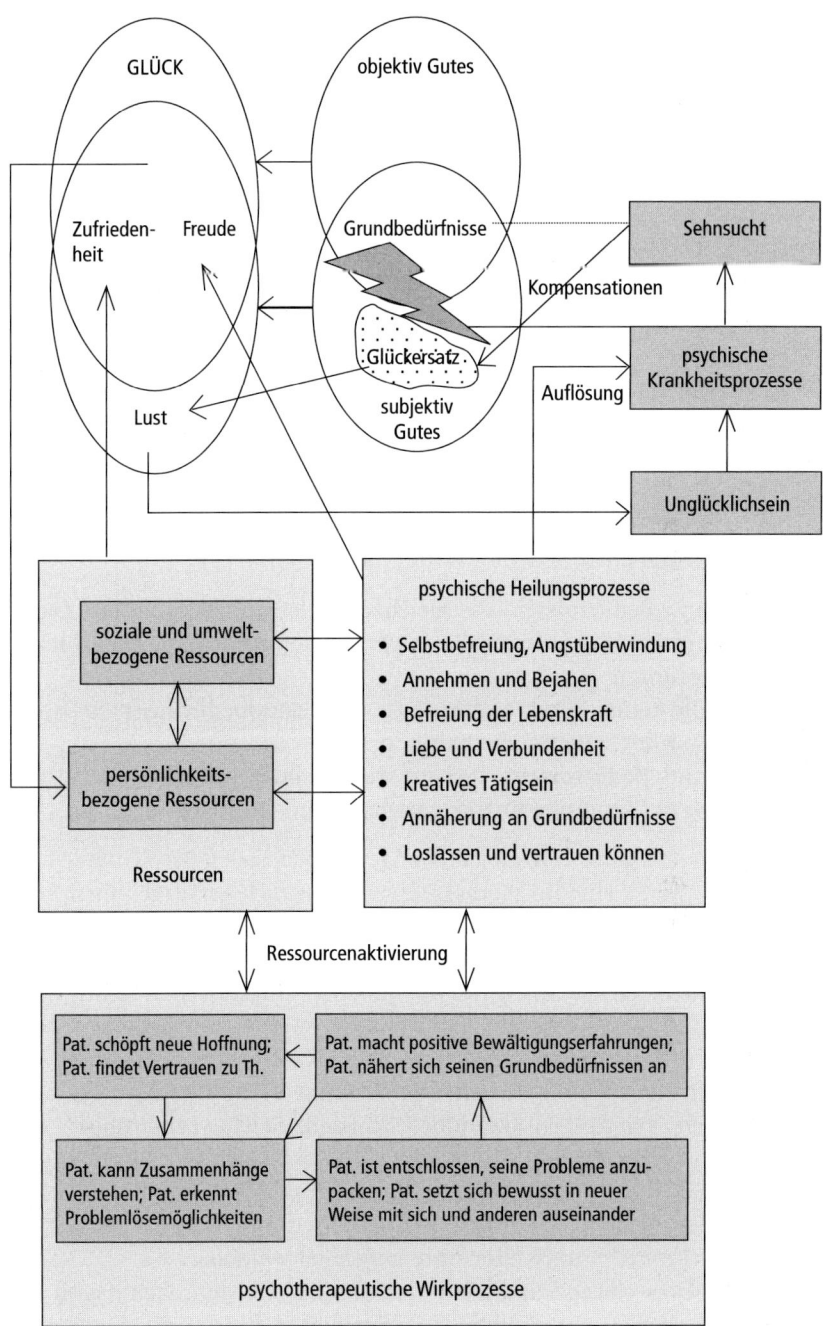

Abbildung 1: Integratives Modell psychischer Heilung

Wie aus der Darstellung hervorgeht, decken sich die subjektiven Bedürfnisse eines Individuums meistens nicht mit dem objektiv Guten, d. h. ein Mensch betrachtet subjektiv oftmals Ziele als gut und erstrebenswert, die eigentlich objektiv weder für ihn selbst noch für andere gut sind. «Gut» ist hier nicht moralisch zu verstehen, sondern im Sinne des Heils, der Gesundheit und der Glücksfähigkeit. Ein Beispiel für ein subjektiv Gutes, das nicht zugleich objektiv Gutes ist, wäre etwa die Ausbeutung von Angestellten, um den eigenen Reichtum zu fördern, oder die Manipulation des Partners, damit er nicht wegläuft.

Hinter subjektiv guten Zielen, die objektiv jedoch nicht gut sind, sind immer objektiv gute Ziele (Ideale und Grundbedürfnisse) versteckt, die es zu identifizieren gilt. Dieser Umstand ist sehr wichtig für die Psychotherapie. Jemand kann in moralischer Hinsicht noch so verwerflich gehandelt haben, bei genauem Hinschauen wird in jedem Fall erkenntlich, dass hinter der verwerflichen Tat ein verstecktes, pervertiertes und meist in der Vergangenheit verletztes Grundbedürfnis steht.

Das subjektiv Gute besteht aus drei Kategorien:

1. Zielen und Bedürfnissen, die gleichzeitig dem objektiv Guten angehören und somit in jedem Fall zu unterstützen sind, da sie zur Glücksfähigkeit führen
2. Zielen, die keinen direkten Bezug zu den Grundbedürfnissen aufweisen, diese jedoch auch nicht behindern
3. Zielen und Bedürfnissen, die auf direkte oder indirekte Weise die Erfüllung der Grundbedürfnisse verhindern.

Diese letzte Kategorie von subjektiv angenehmen Zielen bezeichne ich als ‹Glücksersatz». Sie sind im Modell graphisch deutlich hervorgehoben, weil sie bei der Aufrechterhaltung von Problemen und bei der Verunmöglichung von Glück eine wichtige Rolle spielen. Darunter sind all jene Erlebnisse zu zählen, die kurzfristig lustvoll oder befriedigend, längerfristig aber schädlich sind, weil sie immer mehr von den wahren Bedürfnissen wegführen. Diese Erfahrungen ermöglichen keine direkte Verwirklichung von Grundbedürfnissen, aber sie enthalten allesamt Verbindungen zu dahinterstehenden, versteckten Grundbedürfnissen. Solche Erfahrungen der Glückssuche ziehen Leiden nach sich, weil sich nach der kurzfristigen Ablenkung durch die Lusterfahrung die unbefriedigten Grundbedürfnisse gleich wieder melden. Sie können als Kompensationsstrategien zur Befriedigung blockierter Grundbedürfnisse aufgefasst werden.

Wie die Darstellung zeigt, hängt das Glück eines Menschen davon ab, wie sehr er oder sie am objektiv Guten teilhat, d. h. wie sehr die grundlegenden Bedürfnisse im Leben verwirklicht werden können. Hierzu betrachten wir die beiden sich überlappenden Kreise oben links. Der obere der beiden Kreise steht für das Glück, der untere für die Lust. Im Überschneidungsbereich der beiden Kreise sind Erfahrungen angesiedelt, die lustvoll sind und zugleich glücklich machen. In der Teilmenge des Lust-Kreises, der sich nicht mit dem Glück überschneidet, sind Erfahrungen, die zwar als lustvoll und angenehm erlebt werden, jedoch nicht glücklich machen. In der Teilmenge des Glücks, die sich nicht mit der Lust überlappt, sind reine Glückserfahrungen ohne Lust angesiedelt.

Dieser letzte Bereich ist sehr hypothetisch und wurde lediglich ins Modell aufgenommen, weil es Berichte über intensive Glückserfahrungen und das Erleben von Seligkeit gibt, die mit keinerlei Gefühlsfärbung, auch nicht mit einem Lustgefühl, verbunden sind. Es handelt sich dabei um Erfahrungen im Rahmen von meditativen und mystischen Erlebnissen.

Lust ist ein Begriff, der ganz allgemein einen angenehmen emotionalen Zustand kennzeichnet. Lust tritt dann auf, wenn ein Individuum in den Besitz eines subjektiven Guts kommt bzw. wenn es eine Erfahrung macht, die mit einem subjektiven Bedürfnis assoziiert ist (z. B. essen, wenn man hungrig ist). Lust tritt sowohl auf, wenn ein Grundbedürfnis befriedigt wird, als auch, wenn ein Ersatzbedürfnis (Glücksersatz) befriedigt wird. Lust ist die positive emotionale Bewertung einer realen oder vorgestellten subjektiv guten Erfahrung. Je wichtiger ein Bedürfnis für ein Individuum ist, umso stärker wird das Lustgefühl ausfallen, wenn dieses Bedürfnis befriedigt werden kann.

Glück dagegen tritt auf, wenn ein objektives Gut erlangt, wenn ein Grundbedürfnis befriedigt wird. Glück unterscheidet sich somit von Lust insofern, als dass Glück mit einer Erfahrung verbunden ist, die tiefer geht, die existenziellere Bereiche berührt, weil sie zugleich mit dem allgemein Guten verbunden ist, das der Mensch im Grunde seines Wesens anstrebt.

Der Überschneidungsbereich der beiden Kreise enthält lustvolle Glückserfahrungen, die sich entweder stärker durch Zufriedenheit oder durch Freude auszeichnen. Diese beiden Erfahrungen sind nicht immer klar voneinander abgrenzbar. Freude ist stärker emotional, Zufriedenheit stärker mental gefärbt. Da die Lust auf subjektiven Normen beruht, kann sie durchaus Leiden und Entbehrung mit sich bringen, wenn die Lusterfahrung abklingt, weil die Person realisiert, dass ihre eigentlichen Bedürfnisse unbefriedigt geblieben sind. Glück ruft dagegen kein Leiden nach sich, sondern macht höchstens wieder dem ursprünglichen Bewusstsein vor der Glückserfahrung Platz.

Die Quellen der Freude, die immer den Bereich der Grundbedürfnisse berühren, haben wir als psychische Heilungsfaktoren kennen gelernt. Sie sind ebenfalls in der Grafik abgebildet mit einem entsprechenden Pfeil zur Freude, und auch sie sind in den Grundbedürfnissen verankert.

Bevor wir uns aber den gesunden Aspekten zuwenden, wollen wir uns zunächst mit den im Modell abgebildeten Prozessen beschäftigen, die psychisches Leid hervorrufen und für die Aufrechterhaltung von psychischen Störungen verantwortlich sind. Sie sind ein wesentlicher Bestandteil der von mir hier vertretenen Krankheitstheorie.

Bei psychischen Störungen und Problemen sind stets wichtige Grundbedürfnisse blockiert. Diese Blockierung von Grundbedürfnissen ist in der Grafik durch einen Blitz dargestellt. Bei der Blockierung wichtiger Grundbedürfnisse handelt es sich um Ängste und entsprechende Vermeidungsreaktionen des Individuums, weil es aus irgendwelchen Gründen die Annäherung an die Grundbedürfnisse zu fürchten oder zu vermeiden gelernt hat. Die Entstehung und Entwicklung dieser psychischen Krankheitsprozesse, welche die Grundbedürfnisse blockieren, werden im Modell nicht weiter ausgeführt.

Es ist in der psychologischen Literatur viel darüber geschrieben worden, wie sich psychische Störungen und Probleme lebensgeschichtlich entwickeln. Insbesondere die Psychoanalyse und die verschiedenen tiefenpsychologischen Schulen haben sich ausführlich mit dieser Frage beschäftigt. Gegenwärtig findet in der klinischen Psychologie und in der Psychotherapie die Bindungstheorie besonderes Interesse.[109] Die Bindungstheorie erhebt den Anspruch zu erklären, wieso Individuen unterschiedliche ‹innere Arbeitsmodelle› entwickeln, mit denen sie die Realität wahrnehmen und verarbeiten. Diese Arbeitsmodelle werden in der kognitiven Psychologie als ‹kognitiv-affektive Schemata› bezeichnet, die teils als explizite (bewusste), zum größten Teil aber als implizite (unbewusste) Gedächtnisinhalte aufgefasst werden können. Diesen und allen anderen Theorien zur Entstehung und Entwicklung von psychischen Störungen, die nicht rein biologisch-genetisch sind, sondern sich auf Wechselwirkungen zwischen dem Individuum und seinen Bezugspersonen berufen, liegt ein allgemeines motivationales Entwicklungsprinzip zu Grunde, das hier im Modell dargestellt wird.

Ein Kind kommt auf die Welt mit verschiedenen Grundbedürfnissen, die je nach Auffassung entweder egoistisch-triebhaft sind (wie zum Beispiel in der Konzeption von Freud) oder aber den Kern dessen ausmachen, was als liebevolle, gute und natürliche Zuwendung zur Welt verstanden werden kann (z. B. in der Konzeption von Reich). Da das Kind aber nicht in eine Welt geboren wird, die seine Bedürfnisse uneingeschränkt bestätigt, sondern sie vielmehr oft nur bedingt bestätigt, manchmal gar nicht und gelegentlich auch schwer verletzt, kommt es zu einer Spaltung im kleinen Kind zwischen seinen eigentlichen Bedürfnissen und der Anpassung an die äußere Realität. Im Sinne von Jean Liedloff geht hier bereits früh die Glücksfähigkeit und das Gefühl für die «innere Richtigkeit» verloren.[110]

Sobald einzelne Grundbedürfnisse blockiert sind, deren Befriedigung für die Person eigentlich wichtig wären, um glücklich und zufrieden leben zu können, entsteht in der Psyche eine Trennung zwischen realen Ersatzbedürfnissen und herbeigesehnten, aber unzugänglichen Grundbedürfnissen. Es ist dies die schmerzhafte Trennung zwischen Sehnsucht und Wirklichkeit, zwischen dem grauen Alltag und einem erträumten Märchenland, in dem alles so ist, wie man es sich im tiefsten Innern wünscht. Die Ursache dieser Blockierung ist identisch mit den aufrecht erhaltenden Bedingungen von psychischen Störungen bzw. mit den ‹psychischen Krankheitsfaktoren›, die ich in diesem Buch nicht näher ausgearbeitet habe.

Diejenigen Prozesse, die ich als ‹Kompensationen› bezeichne, können sehr verschiedenartig sein und umfassen psychologische Phänomene wie zum Beispiel einen unsicheren Bindungsstil, Delinquenz und Substanzmissbrauch oder die Entwicklung einer narzisstischen Persönlichkeitsstörung. Jeder psychischen Störung liegen verletzte Grundbedürfnisse zugrunde, die hinter bestimmten Kompensationsstrategien versteckt sind. Kompensationen sind im Grunde nicht als krankhaft anzusehen, sondern stellen Anpassungen dar, um ein möglichst sicheres Überleben zu garantieren.

Lust ohne Glückserleben spielt eine besonders wichtige Rolle in der Aufrechterhaltung von psychischen Störungen und im Erleben von Leid und psychischem Schmerz. Wenn Grundbedürfnisse blockiert sind, entsteht im Verlauf der Entwicklung ein Teufelskreis, der dazu führt, dass der betreffende Mensch in seinen Problemen und im Leiden stecken bleibt und das Erleben von Glück und Wohlbefinden verunmöglicht wird.

Die Blockierung von Grundbedürfnissen wie zum Beispiel das Bedürfnis, bedingungslos zu lieben und geliebt zu werden, führt dazu, dass man sich nur umso stärker danach sehnt. Die Erfüllung dieses Grundbedürfnisses wird zum alles beherrschenden Lebensziel («Wenn ich nur eine harmonische Partnerschaft hätte, dann könnte ich endlich glücklich sein.»). Weil dieser Wunsch derart stark und bestimmend, seine Erfüllung jedoch aufgrund von Ängsten und Vermeidungsverhalten behindert ist, wird ein Kompromiss gesucht, indem man zum Beispiel resigniert und depressiv wird oder sich in andere lusterfüllende Erfahrungen flüchtet, die von der Entbehrung ablenken, so dass ein ‹Glücksersatz› entsteht.

Durch die Kompensationen wird das Glück dort gesucht, wo es nicht zu finden ist. Statt die Erfahrung bedingungsloser Liebe zu machen, geht man zum Beispiel zu Prostituierten, oder man negiert die Liebesbedürfnisse und entwickelt sich zum gefühlskalten Tyrannen. Daraus resultiert kurzfristig eine Art Lusterfahrung. Die Blockierung der Grundbedürfnisse und die Flucht ins Ersatzglück werden somit, lerntheoretisch betrachtet, verstärkt. Da man jedoch nach dem Abklingen der Lusterfahrung feststellen muss, dass das eigentliche Bedürfnis immer noch unbefriedigt geblieben ist, dass man sich vielleicht sogar noch weiter davon entfernt hat, treten Frustrationen auf, ein Gefühl der Enttäuschung und der Leere, vielleicht auch der Scham und – je länger sich dieser Kreislauf wiederholt – der zunehmenden Hoffnungslosigkeit und des Unglücklichseins.

Diese negativen Gefühle tragen natürlich nicht dazu bei, dass sich die Blockierung der Grundbedürfnisse auflöst, sondern verstärken die aufrechterhaltenden Krankheitsfaktoren, insbesondere die Ängste und das Vermeidungsverhalten. In unserem Beispiel denkt ein Mensch dann erst recht, dass er nie fähig sein wird, eine erfüllende Liebesbeziehung zu erleben und unternimmt mit der Zeit gar keine diesbezüglichen Versuche mehr.

Dieser Teufelskreis besitzt Gültigkeit für jede Art von psychischen Erkrankungen. Selbst die Flucht in eine Psychose kann auf der Grundlage dieses Modells interpretiert werden. Der Teufelskreis tritt aber nicht nur bei psychisch kranken Menschen auf, sondern ist auch bei vielen klinisch unauffälligen Individuen in der einen oder anderen Art zu beobachten. Einen Liebesroman nach dem anderen verschlingen, nächtelang auf Partys rumhängen, sich in der Arbeit vergraben – solche und viele andere Verhaltensweisen entsprechen dem, was ich unter Glücksersatz verstehe. Sie müssen an sich nicht negativ bewertet werden, kaum einem Menschen gelingt eine vollständige Befriedigung seiner Grundbedürfnisse, problematisch werden diese Strategien dann, wenn sie wiederholt und immer wieder dazu benutzt werden, ein blockiertes Grundbedürfnis auszugleichen, und wenn man immer wieder der Illusion verfällt, das eigentliche Bedürfnis durch eine Ersatzbefriedigung erfüllen zu können.

Es mag vielleicht befremden, die Folgen von psychischen Krankheitsprozessen, wozu auch die psychischen Symptome gehören, als «lustvoll» zu betrachten. Da es sich aber um Lusterfahrungen ohne Glücksgefühle handelt, da die eigentlichen Bedürfnisse unbefriedigt bleiben, ist die Lust in diesem Fall nichts anderes als eine Art Bequemlichkeit, eine Gewöhnung, eine subjektive, egoistische Befriedigung, ein «Weg des geringsten Widerstandes». Tatsächlich glaube ich, dass psychopathologische Symptome oft deshalb so hartnäckig zu heilen sind, weil sie zunächst einen Verzicht auf diese Gewöhnung erfordern, was meist mit Anstrengungen und Schmerzen verbunden ist. Solange man depressiv bleibt, muss man sich auf keine neuartigen und zunächst unangenehmen Erfahrungen einlassen, solange man griesgrämig ist, muss man sich nicht der Angst aussetzen, die auftritt, wenn man jemandem seine wirklichen Gefühle zeigt. Dieser Aspekt von psychischen Störungen wurde schon von Freud erkannt und mit dem Begriff des ‹Krankheitsgewinns› umschrieben.

Als Illustration zu den bisher ausgeführten Bestandteilen des Modells in Abbildung 1 folgt ein Fallbeispiel:

Herr P. ist ein 33-jähriger Universitätsassistent, der alleine in einer kleinen Altstadtwohnung in H. lebt. Er entschloss sich zu einer Psychotherapie, nachdem er zum zweiten Mal eine schwere depressive Episode erlebt hatte. Im Erstgespräch schildert Herr P., dass er während Wochen nur noch wie verrückt gearbeitet und alle anderen Bedürfnisse vernachlässigt habe, bis es zur totalen Erschöpfung kam. In der Folge lag Herr P. tagelang bei geschlossenen Gardinen wie apathisch auf seinem Bett und malte sich immer wieder in düsteren Farben seine einsame und öde Zukunft aus. Sein Schlaf ist zur Zeit sehr schlecht, und Herr P. hat gegenwärtig keine sozialen Kontakte außerhalb des engeren Familienkreises.

Die Erhebung der Vorgeschichte ergibt, dass Herr P. zusammen mit seiner jüngeren Schwester als Sohn einer Hausfrau und eines Anwaltes in behüteten Verhältnissen aufwuchs. Kindheit und Jugend seien sehr glücklich gewesen. Sowohl die Mutter als auch den Vater schildert er als warmherzig und gleichzeitig perfektionistisch. Beide hätten den Anspruch, in ihrer Arbeit eine hohe Vollkommenheit an den Tag zu legen. Herr P. studierte Germanistik und machte nach Abschluss des Studiums ein Doktorat, das er vor einem Jahr erfolgreich abgeschlossen hat. Vor der Promotionsprüfung und der Abgabe der Dissertation kam es zur ersten depressiven Episode. Er hatte damals starke Zweifel, ob er fähig sei, eine gute Dissertation zu schreiben, und verglich seine Arbeit mit den Artikeln, die sein Professor schrieb, was zu Gefühlen des Ungenügens führte. Mit Antidepressiva konnte er seine Arbeit dennoch abschließen und die Promotionsprüfung sogar mit ausgezeichnetem Erfolg bestehen.

Herr P. hatte mehrere kürzere Liebesbeziehungen zu Frauen, die auch sexuelle Kontakte einschlossen; die längste Beziehung dauerte nur etwa zwei Monate, da nach Aussage von Herrn P. «der Eros plötzlich erloschen» sei. Er hatte sich auch mehrfach in Frauen verliebt, die ihn zurückwiesen, was für ihn jeweils eine große Kränkung bedeutete. Er hat einen kleinen Freundeskreis, der für ihn eigentlich befriedigend sei, jedoch zog er sich während der erneuten depressiven Episode stark zurück.

Wie kann nun die aktuelle Problemsituation des Patienten mit dem integrativen Modell erklärt werden? Beginnen wir mit den *psychischen Krankheitsfaktoren*. Es ist anzunehmen, dass bei Herrn P. zwei zentrale Ängste für die Aufrechterhaltung der Störung verantwortlich sind: die Angst, zu versagen, die sich insbesondere im beruflichen Bereich auswirkt, und die Angst, von einer bewunderten Frau zurückgewiesen und somit in seiner Männlichkeit in Frage gestellt zu werden, was sich im partnerschaftlichen und erotischen Bereich auswirkt. Beide Ängste sind dem Patienten bereits zu Therapiebeginn recht gut bewusst und können als Ausdruck der gleichen «narzisstischen» Problematik verstanden werden.

Welche *Grundbedürfnisse* sind durch diese Ängste höchstwahrscheinlich blockiert? Hinter einer narzisstischen Problematik steckt eine tiefe Sehnsucht nach uneingeschränktem Geliebt- und Angenommenwerden, unabhängig von erbrachten Leistungen. Gleichzeitig sehnt sich Herr P. nach Stärke und Selbstsicherheit, nach einem selbstverständlichen Mann-Sein, ohne dass er dies erst durch besondere Leistungen verdienen oder unter Beweis stellen müsste. Könnte Herr P. erleben, dass er von einer anderen Person, insbesondere von einer Frau, die er selbst liebt, uneingeschränkt geliebt und geschätzt wird, könnte er sich selber gänzlich annehmen, wie er ist, und dabei seine Männlichkeit als selbstverständliche Eigenschaft seiner Persönlichkeit erleben und ausdrücken, so wäre seine Störung nicht mehr aufrecht zu erhalten, denn er hätte nun Zugang zu seinen wahren Bedürfnissen, die objektiv gut sind und somit zum Erleben von Glück führen würden.

Nun steckt der Patient aber noch in der Störung fest, und es stellt sich die Frage, mit welchen *Kompensationen* er diese Grundbedürfnisse zu befriedigen sucht, ohne die Blockierungen aufzulösen. Herr P. hat im Verlauf seiner bisherigen Entwicklung gelernt, dass Liebe und Anerkennung von Leistung und Perfektion abhängig sind. Nur wenn er höchste Leistungen erbringt, nur wenn er der *Beste* ist, kann er *vielleicht* auf Liebe und Anerkennung hoffen. Seine erotische Anziehungskraft bei Frauen und sein Wert als Mensch definiert er durch das Ausmaß der Leistung und der Perfektion, zu denen er fähig ist. Herr P. berichtete, dass ihm Frauen, mit denen er sexuellen Kontakt hatte, vorgeworfen hätten, er sei zu leistungsorientiert im Bett. Er selbst habe gedacht, er müsse doch eine perfekte sexuelle Leistung unter Beweis stellen, damit die Frau zufrieden sei.

Mangelnde Selbstsicherheit und mangelnde Selbstakzeptanz kompensiert Herr P. somit durch den Versuch, Höchstleistungen zu erbringen. Sein diesbezüglicher Glaubenssatz lautet: «Nur wenn ich der Beste bin, werde ich geliebt.» Die Vorstellung, der Beste zu sein, sowie das tatsächliche reale Erleben, hervorzustechen, andere zu übertreffen und Bestleistungen zu erbringen, stellen für Herrn P. eine mächtige *Lusterfahrung* dar, auf die zu verzichten kein Anlass besteht, solange die Grundbedürfnisse nicht verwirklicht werden können.

Wenn Herr P. Höchstleistungen aus einer selbstverständlichen Sicherheit und Stärke heraus erbringen könnte, so dass sie gleichsam ein Nebenprodukt einer aus seinem Selbst reichlich überfließenden Produktivität wären, dann würden sie keine Kompensationen darstellen. Da Herr P. aber oftmals an seinen Fähigkeiten zweifelt, sich eigentlich minderwertig und anderen unterlegen fühlt, wird der Kampf um Bestleistungen auf allen Gebieten zu einem überaus anstrengenden Unterfangen, dessen Preis hoch und dessen Lohn zweifelhaft ist. Trotzdem muss Herr P. im Leben oftmals erfahren haben, dass Bestleistungen sich lohnen, dass sie zu einer Lusterfahrung führen und dass sie für einen Moment ein Gefühl, geliebt und anerkannt zu werden, hervorrufen. Diese Lusterfahrung ist jedoch von kurzer Dauer, die *Enttäuschung* folgt auf dem Fuß.

Wäre dieser Prozess noch gänzlich unbewusst, so würde Herr P. einzig und allein erfahren, dass ihn Bestleistungen nicht zum erhofften Ziel führen. Er würde feststellen, dass perfekte Bettakrobatik nicht dazu führt, dass die Partnerin ihn deshalb bewundert und uneingeschränkt liebt, sondern dass sie vielmehr über sein Leistungsstreben im Bett befremdet ist, weil sie sich als Mensch vernachlässigt vorkommt, was dazu führt, dass genau das Gegenteil dessen eintritt, was Herr P. sich erhofft hatte: Die Frau lehnt ihn ab. Er würde erfahren, dass intellektuelle Höhenflüge ebenso wenig zu echter Liebe und Anerkennung führen, weil sich die Frauen, die Herr P. bewundert, keinen «Bücherwurm» (Aussage von Herrn P.) wünschen. Er würde feststellen, dass die Tatsache, im Arbeitsteam der Beste zu sein, nicht in erster Linie Anerkennung seines Chefs und seiner Kollegen zur Folge hat, sondern eine steigende Überforderung, weil man ihm alle Arbeit zuteilt, da er als der Schnellste und der Beste gilt. All diese Erfahrungen sind bei Herrn P. auch tatsächlich eingetreten.

Da er sich jedoch dieses Teufelskreises schon zu einem gewissen Grade bewusst ist, realisiert Herr P., dass er mit seinem Streben nach Perfektion zum einen seine Kräfte maßlos überfordert, zum anderen dabei dem Bedürfnis nach partnerschaftlicher Liebe, Zärtlichkeit und Erotik keinen Schritt näher kommt. Da er zu Therapiebeginn sich dieses Teufelskreises zwar bewusst, aber unfähig ist, ihn zu durchbrechen, bricht er erschöpft zusammen: Es kommt zur Depression.

Die Erschöpfungsdepression ist eine Chance, weil sie kurzfristig den pathologischen Kreislauf unterbricht. Erlebte Herr P. lediglich eine Enttäuschung oder eine innere Leere, so würde dies seine Ängste, im Leben zu versagen und kein richtiger Mann zu sein, verstärken (was die Depression auch tut), aber er würde sich noch stark genug fühlen, sich *noch stärker* anzustrengen und vielleicht einen aussichtslosen Eroberungsfeldzug auf erotischem Gebiet starten, der wiederum in einer Enttäuschung endete, weil Herr P. nicht aus Selbstsicherheit und Stärke heraus handelt, sondern aus Verzweiflung und einem Streben, sich und der Auserwählten seinen Wert unter Beweis stellen zu müssen. In der Depression ist er aber zu schwach dazu, erneute Höchstleistungen anzustreben – das System ist zusammengebrochen, und dies ist der erste Schritt zur Heilung.

Solange ein Grundbedürfnis blockiert bleibt, um das herum sich eine psychische Störung, ein Problemkomplex oder ein Konflikt entwickelt hat, ist es nicht möglich, die Störung zu heilen. Die vordringlichste therapeutische Aufgabe besteht deshalb darin, die zugeschütteten, versteckten und blockierten Grundbedürfnisse (wieder) zu befreien, und die Schranken zu öffnen, die den Zugang zu den Grundbedürfnissen versperren. Dieser Heilungsprozess ist in Abbildung 1 dargestellt durch den mit ‹Auflösung› beschrifteten Pfeil von den Heilungsprozessen zu den Krankheitsprozessen. Die Blockierungen und die ihnen zugrunde liegenden Ängste können nur durch Glück auslösende Erfahrungen aufgelöst werden.

Bei diesen Glückserlebnissen handelt es sich um die in Kapitel 9 dargestellten Prozesse, die eine psychische Heilung ermöglichen: Befreiung aus den angstvollen Grenzen der bisherigen Persönlichkeit durch den kraftvollen und mutigen Ausdruck unterentwickelter Persönlichkeitsanteile; bedingungslose Akzeptanz der eigenen Person, der anderen und der Realität; uneingeschränkte Lebensbejahung, auch der dunklen und schmerzhaften Seiten des Lebens; Befreiung der eigenen Lebendigkeit und Hingabe an die Lebensenergie im eigenen Körper und in der Natur;

Geben und Empfangen von zwischenmenschlicher Nähe und Liebe; Selbstvergessenheit und Selbstausdruck in kreativer Tätigkeit; Auffinden der tiefsten Sehnsüchte und Annäherung daran durch aktives Tun; Loslassen-Können von nicht erfüllbaren Wünschen und Begierden und von nicht zu beeinflussenden Lebensbedingungen, die mit der Verwirklichung der Sehnsüchte zusammenhängen.

Die Glück auslösenden Erfahrungen können zu einer Auflösung der die Krankheit aufrecht erhaltenden Bedingungen führen, und gleichzeitig ermöglichen sie das Erleben von Glück in der Form von Freude als kurzfristige emotionale Erfahrung. Damit es nicht nur bei einem einmaligen Ereignis der Freude bleibt, werden im Verlauf einer Psychotherapie idealerweise diese Heilungsfaktoren immer wieder aktiviert, um eine grundsätzliche Veränderung des psychischen Funktionierens zu ermöglichen, damit der pathologische Kreislauf aufgegeben werden kann.

Aus der Grafik wird auch deutlich, dass die Glück auslösenden Erfahrungen, wenn sie wiederholt auftreten, direkt zu einer Förderung der persönlichkeitsbezogenen Ressourcen beitragen. Wenn jemand zum Beispiel wiederholt die Erfahrung machen kann, dass es ihm gelingt, sich einer gefürchteten Situation zu stellen, die Angst auszuhalten und dadurch feststellt, dass die gefürchtete Katastrophe gar nicht eintritt, wächst mit der Zeit sein Selbstvertrauen und seine Selbstsicherheit. Dabei handelt es sich um eine wichtige persönlichkeitsbezogene Ressource, die wiederum einen leichteren Aufbau von sozialen und umweltbezogenen Ressourcen ermöglicht. Gleichzeitig ist es natürlich einfacher, Glück auslösende Erfahrungen zu machen, wenn jemand bereits über gut entwickelte persönlichkeitsbezogene Ressourcen verfügt.

Auch soziale und umweltbezogene Ressourcen können unter Umständen direkt Glück auslösende Erfahrungen hervorrufen. Zum Beispiel erlebt jemand in einer guten und erfüllenden Partnerschaft in einem viel stärkeren Ausmaß zwischenmenschliche Liebe und Nähe als jemand in einer sehr konfliktreichen Partnerschaft. Allerdings sind die besten sozialen und umweltbezogenen Ressourcen nutzlos, wenn jemand nicht über die persönlichkeitsbezogenen Ressourcen verfügt, die es erlauben, die potenziell Glück auslösenden Wirkungen der sozialen und umweltbezogenen Ressourcen zu nutzen. Gleichzeitig ist es natürlich leichter, persönlichkeitsbezogene Ressourcen zu entwickeln, wenn jemand unter günstigen sozialen und umweltbezogenen Bedingungen lebt.

Jede persönlichkeitsbezogene Ressource benötigt zur Entwicklung und Förderung bestimmte psychotherapeutische Heilungsfaktoren, wobei es sich dabei nicht um eine fixe Zuordnung handelt. Welche Heilungsfaktoren jeweils notwendig sind zur Förderung einer bestimmten persönlichkeitsbezogenen Ressource, hängt von der individuellen Situation eines Patienten ab. Trotzdem sind gewisse Heilungsfaktoren grundsätzlich stärker mit bestimmten persönlichkeitsbezogenen Ressourcen verbunden als andere. Zum Beispiel führt die Erfahrung des Loslassens und des Geschehenlassen-Könnens eher zu Zuversicht und Gelassenheit und vielleicht auch zur Entwicklung der Spiritualität als zu einem starken Kontrollgefühl oder zu Selbstsicherheit.

Während die psychischen Heilungsprozesse zur Erfahrung von Freude führen, ermöglichen die Ressourcen (Lebens-)Zufriedenheit. Wenn Freude immer wieder erlebt werden kann, entwickelt sich daraus mit der Zeit Fröhlichkeit, und wenn Zufriedenheit zu einem längerfristigen Persönlichkeitsmerkmal wird, kann daraus Gelassenheit und innerer Friede werden. Die Glückserfahrungen werden also mit der Zeit zu persönlichkeitsbezogenen Ressourcen.

Bei den Ressourcen sollte nicht vergessen werden, dass ihre gegenwärtige Ausprägung ein Ergebnis der Erfahrungen in der Vergangenheit ist. Ob jemand über gut entwickelte umweltbezogene, soziale und persönlichkeitsbezogene Ressourcen verfügt, hängt ganz entscheidend davon ab, wie dieser Mensch aufgewachsen ist, welche Erfahrungen er in der Kindheit gemacht hat und in welchem Umfeld er groß geworden ist. Gleichzeitig hängen die Ressourcen aber auch mit den angeborenen Anlagen zusammen.

Wir haben nun die wesentlichen Merkmale des gesunden Kreislaufes, der zum Erleben von Glück und Wohlbefinden führt, zusammengefasst: Das Erleben der Heilungsprozesse ermöglicht eine Auflösung der Blockierungen, die den Zugang zu wichtigen primären Bedürfnissen in der Vergangenheit verhindert haben, was einhergeht mit einem Aufbau von persönlichkeitsbezogenen Ressourcen, die ihrerseits positive Entwicklungen bei den sozialen und umweltbezogenen Ressourcen nach sich ziehen. Die Deblockierung der primären Bedürfnisse führt zum Erleben von Freude, während die verbesserten Ressourcen zu einer erhöhten Lebenszufriedenheit führen. Diese beiden Aspekte des Glücks – Freude und Zufriedenheit – wirken ihrerseits positiv auf die persönlichkeitsbezogenen Ressourcen zurück, das Individuum wird immer mehr zu dem Menschen, der es eigentlich sein möchte. Die verbesserten Ressourcen ermöglichen wiederum mehr Glückserfahrungen, so dass die Blockierung der primären Bedürfnisse noch durchlässiger wird.

Dieser heilsame Prozess führt zu psychischer Gesundheit und Glücksfähigkeit unabhängig vom Kontext, in dem er stattfindet, egal ob im Rahmen einer Psychotherapie oder außerhalb. Es gibt keine Heilungsfaktoren, die spezifisch sind für die Psychotherapie. Wie die Heilungsfaktoren herbeigeführt werden, hängt jedoch sehr wohl vom spezifischen Kontext ab. In einer Psychotherapie sind es die sogenannten ‹psychotherapeutischen Wirkfaktoren›, welche dafür verantwortlich sind, dass ein Patient die Erfahrungen machen kann, die zu einer Heilung führen.

Die bisherige Psychotherapieforschung hat leider zu wenig konsequent unterschieden zwischen den eigentlichen Heilungsprozessen, die zu psychischer Gesundheit und zu Glücksfähigkeit führen, und den therapeutischen Bedingungen und Interventionen (den Wirkfaktoren bzw. Wirkprozessen), welche zur Aktivierung dieser Heilungsprozesse beitragen. Wenn ein bestimmter Aspekt im Therapieprozess aller oder zumindest der meisten Arten von Psychotherapiemethoden auftritt, wenn es sich also um einen allen Therapien gemeinsamen, sogenannt «unspezifischen» Faktor handelt, wie zum Beispiel Interpretationen des vom Patienten Berichteten durch den Therapeuten auf dem Hintergrund der vom Therapeuten vertretenen Krankheitstheorie, dann bedeutet dies noch lange nicht, dass der betreffende Aspekt des Therapieprozesses auch zu einer psychischen Heilung führen muss. Therapeutische Interpretationen wirken an sich noch nicht heilend, sie können aber das Verständnis des Patienten für seine aktuelle Leidenssituation und für die Heilungsprozesse fördern, die notwendig sind, um sich daraus zu befreien.

Grundsätzlich können Aussagen in Bezug auf die Wirkungsweise von Psychotherapie auf drei unterschiedlichen Ebenen gemacht werden: erstens auf der Ebene der psychotherapeutischen *Heilungsfaktoren und -prozesse,* die unmittelbar mit der Gesundheit des Patienten und mit dem Therapieerfolg zusammenhängen; zweitens auf der Ebene der mit den Heilungsfaktoren verbundenen *Wirkfaktoren und Wirkprozesse,* die je nach Art und Güte verschiedene Heilungsprozesse ermöglichen und auslösen; und drittens auf der Ebene der verschiedenen *Therapiemethoden,* welche die Wirkfaktoren in unterschiedlicher Weise und in unterschiedlichem Ausmaß verwirklichen.

Von einer systematischen Sichtweise des Psychotherapieprozesses, welche auf gut gesicherten Beziehungen zwischen Therapiemethoden, Wirkfaktoren und Heilungsfaktoren beruht, sind wir zur Zeit in der Psychotherapieforschung noch weit entfernt. Wir sind erst damit beschäftigt herauszufinden, welches überhaupt wichtige Wirk- und Heilungsfaktoren sind, und versuchen, dafür ein Vokabular zu entwickeln.

In einer eigenen Untersuchung habe ich anhand eines vorgegebenen Schemas von Wirkfaktoren hinsichtlich der Verbesserung des Wohlbefindens der Patienten besonders produktive mit wenig produktiven Therapiesitzungen verglichen.[111] Dabei wurde unter anderem auch untersucht, wie sich die Anfangsphase von Einzelpsychotherapie-Sitzungen (definiert als die ersten zehn Sitzungen) im Hinblick auf die Aktivierung der verschiedenen Wirkfaktoren von der späteren Therapiephase (nach der zehnten Therapiesitzung) unterscheidet.

Zusammen mit der Verwirklichung einer Wiederaufrichtung des Patienten zu Therapiebeginn (Remoralisierung) und der Herstellung einer guten Therapiebeziehung, in der sich der Patient verstanden und angenommen fühlen kann, zeigte sich, dass produktive Therapiesitzungen in der Anfangsphase der Therapie sich von unproduktiven dadurch unterscheiden, dass die Probleme des Patienten in Bezug auf ihren gegenwärtigen Zustand hin intensiver *analysiert* werden. Es sollten nicht zu früh größere Schritte in Richtung einer Problemveränderung unternommen werden, da dies den Patienten möglicherweise überfordert, weil er wahrscheinlich noch gar nicht versteht, weshalb ein bestimmter, mit Schwierigkeiten verbundener Schritt von ihm verlangt wird.

Nach der zehnten Therapiestunde unterschieden sich die produktiven von den unproduktiven Sitzungen dagegen durch eine stärkere *Veränderungsorientierung,* insbesondere hinsichtlich einer Verbesserung der noch mangelnden Fähigkeiten der Patienten. Obschon eine Analyse der Problemsituation auch im späteren Verlauf einer Therapie nicht fehlen sollte, schöpft eine ausschließliche Zustandsorientierung die Möglichkeiten von Psychotherapie bei weitem nicht aus. Erforderlich ist der Entschluss des Patienten, seine Probleme wirklich anzupacken – konkret und unter Inkaufnahme negativer Gefühle und Ängste – und somit eigene Beiträge zur Lösung seiner Probleme zu leisten.

Konkrete positive Bewältigungserfahrungen des Patienten führen wiederum zu neuen Erkenntnissen von Zusammenhängen und zu neuem Wissen, wie der Patient in bestimmten Situationen mit sich selbst und mit anderen umgehen kann. Auf diese Weise kommt ein positiver Rückkoppelungsprozess in Gang, der immer mehr dazu führt, dass Patienten sich selbst so erleben können, wie sie eigentlich sein möchten.

Positive Bewältigungserfahrungen des Patienten sollten vom Therapeuten stets zum Anlass genommen werden, das Bewusstsein des Patienten für seine eigenen Ressourcen weiter zu fördern, so dass die Patienten selbst immer mehr daran glauben und schließlich tatsächlich wissen, dass sie über die notwendigen Stärken in sich selbst verfügen, um das Problem zu lösen, das anfangs unüberwindbar schien. Auf diese Weise fühlen sich die Patienten nun plötzlich Situationen gewachsen, denen sie sich bisher nicht gewachsen gefühlt haben, sie sehen, dass sie selbst etwas zur Therapie beitragen können, und es gelingt ihnen gut, auf die Anregungen des Therapeuten einzugehen, weil diese sich ganz an ihren gegenwärtigen

Fähigkeiten orientieren. Grundlage für diesen Prozess ist eine Ressour-
cenorientierung des Therapeuten sowie die zur konkreten Verbesserung
der Probleme notwendige Veränderungsorientierung in Bezug auf ungenügend entwickelte Fähigkeiten des Patienten zum Beispiel mittels
Verhaltensübungen und -experimenten, Rollenspielen, Ritualen, Vor-
stellungsübungen, usw.

Ein solcher positiver Entwicklungsverlauf führt dazu, dass sich das
Wohlbefinden der Patienten zwischen den einzelnen Therapiesitzungen
leicht verbessern kann. Wenn Patienten über längere Zeit keine Verbesserung des Befindens erleben, dann sollten sich Therapeuten fragen, ob
sie vielleicht etwas übersehen haben, ob sie zu wenig auf die Ressourcen
des Patienten geachtet und diese zu wenig gefördert haben, ob sie den
Patienten mit Bewältigungsschritten überfordert haben, ohne zuvor eine
ausreichende Analyse durchzuführen, oder ob sie zu sehr die Probleme
des Patienten analysierten und interpretierten, ohne jemals konkrete
Bewältigungsschritte zur Verbesserung der Defizite in die Wege zu leiten,
damit Patienten ihr verschüttetes Potenzial langsam wieder oder überhaupt erst erkennen können.

Psychische Heilung im Rahmen einer Psychotherapie kann sich ereignen, wenn es dem Patienten gelingt, im Lauf des Therapieprozesses
Vertrauen zum Therapeuten zu fassen und neue Hoffnung zu schöpfen,
Problemzusammenhänge und Lösungsmöglichkeiten zu erkennen und
schließlich bewusst den Entschluss zu fassen, die Probleme anzupacken
und damit verbunden befreiende und Glück auslösende Erfahrungen zu
erleben.

Die Glück auslösenden Heilungsprozesse und die Verbesserung des
Befindens vergrößern die Hoffnung des Patienten auf eine Heilung und
stärken weiter das Vertrauen in den Therapeuten, was in der Folge zu weiteren Erkenntnissen in die Problemzusammenhänge führt, zu erneuter
Problemaktivierung durch heilsame Bewältigungserfahrungen und eine
immer weiter forschreitende Annäherung an die Grundbedürfnisse.

Dieser positive Rückkoppelungsprozess auf der Ebene der psychotherapeutischen Wirkprozesse ist in Abbildung 1 ganz unten dargestellt.

Im geschilderten Fallbeispiel von Herrn P. erwies es sich zunächst als
wichtig, dass der Patient Vertrauen in mich als Therapeuten und in die
Möglichkeit, seine Probleme durch Psychotherapie zu lösen, fand, was
positiv beeinflusst wurde durch ein fast vollständiges Verschwinden
der Schlafstörung, nachdem ich dem Patienten empfohlen hatte,
nachts die Uhr aus dem Blickfeld zu legen, da er immer wieder darauf

schaute, um festzustellen, wie lange er schon wach lag. Dies brachte eine Verbesserung der Ressource ‹Kontrollgefühl› mit sich, die sich durch eine kleine Verwirklichung des Heilungsprozesses des Loslassen- und Geschehenlassen-Könnens ereignete.

Anschließend wurde das Hauptgewicht der Therapie auf das Verständnis des Patienten für die Problemzusammenhänge gelegt, wie sie oben zusammengefasst wurden. Bald schon erkannte Herr P. mögliche Problemveränderungsschritte. Er entschloss sich, eine Bekannte in Mexiko zu besuchen und zu versuchen, sich ihr ohne Druck und im Wissen um seinen eigenen Wert anzunähern. Es gelang ihm in der Folge – durch einen Sprung über den eigenen Schatten (Heilprozess der Selbstbefreiung und der Angstüberwindung) und durch das Vertrauen auf seine erotische Anziehungskraft als Mann (Heilprozess des Akzeptierens und Bejahens von sich selbst und seiner erotischen Bedürfnisse) – eine Erfahrung zu machen, die ihn seinem Grundbedürfnis nach dem Erleben von Liebe, Zärtlichkeit und Erotik mit einer Frau näher brachte und ihm gleichzeitig seine natürliche Männlichkeit bestätigte, so dass er seine Persönlichkeit ein Stück weit erweitern konnte. Allein nach dieser positiven Bewältigungserfahrung waren alle depressiven Symptome bei Herrn P. verschwunden. Es war zu einem wichtigen Glückserlebnis gekommen.

Der weitere Verlauf der Therapie konzentrierte sich auf ein bewusstes Aufsuchen von angstbesetzten und vermiedenen Situationen, in denen Herr P. fürchtete, als Mann zu versagen (z. B. eine Frau in einem Café ansprechen). Nach anfänglichen Widerständen konnte Herr P. auch dabei positive Bewältigungserfahrungen machen, die zu einer weiteren Stärkung der Ressource Selbstsicherheit beitrugen und schließlich bald dazu führten, dass er eine Partnerschaft mit einer ehemaligen Arbeitskollegin einging.

In dieser Beziehung trat erneut die alte, natürlich noch lange nicht überwundene Angst auf, sich selbst so zu zeigen, wie er ist (Selbstakzeptanz), ohne übermäßige Anpassung an die Erwartungen seiner Partnerin. Gleichzeitig stellte sich heraus, dass Herr P. die hohen Ansprüche nicht nur an sich selbst, sondern auch an seine Partnerin richtete und unfähig war, seine Partnerin so anzunehmen, wie *sie* ist.

Es wäre wichtig gewesen, dass der Patient in der Beziehung die Erfahrung der Selbst- und Fremdakzeptanz hätte machen können. Er entschloss sich dann allerdings zu einer Trennung, und im weiteren Verlauf der Therapie standen nun eher berufsbezogene Probleme im Vordergrund, wobei auch hier die Arbeit an den Ressourcen Selbstakzeptanz und Selbstsicherheit ganz zentral war, damit Herr P. zunehmend auf überhöhte Leistungsanforderungen (Kompensationen) an sich im beruflichen Bereich verzichten konnte.

Gegen Ende der 28 Sitzungen umfassenden Therapie ließ sich Herr P. erneut auf eine romantische Affäre mit einer Frau ein, wobei es ihm hier von Anfang an gut gelang, seine Erwartungen an die Beziehung zu äußern (Selbstakzeptanz). Da es Herrn P. psychisch weiterhin sehr gut ging, entschloss er sich, die Therapie zu beenden. Aus meiner Sicht wäre noch recht viel Arbeit nötig gewesen, insbesondere im Hinblick auf die Heilfaktoren des Schenkens von Liebe und Verbundenheit (Beziehungsfähigkeit) und weiterhin der Selbst- und Fremdakzeptanz.

Die Wirkprozesse werden teilweise durch die Fähigkeiten und Eigenschaften des Therapeuten beeinflusst, teilweise durch die Eigenschaften und Fähigkeiten des Patienten, seiner Lebensgeschichte und seiner momentanen Ressourcen-Situation. Neben der Vermittlung von Gelassenheit und Zuversicht ist auf Therapeutenseite eine ressourcenorientierte Haltung notwendig zur positiven Beeinflussung des Therapieprozesses sowie fachliche Kompetenz einerseits und echtes emotionales Engagement andererseits.

Mit einer ressourcenorientierten Haltung des Therapeuten ist nicht nur gemeint, den Patienten im Prozess der (Wieder-)Entdeckung und Weiterentwicklung seiner Stärken zu unterstützen, sondern auch sich selbst gegenüber eine Haltung einzunehmen, die um die eigenen Fähigkeiten und produktiven Kräfte weiß. Therapeuten müssen keineswegs Übermenschen sein und alle Ressourcen vollkommen entwickelt haben, um Therapien durchführen zu können, aber es ist wichtig, dass sie ein Bewusstsein für ihre Stärken und ihre Schwächen besitzen und sich im Klaren darüber sind, beim Aufbau welcher Ressourcen sie ihren Patienten besser und bei welchen sie ihnen weniger gut helfen können, weil sie vielleicht selbst über ein entsprechendes Defizit verfügen.

Mit dem emotionalen Engagement des Therapeuten für die Patienten ist vor allem die Verwirklichung der Beziehungsfähigkeit gemeint, das Geben-Können von uneigennütziger Liebe, die ich in Kapitel 9 anhand der fünf Komponenten der *Aloha* charakterisiert habe.

Fachliche Kompetenz des Therapeuten bedeutet, dass er fähig ist, zum richtigen Zeitpunkt und nach geeigneter Vorbereitung diejenigen Heilprozesse in der Psyche des Patienten zu ermöglichen, die zur Förderung einer bestimmten Ressource und damit gleichzeitig zur Lösung eines bestimmten Problems notwendig sind. Dazu ist ein großes Wissen um die Zusammenhänge zwischen psychischen Störungen und den notwendigen Heilungsprozessen nötig sowie die Beherrschung der zur Aktivierung der Heilungsprozesse erforderlichen therapeutischen Methoden und Techniken.

Diese Sicht der Wirkungsweise von Psychotherapie weist mitunter auf die große Bedeutung der Selbsterfahrung von Psychotherapeutinnen und -therapeuten in ihrer Ausbildung hin. Therapeuten, die sich selbst nicht gut akzeptieren können und die selbst wenig Zuversicht und Gelassenheit in ihrem Leben spüren, führen wahrscheinlich auch bedeutend weniger erfolgreiche Therapien durch als Therapeuten, die gelernt haben, sich zu akzeptieren, wie sie sind, und denen es gelingt, die Zuversicht und Gelassenheit, die sie ihrem Leben und ihrem Schicksal gegenüber verspüren, auch auf andere zu übertragen.

Auch Psychotherapeuten sind dazu aufgefordert, aus ihren Schwächen Stärken zu machen. Kein vernünftiger Mensch würde zu einem Friseur gehen, der seine eigenen Haare nicht pflegt. Als Psychotherapeuten sollten wir deshalb ehrlich und unvoreingenommen auf unser eigenes Leben und unsere eigene Lebensbewältigung schauen, damit wir (und nicht nur unsere Patienten!) es schaffen, die eigene Persönlichkeit aus den im Verlauf des bisherigen Lebens gesetzten Grenzen zu befreien und bisher vermiedene, angstbesetzte Situationen zu bewältigen oder andere wichtige Glück auslösende Erfahrungen zu machen, die uns die eigene Glücksfähigkeit wiedergeben, welche auch wir vielleicht verloren haben.

Ressourcen-Checkliste

Die Ressourcen-Checkliste ist eine Aufstellung der wichtigsten für seelisches Wohl-befinden verantwortlichen sozialen, umweltbezogenen und persönlichkeitsbezoge-nen Stärken (Ressourcen) einer Person. Kein Mensch besitzt alle diese Ressourcen, aber die meisten Menschen besitzen einige davon in ihrem Leben.

Bitte schreiben Sie in die *linke* Spalte, wie sehr Sie denken, dass sie die betreffende Ressource momentan in Ihrem Leben besitzen auf einer Skala von 0 (überhaupt nicht) bis 4 (sehr).

Bitte schreiben Sie in die *rechte* Spalte, wie wichtig es Ihnen momentan ist, diese Ressource in Ihrem Leben zu besitzen oder zu erwerben auf einer Skala von 0 (über-haupt nicht wichtig) bis 4 (sehr wichtig).

Bitte urteilen Sie ganz nach Ihrem aktuellen persönlichen Gefühl.

Name: ....   Datum: ....

Ich besitze momentan diese Ressource… 0 – überhaupt nicht 1 – ein wenig 2 – mäßig 3 – ziemlich 4 – sehr ↓	Wie wichtig ist mir diese Ressource? 0 – überhaupt nicht wichtig 1 – ein wenig wichtig 2 – mäßig wichtig 3 – ziemlich wichtig 4 – sehr wichtig ↓
	1. ein(e) Partner(in), dem/der ich mich gefühlsmäßig nahe fühle	
	2. ein(e) Partner(in), auf den/die ich mich verlassen kann und dem/der ich vollkommen vertraue	
	3. ein(e) Partner(in), der/die meine tiefsten Bedürfnisse und Sehnsüchte erfüllt	
	4. ein erfülltes Sexualleben	
	5. einige nahe Freunde, denen gegenüber ich mich öffnen und denen ich vollkommen vertrauen kann	
	6. Familienangehörige (Eltern, Geschwister, Kinder, etc.), denen ich vollkom-men vertraue und bei denen ich mich gefühlsmäßig aufgehoben fühle	

Ich besitze momentan diese Ressource…		**Wie wichtig ist mir diese Ressource?**
0 – überhaupt nicht		0 – überhaupt nicht wichtig
1 – ein wenig		1 – ein wenig wichtig
2 – mäßig		2 – mäßig wichtig
3 – ziemlich		3 – ziemlich wichtig
4 – sehr		4 – sehr wichtig
⬇		⬇

	7. Familienangehörige, die mich als selbständige Person respektieren und mich so lieben und akzeptieren wie ich bin	
	8. ein Beruf, der mir Freude macht, der meinen Fähigkeiten entspricht und in dem ich mich weiterentwickeln kann	
	9. sympathische Arbeitskollegen, mit denen ich mich gut verstehe	
	10. berufliche Vorgesetzte, denen ich vertrauen kann und die mich fördern	
	11. eine zufriedenstellende finanzielle Situation (Einkommen, Vermögen)	
	12. ein guter Ausgleich zwischen Arbeits- und Freizeit	
	13. Freizeitbeschäftigungen, die mir Freude bereiten und in denen ich meine Talente und Neigungen verwirklichen kann	
	14. eine unbezahlte ehrenamtliche Tätigkeit, die ich zu Gunsten anderer ausübe	
	15. eine Wohnung, in der ich mich wohl und geborgen fühle	
	16. ein Wohnort (Haus, Nachbarschaft, Gemeinde, Land), in dem ich mich wohl fühle und wo ich gerne lebe	
	17. gute körperliche Gesundheit	
	18. ein Körper, in dem ich mich wohlfühle und der mir gut gefällt	
	19. körperliche Betätigung (Sport, Training, Spaziergänge, etc.), die mir gut tut	
	20. das Gefühl einer guten seelischen Gesundheit	
	21. Zeiten der Erholung und Entspannung, in denen ich Energie tanken kann	
	22. Zeiten der Aktivität und der Spannung, in denen ich mich ganz lebendig fühle	
	23. mich selbst ganz so annehmen und lieben können wie ich bin	
	24. ein starkes Selbstbewusstsein und Vertrauen in mich und meine Fähigkeiten	

Ich besitze momentan diese Ressource... 0 – überhaupt nicht 1 – ein wenig 2 – mäßig 3 – ziemlich 4 – sehr ↓		Wie wichtig ist mir diese Ressource? 0 – überhaupt nicht wichtig 1 – ein wenig wichtig 2 – mäßig wichtig 3 – ziemlich wichtig 4 – sehr wichtig ↓
	25. ein sicheres Auftreten in sozialen Situationen (nein sagen können, Gefühle äußern können, um einen Gefallen bitten können, etc.)	
	26. mühelos auf andere Menschen zugehen und mit ihnen in Kontakt treten können	
	27. gute Gespräche mit verschiedenen Arten von Menschen führen können	
	28. anderen Menschen gegenüber geduldig und tolerant sein können und sie so akzeptieren können wie sie sind	
	29. anderen Menschen gegenüber gewissenhaft, verlässlich und treu sein können	
	30. anderen Menschen echt, offen und unverstellt begegnen können und mich ihnen genau so zeigen können, wie ich bin und wie ich mich fühle	
	31. anderen Menschen Liebe, Nähe, Geborgenheit und Zärtlichkeit schenken können	
	32. von anderen Menschen Liebe, Nähe, Geborgenheit und Zärtlichkeit annehmen können	
	33. ein friedfertiges und freundliches Herz	
	34. die Fähigkeit, Mitleid zu empfinden	
	35. die Fähigkeit zu selbstlosem Handeln	
	36. die Fähigkeit, mich selbst nicht zu ernst zu nehmen und über mich selbst lachen zu können	
	37. feinfühlig auf andere Menschen und ihre Bedürfnisse eingehen können	
	38. Mut, mich in gefürchtete und ungewisse Situationen hinein zu begeben	
	39. der Wille, mich selbst weiter zu entwickeln, alte Begrenzungen zu überwinden und mich meinem «wahren Kern» anzunähern	
	40. ein starker Wille, Dinge zu tun, die ich als richtig und wichtig erkenne	

Ich besitze momentan diese Ressource… 0 – überhaupt nicht 1 – ein wenig 2 – mäßig 3 – ziemlich 4 – sehr ⬇		Wie wichtig ist mir diese Ressource? 0 – überhaupt nicht wichtig 1 – ein wenig wichtig 2 – mäßig wichtig 3 – ziemlich wichtig 4 – sehr wichtig ⬇
	41. Ausdauer, einen einmal eingeschlagenen, als richtig erkannten Weg einzuhalten und ihn bis zum Ziel zu gehen	
	42. eine Beschäftigung, in der ich einem Talent, einer Neigung oder einem Interesse von mir nachgehe und die mich mit Sinn erfüllt	
	43. Lust an kreativer, schöpferischer Tätigkeit, in der ich alles andere um mich herum vergessen kann	
	44. das Gefühl, mein Leben in wichtigen Belangen zu einem großen Teil selbst beeinflussen zu können	
	45. ein sorgloses und heiteres Gemüt	
	46. Vertrauen in die Zukunft und in die Verwirklichung meiner Wünsche und Träume	
	47. Dinge loslassen können, die ich nicht selbst beeinflussen kann	
	48. ein starker Glaube an die Sinnhaftigkeit der Welt und meines Lebens	
	49. der Glaube an eine allmächtige Kraft (Gott), die mich stets behütet, und an ein ewiges Leben	
	50. der Glaube an eine allliebende Kraft (Gott) und das Gefühl, von ihr angenommen und geliebt zu werden, so wie ich bin	

Auswertung und Verwendung der Ressourcen-Checkliste

Die Ressourcen-Checkliste kann ohne weitere Auswertung zunächst so benutzt werden, wie Sie ausgefüllt wurde.

In der Psychotherapie kann zum Beispiel ein vertiefendes Gespräch über diejenigen Ressourcen stattfinden, die vom Patienten/von der Patientin als sehr wichtig (4) eingeschätzt wurden (rechte Spalte), indem weiter exploriert wird, wie einige dieser wichtigen Ressourcen, über die der Patient/die Patientin verfügt (3 oder 4 in linker Spalte) *genutzt* und wie diejenigen wichtigen Ressourcen, über die der Patient/die Patientin nicht oder nur ungenügend verfügt (0, 1 oder 2 in linker Spalte) *aufgebaut oder weiterentwickelt* werden könnten.

Ferner können die einzelnen Ressourcen zu größeren Einheiten zusammengefasst werden, indem die Werte der linken und die Werte der rechten Spalte separat für die betreffenden Ziffern addiert und durch die Anzahl der (ausgefüllten) Ziffern pro Gruppe dividiert werden, so dass sich zwei Mittelwerte pro Ressourcen-Gruppe ergeben, einer für die momentane Verwirklichung der Ressource (linke Spalte) und einer für die Wichtigkeit der Ressource (rechte Spalte):

Umweltbezogene und soziale Ressourcen (1–16)
   Partnerschaft, intime Beziehung (1, 2, 3, 4)
   Familie, Freunde (5, 6, 7)
   Beruf, Einkommen, Lebensstandard (8, 9, 10, 11, 12)
   Freizeit (12, 13, 14)
   Wohnort, Wohnsituation (15, 16)
Persönlichkeitsbezogene Ressourcen (17–50)
   Gefühl der Gesundheit, Lebendigkeit, Ausgeglichenheit (17, 18, 19, 20, 21, 22)
   Selbstwertgefühl, Selbstakzeptanz (23)
   Selbstsicherheit, soziale Kompetenz, Extraversion (24, 25, 26, 27)
   Liebesfähigkeit, Beziehungsfähigkeit (27, 28, 29, 30, 31, 32, 33, 34, 35, 36, 37)
   Mut, Willenskraft (38, 39, 40, 41)
   Kreativität, Schaffenskraft (42, 43)
   Kontrollgefühl (44)
   Gelassenheit, Zuversicht, Heiterkeit (45, 46, 47)
   religiöser Glaube, Spiritualität (48, 49, 50)

Anschließend kann pro Ressourcen-Gruppe die Differenz zwischen dem Mittelwert der linken und dem Mittelwert der rechten Spalte gebildet werden (linke Spalte minus rechte Spalte). Wenn die Differenz null ist, bedeutet dies, dass die betreffende Ressource sich im Gleichgewicht befindet zwischen Wichtigkeit und Stärke der momentanen Ausprägung. Wenn die Differenz negativ ist, bedeutet dies, dass die betreffende Ressource der Entwicklungsarbeit bedarf, da ihre Wichtigkeit höher eingeschätzt wurde als ihre momentane Ausprägung. Ist die Differenz positiv, so ist die Ressource stärker ausgeprägt, jedoch nicht derart wichtig.

Anstelle eines Fragebogens, der vom Patienten/von der Patientin ausgefüllt wird, kann die Ressourcen-Checkliste auch vom Therapeuten/von der Therapeutin als Gedankenstütze für ein ressourcenorientiertes Interview bzw. eine ressourcenorientierte Therapie verwendet oder sogar vollständig im Hinblick auf den Patienten/die Patientin ausgefüllt werden, um die Einschätzung des Patienten/der Patientin durch den Therapeuten/die Therapeutin zu erfassen und ev. mit der eigenen Einschätzung des Patienten/der Patientin zu vergleichen.

Mitteilungen und Fragen zur Verwendung der Ressourcen-Checkliste mit einzelnen Patienten/Patientinnen oder im Rahmen empirischer Studien nimmt der Autor gerne entgegen (andreas.dick@psychologie.ch).

Anmerkungen

1 Bastine, R. (1982). Psychotherapie. In R. Bastine, P. A. Fiedler, K. Grawe, S. Schmidtchen & G. Sommer (Hrsg.), *Grundbegriffe der Psychotherapie* (S. 311–317). Weinheim: Edition Psychologie. (Zitat S. 311)

2 Chalmers, A. F. (1994). *Wege der Wissenschaft. Einführung in die Wissenschaftstheorie* (3. Aufl., Übers. N. Bergemann & J. Prümper). Berlin: Springer. (engl. Orig.: *What is This Thing Called Science?*, 1982)

3 Dittrich, A. & Scharfetter, Ch. (Hrsg.) (1987). *Ethnopsychotherapie. Psychotherapie mittels aussergewöhnlicher Bewusstseinszustände in westlichen und indigenen Kulturen.* Stuttgart: Enke. – Pfeiffer, W. M. (1994). *Transkulturelle Psychiatrie. Ergebnisse und Probleme* (2. Aufl.). Stuttgart: Thieme. – Senf, W. & Broda, M. (1996). *Praxis der Psychotherapie. Ein integratives Lehrbuch für Psychoanalyse und Verhaltenstherapie.* Stuttgart: Thieme.

4 Ellenberger, H. F. (1996). *Die Entdeckung des Unbewussten. Geschichte und Entwicklung der dynamischen Psychiatrie von den Anfängen bis zu Janet, Freud, Adler und Jung* (3. Aufl.). Zürich: Diogenes.

5 Sponsel, R. (1995). *Handbuch Integrativer Psychologischer Psychotherapie IPPT. Zur Theorie und Praxis der schulen- und methodenübergreifenden Psychologischen Psychotherapie. Ein Beitrag zur Entmythologisierung der Psychotherapieschulen.* Erlangen: IEC-Verlag Sponsel.

6 Torrey, E. F. (1972). *The Mind Game: Witchdoctors and Psychiatrists.* Emerson Hall, New York. – Meine Aussage: «Doch die Psychotherapie hat eine lange Vergangenheit und eine lange Geschichte. Sie ist da gewesen und älter geworden, jahrtausendelang», lehnt sich an eine berühmte Formulierung von Ebbinghaus (*Abriss der Psychologie,* 1908) über die Psychologie an. Auch hier wurde die ganze Tradition der philosophischen Psychologie kurzerhand von der Geschichte der «wissenschaftlichen» Psychologie ausgeklammert.

7 Frank, J. D. (1981). *Die Heiler: Wirkungsweisen psychotherapeutischer Beeinflussung. Vom Schamanismus bis zu den modernen Therapien* (Übers. W. Krege). Stuttgart: Klett-Cotta. – Kiev, A. (Ed.) (1974). *Magic, Faith and Healing.* New York: The Free Press. – Torrey, E. F. (1972). *The Mind Game: Witchdoctors and Psychiatrists.* Emerson Hall, New York. – Sargant, W. (1958). *Der Kampf und die Seele. Eine Physiologie der Konversionen.* München: Piper.

8 Pfeiffer, W. (1991). Wodurch wird ein Gespräch therapeutisch? Zur kulturellen Bedingtheit psychotherapeutischer Methoden. *Psychotherapie, Psychosomatik und medizinische Psychologie, 41,* 3–101.

9 Grawe, K. (1985). Kulturelle und gesellschaftliche Funktionen einer Anwendungswissenschaft Psychotherapie. *Zeitschrift für Personenzentrierte Psychotherapie, 4,* 91–102.

10 vgl. DSM-IV: *Diagnostisches und Statistisches Manual Psychischer Störungen,* dt. Bearbeitung von H. Saß, H.-U. Wittchen & M. Zaudig, 2. Aufl. Göttingen:

Hogrefe. – ICD-10: *Internationale Klassifikation psychischer Störungen,* hrsg. von der Weltgesundheitsorganisation (WHO). Bern: Huber. 1994. – Comer, R. J. (1995). *Klinische Psychologie* (Deutsche Übersetzung herausgegeben von G. Sartory und J. Metsch). Heidelberg: Spektrum Akademischer Verlag.

11 Szasz, T. S. (1960). The myth of mental illness. *American Psychologist, 15,* 113–118. – Szasz, T. S. (1972). Der Mythos von der seelischen Krankheit. In H. Keupp (Hrsg.), *Der Krankheitsmythos in der Psychopathologie, Darstellung einer Kontroverse* (S. 44–56). München: Urban und Schwarzenberg. – Scheff, T. J. (1963). The role of the mentally ill and the dynamics of mental disorder: A research framework. *Sociometry, 26,* 436–453.

12 Becker, P. (1995). *Seelische Gesundheit und Verhaltenskontrolle.* Göttingen: Hogrefe. – Mayring, P. (1991). *Psychologie des Glücks.* Stuttgart: Kohlhammer.

13 Mayring, P. (1991). *Psychologie des Glücks.* Stuttgart: Kohlhammer.

14 Sachs, H. (1989). Psychotherapy and the pursuit of happiness. *American Imago, 46* (2–3), 143–152.

15 vgl. Becker, P. (1982). *Psychologie der seelischen Gesundheit. Band 1. Theorien, Modelle, Diagnostik.* Göttingen: Hogrefe. – Antonovsky, A. (1997). *Salutogenese. Zur Entmystifizierung der Gesundheit.* Tübingen: dgvt.

16 vgl. Shlien, J. (1991). Macht klientenzentrierte Therapie glücklich? In M. Behr & U. Esser (Hrsg.), *«Macht Therapie glücklich?» Neue Wege des Erlebens in klientenzentrierter Psychotherapie* (S. 25–43). Köln: GwG-Verlag.

17 Mayring, P. (1991). *Psychologie des Glücks.* Stuttgart: Kohlhammer. (S. 94)

18 Tatarkiewicz, W. (1976). *Analysis of Happiness.* Warsaw: Polish Scientific.

19 Kluge, F. (1975). *Etymologisches Wörterbuch der deutschen Sprache* (21. Aufl.). Berlin: de Gruyter. (1. Aufl. 1883).

20 Kövesces, Z. (1991). Happiness: A definitional effort. *Metaphor and Symbolic Activity, 6,* 29–46.

21 Mayring, P. (1991). *Psychologie des Glücks.* Stuttgart: Kohlhammer.

22 Tatarkiewicz, W. (1976). *Analysis of Happiness.* Warsaw: Polish Scientific.

23 Meine Darstellung stützt sich auf folgende Literatur: Marcuse, L. (1972). *Philosophie des Glücks: Von Hiob bis Freud.* Zürich: Diogenes. – Tatarkiewicz, W. (1976). *Analysis of Happiness.* Warsaw: Polish Scientific. – Mittelstraß, J. (1980). Glück (Glückseligkeit). In J. Mittelstraß (Hrsg.), *Enzyklopädie Philosophie und Wissenschaftstheorie.* Mannheim: Bibliographisches Institut/Wissenschaftsverlag. – Kaiser, P. (Hrsg.) (1986). *Glück und Gesundheit durch Psychologie? Konzepte, Entwürfe, Utopien.* Weinheim: PVU. – Alt, J. A. (1990). Voraussetzungen des Glücks – einige Thesen im Kontext skeptischer Philosophien. In M. Behr & U. Esser (Hrsg.), *«Macht Psychotherapie glücklich?» Neue Wege des Erlebens in klientenzentrierter Psychotherapie* (S. 7–24). Köln: GwG-Verlag. – Mayring, P. (1991). *Psychologie des Glücks.* Stuttgart: Kohlhammer. – Forschner, M. (1993). *Über das Glück des Menschen: Aristoteles, Epikur, Stoa, Thomas von Aquin, Kant.* Darmstadt: Wissenschaftliche Buchgesellschaft. – Becker , P. (1994). Theoretische Grundlagen. In A. Abele & P. Becker (Hrsg.), *Wohlbefinden: Theorie, Empirie, Diagnostik* (S. 13–50). München: Juventa-Verlag. – Honderich, T. (1995). Happiness. In T. Honderich (Ed.), *The Oxford Companion to Philosophy.* Oxford, New York: Oxford University Press. – Pieper, A. (2001). *Glückssache. Die Kunst gut zu leben.* Hamburg: Hoffmann und Campe. – Zu den Glücksvorstellungen anderer Kulturkreise sei verwiesen auf: Rouner, L. S. (1995). *In Pursuit of Happiness.* Notre Dame, Ind.: University Press.

24 Aristoteles (1972). *Nikomachische Ethik* (übers. v. E. Rolfes, hrsg. v. G. Bien). Hamburg: Meiner. (S. 12)

25 Augustinus, A. (1987). *Bekenntnisse* (übers. v. J. Bernhart). Frankfurt am Main: Insel Verlag. (S. 540)

26 McConell, H. H. (1993). From shame to joy: Juliana of Norwich, companion on the journey to spiritual wellness. *Studies in Formative Spirituality, 14,* 395–405.

27 zitiert in: Tatarkiewicz, W. (1976). *Analysis of Happiness.* Warsaw: Polish Scientific. (S. 34)

28 Freud, S., *Gesammelte Werke.* London: Imago Publishing Co. (Band XIV, S. 433 f.)

29 Kekes, J. (1982). Happiness. *Mind, 91,* 358–376.

30 Pieper, A. (2001). *Glückssache. Die Kunst gut zu leben.* Hamburg: Hoffmann und Campe.

31 Groskurth, P. (1988). Macht Therapie glücklich? *Brennpunkt, 37,* 5–11.

32 Ich stütze mich dabei auf folgende Literatur: Argyle, M. (1989). *The Psychology of Happiness.* London: Routledge. – Argyle, M., Schwarz, N., & Strack, F. (Eds.) (1991). *Subjective Well-Being: An Interdisciplinary Perspective.* Oxford: Pergamon Press. – Abele, A. & Becker, P. (Hrsg.) (1994). *Wohlbefinden: Theorie, Empirie, Diagnostik.* München: Juventa-Verlag. – Diener, E. (1984). Subjective well-being. *Psychological Bulletin, 95,* 542–575. – Diener, E., Lucas, R. E., & Oishi, S. (2002). Subjective Well-Being: The Science of Happiness and Life-Satisfaction. In C. R. Snyder & S. J. Lopez (Eds.), *Handbook of positive Psychology* (pp. 63-73). Oxford: University Press. – Emmons, R. A. & Diener, E. (1985). Personality correlates of subjective well-being. *Personality and Social Psychology Bulletin, 11,* 89-97. – Freedman, J. L. (1978). Happy people. What makes you happy-questionnaire. *Psychology Today, 9,* 66–72. – Mayring, P. (1991). *Psychologie des Glücks.* Stuttgart: Kohlhammer. – Myers, D. G. (1992). *The Pursuit of Happiness.* New York: Avon Books. – Perrig-Chiello, P. (1996). *Wohlbefinden im Alter: körperliche, psychische und soziale Determinanten und Ressourcen.* Weinheim: Juventa. – Veenhoven, R. (1984). *Conditions of Happiness.* Dordrecht: D. Reidel. – Veenhoven, R. (1984). *Databook of Happiness.* Dordrecht: D. Reidel. – Veenhoven, R. (1988). The utility of happiness. *Social Indicators Research, 20,* 333–354. – Veenhoven, R. (1993). *Bibliography of Happiness: 2472 Contemporary Studies on Subjective Appreciation of Life.* Rotterdam: Erasmus University.

33 Reich, W. (1971). *Die Massenpsychologie des Faschismus.* Zürich: Ex-Libris.

34 Rogers, C. R. (1974). *Lernen in Freiheit.* München: Kösel. (S. 271 ff.)

35 Groskurth, P. (1988). Macht Therapie glücklich? *Brennpunkt, 37,* 5–11.

36 Frankl, V. E. (1976). Paradoxien des Glücks. In U. Hommes (Hrsg.), *Was ist Glück? Ein Symposium* (S. 108–126). München: dtv.

37 Maslow, A. (1968). *Toward a Psychology of Being.* 2nd ed. New York: Van Nostrand.

38 Epstein, S. (1991). Cognitive-experiential self-theory: An integrative theory of personality. In R. C. Curtis (ed.), *The Relational Self: Theoretical Convergences in Psychoanalysis and Social Psychology* (pp. 111–137). New York: Guilford.

39 Grawe, K. (1998). *Psychologische Therapie.* Göttingen: Hogrefe. (S. 421; Hervorhebung im Original)

40 vgl. z. B. Easterlin, R. (1973). Does money buy happiness? *The Public Interest, 30,* 3–10. – Duncan, O. D. (1975). Does money buy satisfaction? *Social Indica-*

tors Research, 2, 267–274. – Wills, T. A. (1981). Downward comparison principles in social psychology. *Psychological Bulletin, 90,* 245–271.

41 Brickman, P., Coates, D. & Janoff-Bulman, R. (1978). Lottery winners and accident victims: Is happiness relative? *Journal of Personality and Social Psychology, 36,* 917–927.

42 Becker, P. (1989). Ein Strukturmodell der emotionalen Befindlichkeit. *Psychologische Beiträge, 31.*

43 Cameron, P. (1975). Mood as an indicant of happiness: Age, sex, social class, and situational differences. *Journal of Gerontology, 30,* 216–224.

44 vgl. Bradburn, N. M., & Caplovitz, D. (1965). *Reports on Happiness: A Pilot Study of Behavior Related to Mental Health.* Chicago: Aldine. – Cantril, H. (1965). *The Pattern of Human Concerns.* New Brunswick, NJ: Rutgers University Press. – Gurin, G., Veroff, J., & Feld, S. (1960). *Americans View Their Mental Health.* New York: Basic Books. – Campbell, A., Converse, P. E., & Rogers, W. L. (1976). *The Quality of American Life.* New York: Russel Sage Foundation. – Andrews, F. M. & Withey, S. B. (1976). *Social Indicators of Well-Being: America's Perception of Life Quality.* New York: Plenum Press. – Veroff, J., Douvan, E., & Kulka, R. A. (1981). *The Inner American. A Self-Portrait from 1957–1976.* New York: Basic Books. – Campbell, A. (1981). *The Sense of Well-Being in America.* New York: McGraw-Hill.

45 Zapf, W. (1984). Individuelle Wohlfahrt, Lebensbedingungen und wahrgenommene Lebensqualität. In W. Glatzer & W. Zapf (Hrsg.), *Lebensqualität in der Bundesrepublik* (S. 13–26). Frankfurt: Campus.

46 Pennebaker, J. W. (1990). *Opening Up: The Healing Power of Confiding in Others.* New York: Morrow.

47 Tunner, W. (1978). Lust und Glück – Überlegungen zur Gefühlspsychologie. *Psychologische Rundschau, 29,* 287–298. (Zitat S. 293)

48 Becker, P. (1994). Theoretische Grundlagen. In A. Abele & P. Becker (Hrsg.), *Wohlbefinden: Theorie, Empirie, Diagnostik* (S. 13–50). München: Juventa-Verlag.

49 Csikszentmihalyí, M. (1992). *Flow, das Geheimnis des Glücks.* Stuttgart: Klett-Cotta.

50 Deutsch, H. (1989). On satisfaction, happiness and ecstasy. *International Journal of Psycho-Analysis, 70,* 715–723. (Nachdruck)

51 Krueger, F. (1953). *Zur Philosophie und Psychologie der Ganzheit; Schriften aus den Jahren 1918–1940.* Berlin: Springer. – Lersch, Ph. (1970). *Aufbau der Person.* München: Barth. – vgl. auch Hoffmann, R. (1981). *Zur Psychologie des Glücks: eine empirische Untersuchung.* Diss.-phil., München.

52 Lersch, Ph. (1970). *Aufbau der Person.* München: Barth. (S. 236)

53 ebda.

54 Meadows, C. M. (1975). The phenomenology of joy. An empirical investigation. *Psychological Report, 37,* 39–54.

55 Hoffmann, R. (1981). *Zur Psychologie des Glücks: eine empirische Untersuchung.* Diss.-phil., München. – Hoffmann, R. (1984). Erleben von Glück – eine empirische Untersuchung. *Psychologische Beiträge, 26,* 516–532. – Wlodarek-Küppers, E. (1987). *Glücklichsein. Eine empirische Studie auf der Basis von persönlichen Gesprächen.* Unveröffentlichte Dissertation. Universität Hamburg. – Mayring, P. (1991). *Psychologie des Glücks.* Stuttgart: Kohlhammer.

56 Becker, P. (1994). Theoretische Grundlagen. In A. Abele & P. Becker (Hrsg.), *Wohlbefinden: Theorie, Empirie, Diagnostik* (S. 13–50). München: Juventa-Verlag.

57 Lazarus, R. S. (1991). *Emotion and Adaptation*. New York: Oxford University Press.

58 Boesch, E. E. (1975). *Zwischen Angst und Triumph. Über das Ich und seine Bestätigung*. Bern: Huber.

59 Csikszentmihalyí, M. (1992). *Flow, das Geheimnis des Glücks*. Stuttgart: Klett-Cotta.

60 Schwarzer, R. & Leppin, A. (1989). *Sozialer Rückhalt und Gesundheit*. Göttingen: Hogrefe.

61 Solomon, R. L. (1980). The opponent-process theory of acquired motivation: The costs of pleasure and the benefits of pain. *American Psychologist, 35,* 691–712.

62 zitiert in Mayring, P. (1991). *Psychologie des Glücks*. Stuttgart: Kohlhammer.

63 vgl. z. B. De Shazer, S. (1989). *Wege der erfolgreichen Kurztherapie*. Stuttgart: Klett-Cotta. – Grawe, K. (1998). *Psychologische Therapie*. Göttingen: Hogrefe. – Dick, A. (2000). *Patient Resources in Psychotherapy*. Unpublished abstract of a panel presented at the 31st Annual Conference of the Society for Psychotherapy Research, Chicago, June 2000.

64 Sachse, R. (1996). *Praxis der Zielorientierten Gesprächspsychotherapie*. Göttingen: Hogrefe. (S. 55)

65 Grosse Holtforth, M. (1999). *FAMOS – Entwicklung eines Fragebogens zur Analyse motivationaler Schemata*. Unveröffentlichte Dissertation. Philosophisch-historische Fakultät der Universität Bern.

66 Johnson, S. M. & Greenberg, L. S. (1995). The emotionally focused approach to problems in adult attachment. In N. S. Jacobson & A. S. Gurman (Eds.), *Clinical handbook of couple therapy* (pp. 121–143). New York: Guilford.

67 Cassidy, J. & Shaver, P. R. (1999). *Handbook of Attachment. Theory, Research, and Clinical Applications*. New York: Guilford. – Brisch, K. H. (1999). *Bindungsstörungen. Von der Bindungstheorie zur Therapie*. Stuttgart: Klett-Cotta. – Gloger-Tippelt, G. (Hrsg.) (2001). *Bindung im Erwachsenenalter. Ein Handbuch für Forschung und Praxis*. Bern: Hans Huber.

68 Schmidt, S. & Strauß, B. (1996). Die Bindungstheorie und ihre Relevanz für die Psychotherapie. Teil 1: Grundlagen und Methoden der Bindungsforschung. *Psychotherapeut, 41,* 139–150. – Strauß, B. & Schmidt, S. (1997). Die Bindungstheorie und ihre Relevanz für die Psychotherapie. Teil 2: Mögliche Implikationen der Bindungstheorie für die Psychotherapie und die Psychosomatik. *Psychotherapeut, 42,* 1–16. – Goldberg, S., Muir, R., & Kerr, J. (1995) (Eds.). *Attachment Theory. Social, Developmental, and Clinical Perspectives*. Hillsdale, NJ: The Analytic Press. – Holmes, J. (1996). *Attachment, Intimacy, Autonomy. Using Attachment Theory in Adult Psychotherapy*. Northvale N.J., London: Jason Aronson Inc. – Bowlby, J. (1995; engl. Orig. 1988). *Elternbindung und Persönlichkeitsentwicklung. Therapeutische Aspekte der Bindungstheorie*. Heidelberg: Dexter Verlag.

69 vgl. Liedloff, J. (1990). *Auf der Suche nach dem verlorenen Glück: Gegen die Zerstörung unserer Glücksfähigkeit in der frühen Kindheit*. München: C. H. Beck.

70 vgl. MacGoldrick, M. & Gerson, R. (1997). *Genogramme in der Familienberatung.* Bern: Huber.

71 Hinsch, R. & Pfingsten, U. (1998). *Gruppentraining sozialer Kompetenzen (GSK). Grundlagen, Durchführung, Materialien.* Weinheim: Beltz Psychologie-Verlags-Union. – Ullrich, R. & de Muynck, R. (1998). *ATP1: Einübung von Selbstvertrauen. Bedingungen und Formen sozialer Schwierigkeiten.* München: Pfeiffer.

72 Sachse, R. (1995). *Der psychosomatische Patient in der Praxis. Grundlagen einer effektiven Therapie mit «schwierigen» Klienten.* Stuttgart: Kohlhammer. – Sachse, R. (1999). *Persönlichkeitsstörungen. Psychotherapie dysfunktionaler Interaktionsstile* (2. Aufl.). Göttingen: Hogrefe.

73 vgl. Dreher, H. (1995). *The Immune Power Personality.* New York: Dutton.

74 Schellenbaum, P. (1988). *Die Wunde der Ungeliebten. Blockierung und Verlebendigung der Liebe.* München: Kösel.

75 vgl. z. B. Siegel, E. V., Trautmann-Voigt, S. & Voigt, B. (Hrsg.) (1999). *Analytische Bewegungs- und Tanztherapie.* München: Reinhardt. – Petermann, F. & Vaitl, D. (1994). *Handbuch der Entspannungsverfahren. Band 2: Anwendungen.* Weinheim: Beltz, Psychologie-Verlags-Union

76 Pearsall, P. K. (2000). *Aloha – die Lust am Leben. Lebenskunst auf polynesisch.* Freiburg i. Br.: Bauer. (S. 181 f.)

77 Taylor, S. E. & Brown, J. D. (1988). Illusion and well-being: a social psychological perspective on mental health. *Psychological Bulletin, 103,* 193–210.

78 Hinsch, R. & Pfingsten, U. (1998). *Gruppentraining sozialer Kompetenzen (GSK). Grundlagen, Durchführung, Materialien.* Weinheim: Beltz Psychologie-Verlags-Union.

79 Ullrich, R. & de Muynck, R. (1998). *ATP1: Einübung von Selbstvertrauen – Bedingungen und Formen sozialer Schwierigkeiten.* München: Pfeiffer.

80 Grawe, K., Donati, R. & Bernauer, F. (1994). *Psychotherapie im Wandel. Von der Konfession zur Profession.* Göttingen: Hogrefe.

81 nach Mohl, A. (1993). *Der Zauberlehrling. Das NLP-Lern- und Übungsbuch.* Paderborn: Junfermann.

82 Grawe, K. (1998). *Psychologische Therapie.* Göttingen: Hogrefe.

83 vgl. Flammer, A. (1990). *Erfahrung der eigenen Wirksamkeit. Einführung in die Psychologie der Kontrollmeinung.* Bern: Huber.

84 Seligman, M. E. P. (1975). *Helplessness: On Depression, Development and Death.* San Francisco: Freeman.

85 Schopenhauer, A. (1999). *Die Kunst, glücklich zu sein. Dargestellt in fünfzig Lebensregeln,* hrsg. v. F. Volpi. München: C. H. Beck. S. 49 f.

86 Zum Beispiel Ellis, A. (1979). *Die rational-emotive Therapie.* München: Pfeiffer. – Beck, A. T. (1979). *Wahrnehmung der Wirklichkeit und Neurose.* München: Pfeiffer.

87 Schopenhauer, A. (1999). *Die Kunst, glücklich zu sein. Dargestellt in fünfzig Lebensregeln,* hrsg. v. F. Volpi. München: C. H. Beck. (S. 44 f.)

88 Orlinsky, D. E., Grawe, K., & Parks, B. K. (1994). Process and outcome in psychotherapy – noch einmal. In A. E. Bergin & S. L. Garfield (eds.), *Handbook of Psychotherapy and Behavior Change,* 4th ed. (pp. 270–378). New York: Wiley.

89 Schopenhauer, A. (1999). *Die Kunst, glücklich zu sein. Dargestellt in fünfzig Lebensregeln,* hrsg. v. F. Volpi. München: C. H. Beck. (S. 48)

90 Bergin, A. E., DeMarinis, V., & Stifoss-Hanssen, H. (1997). *Spiritual Factors in Mental Health and Personal Change*. Panel at the 28th Annual Meeting of the Society for Psychotherapy Research (SPR), Geilo, Norway.

91 DeMarinis, V. (1997). *Religious Ritualizing: Function as an Indicator of Mental Health and a Tool in Psychotherapy. Research in Sweden with Three Population Groups*. Paper presented at the 28th Annual Meeting of the Society for Psychotherapy Research (SPR), Geilo, Norway.

92 Shafranske, E. (Ed.) (1996). *Religion and the Clinical Practice of Psychology*. Washington, DC: American Psychological Association. – Helg, F. (2000). *Psychotherapie und Spiritualität. Östliche und westliche Wege zum Selbst*. Düsseldorf: Walter.

93 Argyle, Michael (1989). *The Psychology of Happiness* (repr. ed.). London: Routledge.

94 Bradburn, N. M. (1969). *The Structure of Psychological Well-Being*. Chicago: Aldine.

95 Schopenhauer, A. (1999). *Die Kunst, glücklich zu sein. Dargestellt in fünfzig Lebensregeln*, hrsg. v. F. Volpi. München: C. H. Beck. (S. 66)

96 Heckhausen, H., Gollwitzer, P. M. & Weinert, F. E. (Hrsg.) (1987). *Jenseits des Rubikon: Der Wille in den Humanwissenschaften*. Berlin: Springer.

97 Eichendorff, J. von, *Aus dem Leben eines Taugenichts. Novelle*. Stuttgart: Reclam-Verlag. 1992. (S. 5 f.)

98 vgl. z. B. Lowen, A. (1979). *Bioenergetik*. Reinbek: Rowolt. – Boyesen, G. (1987). *Über den Körper die Seele heilen*. München: Kösel.

99 vgl. z. B. Schellenbaum, P. (1992) *Nimm deine Couch und geh! Heilung mit Spontanritualen*. München: Kösel.

100 Eichendorff, J. von, *Aus dem Leben eines Taugenichts. Novelle*. Stuttgart: Reclam-Verlag. 1992. (S. 58)

101 Pearsall, P. K. (2000). *Aloha – die Lust am Leben. Lebenskunst auf polynesisch*. Freiburg i. Br.: Bauer.

102 Titze, M. (2001). *Die heilende Kraft des Lachens. Mit Therapeutischem Humor frühe Beschämungen heilen* (4. Aufl.). München: Kösel.

103 Morgenstern, C. (1990). *Leben hat viele Gesichter*. Mit Bildern von A. Thomas. Freiburg i. Br.: Herder.

104 Eichendorff, J. von, *Aus dem Leben eines Taugenichts. Novelle*. Stuttgart: Reclam-Verlag. 1992. (S. 87)

105 ebda. (S. 75)

106 vgl. Goethe, J. W. von, *Dichtung und Wahrheit*, Gesammelte Werke, Bd. 9. (hrsg. von E. Trunz). Hamburg: dtv. – Goethe beschreibt die Bedeutung der Entsagung außerdem in seinem Alterswerk *Wilhelm Meisters Wanderjahre oder Die Entsagenden*.

107 Schopenhauer, A. (1999). *Die Kunst, glücklich zu sein. Dargestellt in fünfzig Lebensregeln*, hrsg. v. F. Volpi. München: C. H. Beck. (S. 71)

108 Eichendorff, J. von, *Aus dem Leben eines Taugenichts. Novelle*. Stuttgart: Reclam-Verlag. 1992. (S. 103)

109 Zum Beispiel Spangler, G., & Zimmermann, P. (1995) (Hrsg.). *Die Bindungstheorie. Grundlagen, Forschung und Anwendung*. Stuttgart: Klett-Cotta.

110 Liedloff, J. (1990). *Auf der Suche nach dem verlorenen Glück: Gegen die Zerstörung unserer Glücksfähigkeit in der frühen Kindheit*. München: C. H. Beck.

111 Dick, A., Grawe, K., Regli, D. & Heim, P. (1999). Was sollte ich tun, wenn…? Empirische Hinweise für die adaptive Feinsteuerung des Therapiegeschehens innerhalb einzelner Sitzungen. *Verhaltenstherapie und psychosoziale Praxis, 31,* 253–279.

William Davies

Nur nicht aufregen!

Über Ärger, Wut und Reizbarkeit

Aus dem Englischen übersetzt von Irmela Köstlin.
2002. 322 S., 18 Abb., 3 Tab., Kt
€ 19.95 / CHF 33.90
(ISBN 3-456-83894-8)

«Wie man den Ärger ‹versickern› lässt, ohne dass er weiteren
Schaden anrichtet. Ein ‹hochwirksames Kombinationspräparat aus
neuen Gedanken und dazugehörigem neuem Verhalten›.»
(Psychologie heute)

Gillian Butler

Schüchtern – na und?

Selbstsicherheit gewinnen

Aus dem Englischen übersetzt von Tonia Rihs.
2002. 270 S., 3 Abb., 4 Tab., Kt € 19.95 / CHF 33.90
(ISBN 3-456-83628-7)

Die Autorin erklärt Ihnen, warum Sie so schüchtern und ängstlich
sind. Mit Hilfe der hier konkret beschriebenen, einfach zu hand-
habenden Methoden lässt sich das Problem in den Griff bekommen und überwinden.

Verlag Hans Huber   http://Verlag.HansHuber.com
Bern Göttingen Toronto Seattle